뉴스와 콩글리시

저널리즘의 외래어 진단

방일영문화재단
출판지원 도서

도서
출판 행복에너지

뉴스와 콩글리시

초판 1쇄 발행 2018년 4월 1일

지 은 이 김우룡
발 행 인 권선복
편   집 권보송
디 자 인 서보미
전 자 책 천훈민
발 행 처 도서출판 행복에너지
출판등록 제315-2011-000035호
주   소 (07679) 서울특별시 강서구 화곡로 232
전   화 0505-613-6133
팩   스 0303-0799-1560
홈페이지 www.happybook.or.kr
이 메 일 ksbdata@daum.net

값 20,000원
ISBN 979-11-5602-582-5   (03740)

도서출판 행복에너지는 독자 여러분의 아이디어와 원고 투고를 기다립니다. 책으
로 만들기를 원하는 콘텐츠가 있으신 분은 이메일이나 홈페이지를 통해 간단한
기획서와 기획의도, 연락처 등을 보내주십시오. 행복에너지의 문은 언제나 활짝
열려 있습니다.

뉴스와 콩글리시

저널리즘의 외래어 진단

김우룡 지음

* 이 책은 방일영문화재단의 지원을 받아 저술·출판되었습니다.

Konglish가 자랑은 아니다

    요즘 콩글리시^{Konglish}에 대한 국민들의 관심이 매우 커진 것 같다. 2015년 12월, 디지털타임스가 매주 목요일마다 뉴스 속의 콩글리시를 키워드^{Key word}로 한 시사—교양적인 칼럼 〈뉴스와 콩글리시〉를 게재한 이후로 한국식 엉터리 영어에 대한 국민적 관심이 매우 커졌다.

    나는 오래전부터 신문·방송에 등장하는 콩글리시에 주목해 왔다. 잘못된 말이라고 하더라도 특정 집단 내에서 널리 쓰이고 구성원이 서로 이해하고 있으면 그것은 좋은 커뮤니케이션 수단이 된다. 다만 여기서 우리는 두 가지 사항에 유념할 필요가 있다. 첫째는 한국식 영어의 유래나 뿌리 등 문화적 배경을 파악해 볼 필요가 있다. 잘못된 말의 뿌리를 알고 쓰자는 것이다. 둘째로 콩글리시가 바깥 세계에 나가서는 통용되지 않으니까 제대로 된 영어를 쓸 줄 알아야 한다는 점이다.

예컨대 미국의 어떤 가게에 가서 쇼핑을 할 때 '이거 디씨D/C 좀 해 주세요.'라고 말하면 소통이 되지 않는다. '이거 좀 깎아 주세요.'라는 표현은 'Can you give me a discount?'처럼 디스카운트Discount라고 해야지 우리 식으로 디씨D/C라는 말을 해서는 통하지 않는다.

지난 가을에는 『콩글리시 찬가』라는 재미있는 단행본이 출간되었다. 외국어에 특별한 관심을 가진 저자 신견식은 여태껏 잘못된 영어, 일제의 잔재로만 취급되던 콩글리시를 우리나라 근대사뿐 아니라 수많은 세계 언어가 교류한 흔적이 담긴 문화유산으로 격상해 보자고 제안하였다.

콩글리시를 우리 사전은 '한국식으로 잘못 발음하거나 비문법적으로 사용하는 영어를 속되게 이르는 말'이라고 정의하고 있으나, 『콩글리시 찬가』의 저자는 콩글리시란 첫째로 한국 사람들이 외국어로 구사하고 있지만 원어민의 발음, 문법, 어휘 규범에서 벗어난 영어, 둘째는 한국어에 들어온 차용어借用語로서 영어의 본뜻이나 본꼴과 달라진 어휘를 일컫는다고 지적했다.

한편 한국일보2017. 6. 24.에는 옥스퍼드 대학 한국학 및 언어학과 교수 지은 케어사람 이름이다가 쓴 〈콩글리시도 우리의 소프트 파워다〉라는 글이 실렸다. 칼럼의 요지는 이렇다.

스킨십 등 많은 콩글리시 단어들이 옥스퍼드 영어사전에 올라

시민권을 얻게 될 날이 멀지 않았다. 파이팅Fighting은 콩글리시 단어 가운데서도 일상적으로 쓰이는 대표적인 낱말인데 한류 붐을 타고 세계인들에게 소개되었고 영어매체에서도 공공연히 우리식으로 쓰는 경우도 생겼다. 이 단어 역시 옥스퍼드 사전에 기재될 확률이 높아졌다.

이런 콩글리시는 우리 삶의 구석구석에서 태어나고 성장하고 우리와 더불어 살아가고 있다. 한국인들의 삶과 함께해 온 콩글리시에 대해 지나치게 색안경을 끼고 보거나 잘못된 단어라는 족쇄를 씌우는 것은 자해自害행위다. 따라서 콩글리시는 우리의 실정과 필요, 그리고 구미에 맞는 문화이고 우리의 소프트 파워를 반영하는 성과물이라는 자부심을 갖도록 하자.

사실 이 대목은 너무 나간 감이 있다. 잘못된 것은 잘못된 것이지 그것이 자랑거리나 문화적 성과물이라고 칭송까지 할 수야 있겠는가? 좀 당당해서 좋기는 하겠지만.

조선일보는 2017년 하반기부터 재미저술가 조화유의 칼럼 〈한국영어와 미국영어〉를 싣고 있다. 많은 영어 학습서를 쓴 조화유는 필자의 오랜 친구다. 동양통신 기자로 일하고 있을 때 MBC에서 인기리에 방송된 공군空軍 관련 외화의 우리말 더빙을 듣고 잘못 번역된 내용, 특히 공군 계급을 지칭하는 단어의 오역을 여럿 지적하는 편지를 방송사에 보내서 관계자들이 놀랐다.

이를 계기로 그는 기자 생활을 하면서 한동안 외화 번역 알바를 맡기도 했다. 조화유 칼럼은 왜 때애드THAAD는 사드로 쓰고 조오 셉Josheph은 조지프, 붓쉬Bush는 부시로 쓰고 있는지 비판한다. 원어의 소리를 들어보지 않고 우리말 외래어 표기 규칙만 고집한 결과다.

문화는 상호 교류한다. 높은 곳에서 낮은 곳으로 물이 흐르듯 문화도 중심부에서 주변부로 흐른다. 영어는 세계 공용어가 된 지 오래다. 퀸스 잉글리시라는 말처럼 표준 영어가 물론 존재하지만, 국제무대에 가 보면 다양한 나라에서 온 사람들은 다 자기식의 영어His own English를 말한다. 어법이나 발음이 모두 제각각이다. 소통이 잘 되느냐가 문제지, 굳이 현지인 흉내를 낼 것도 없다. 영어를 모국어로 하는 영국인이나 미국인이나 호주인이라고 해서 똑같은 영어를 쓰는 것도 아니다.

나라마다 우리 같은 콩글리시는 어디에나 있다. 일본식 영어는 재플리시Japlish라고 하고, 중국식 영어는 칭글리시Chinglish이다. 싱가포르 사람들은 싱글리시Singlish를 쓰고, 인도사람들은 힝글리시Hinglish를 쓴다. 다만 우리가 일상적으로 쓰고 있는 콩글리시의 뿌리를 제대로 알고, 외국인과 소통할 때는 영어다운 영어를 구사해야 한다. 『뉴스와 콩글리시』의 궁극적 목표가 여기에 있다.

콩글리시가 우리의 사회적·문화적 산물이기는 하지만 그렇다고 대단한 '문화유산'이거나 '소프트 파워'라고 내세우는 것은 지나친 과장이다. 나쁜 말도 널리 쓰이면 사전에 오르는데 옥스퍼드 사전에 등재된다고 마냥 좋아할 일도 아니다. 예컨대 한국식 영어

'Fighting'이나 'Skinship'이 'Chaebol', 'Gapjil'과 함께 옥스퍼드 사전에 오른다고 무슨 영광이 있겠는가.

2015년 세모에 디지털타임스의 조명식 사장을 만났다. 〈뉴스 속의 엉터리 영어〉, 〈저널리즘의 콩글리시〉를 진단해 보는 칼럼을 연재하기로 했다. 그해 12월부터 지금까지 단 한 주도 빠지지 않고 매주 게재해 왔다. 동아, 조선 등 많은 일간지에 시론과 칼럼을 써왔지만 이렇게 쉬지 않고 매주 한 가지 토픽을 찾아서, 그것도 가능하면 시사적인 아이템을 골라 글을 쓰는 것은 처음 있는 일이었다.

나는 아주 즐거운 마음으로 이 일을 하였다.

'Love what you do, and do what you love!'

나의 생활신조다. 나는 언론학자일 뿐 영어 선생이 아니다. 따라서 이 책 안의 영어문장은 영자신문과 옥스퍼드 사전이나 기존 문헌에서 대부분 인용하였다.

이 책이 읽는 재미와 함께 글로벌 시대에 세계 시민으로 살아가는 데 작은 보탬이 될 것을 기대한다. 아내 유은옥은 매주 초고를 읽고 코멘트해 주었다. 디지털타임스의 담당 데스크 김광태 부장과 도서출판 행복에너지 권선복 사장이 책을 만드는 데 많은 수고를 해주었다. 특히 권보송 작가는 윤문과 교열에 힘을 보탰다. 고마운 마음을 전한다.

2018. 2. 김우룡

Contents

2 PART 엉터리 집, 이상한 동네 :: 75

$\underset{\text{PART}}{5}$ 같은 영어, 다른 물건 :: 223

BUSINESS

6 PART 우리가 만든 콩글리시 :: 268

PART 1

영미인도 모르는
한국식 영어

BUSINESS

A/S

영어교육의 A/S는 어디서 받나

긴 말을 뚝 잘라서 간단하게 만들어 쓰는 예가 적지 않다. 태스크 포스는 T/F, 디스카운트는 D/C, 컴퓨터 그래픽은 CG, 정원定員, Table of organization은 T/O, 인공지능은 AI, 데이터베이스는 DB, 톨게이트는 T/G, 인터체인지는 IC, 애프터서비스는 A/S라고 하는 식이다. 슬래시Slash가 들어가 있는 경우가 있고 아닌 경우가 있는데 약어가 다른 말과 쉽게 구별되는 경우는 넣지 않고 혼동의 우려가 있으면 슬래시를 넣는다. 반드시 그런 것은 아니지만.

"그동안 한국 시장에 중국 IT 제품들은 암암리에 판매돼 왔다. 속칭 보따리상이라는 병행 수입업자들이 중국 현지에서 들여와 판매하거나 일부 해외 직구족族이 알리바바 등을 통해 구해 썼다.

과거 한국 휴대전화가 보따리상을 통해 중국으로 판매되던 상황과 정반대가 되었다. 그동안 중국제품의 약점으로 지적됐던 '애프터서비스' 문제를 크게 개선한 것도 인기의 비결이다."_{조선, 2016. 4. 1}

이 기사에도 IT라는 축어가 등장한다. 물론 IT는 Information technology^{정보통신 기술}을 줄인 말이다. 그리고 '애프터서비스'는 흔히 에이에스^{A/S}로 줄여 쓰고 있다. 축약해서 쓰는 대부분 용어는 영미에서 통용되고 있는 말을 단순히 줄인 것들이지만, 일부는 영어에 없는 말을 임의로 만들고 다시 그걸 축약해서 쓰고 있다. 바로 에이에스^{A/S}의 경우다.

'1년 동안 무료로 A/S해 드립니다.' 한국어로는 잘 통하는 문장이다. 이걸 못 알아듣는 독자는 없을 것이다. 그러나 이 문장을 영어로 옮긴다면 에이에스^{A/S}란 표현은 절대로 들어가선 안 된다.

'We guarantee it for one year, free of charge.' 또는 이렇게도 번역할 수 있을 것이다. 'This comes with a one-year warranty.' 워런티^{Warranty}란 회사가 제품을 팔고 일정한 기간 안에 문제가 있으면 수리나 교환을 약속하는 보증서^{A written agreement in which a company selling something promises to repair or replace it if there is a problem within a particular period of time}를 말한다.

에이에스^{A/S}에 해당하는 영어는 워런티^{Warranty}다. 보증 기간은 Warranty period라고 하면 된다. 에이에스는 판매한 뒤에^{After} 생기는 고장이나 이상을 고쳐 준다^{Service}고 해서 만든 콩글리시다.

우리는 한술 더 떠서 B/S라는 말도 쓰고 있다. Before service 의 약자다. 고장 등 서비스 요청이 있기 전에^Before 알아서 사전事前 점검하는 선제적 서비스라는 의미다. 역시 콩글리시다. A/S에 가 장 근접한 영어표현은 워런티지만 넓은 표현으로는 Customer service가 있다. 구매 전후 대對고객 서비스를 전담하는 부서를 가 리키든가 그와 관련된 서비스를 총칭하는 말이다. 어떤 사람은 A/S 가 After-sales service의 약칭이라고 주장하지만, 설령 그렇더 라도 A/S로 줄일 수는 없다.

애프터서비스와 비포 서비스는 함부로 쓰면 오해를 사기 쉽다. 이 표현은 Foreplay前戱와 Afterplay後戱로 착각을 줄 수 있다. 젊 은이들 사이에서는 '애프터'가 모임이나 회식 뒤에 이어지는 2차 나 3차 회동을 뜻하는 속어로 쓰인다.

영어의 중요성이 날로 강화되고 있는 글로벌 시대에 한국만 외 딴섬으로 남아 있는 건 아닌지 모르겠다. 영어 가운데 읽고 쓰는 영어아카데믹 영어와 듣고 말하는 영어실용어는 전혀 다른 차원의 학습 인데 시험용 영어공부에만 매몰되다 보니 '명문대 나와도 말 못 하 는 사람들뿐'이라는 비판이 나온다.

"영어 중 읽고 쓰는 영역은 수학이나 과학처럼 지식을 배우는 공 부지만, 듣고 말하기 영역은 피아노 연주나 수영처럼 반드시 직접 몸으로 행동하고 익혀야 하는 학습 분야"라는 지적한국일보, 2017. 8. 26은 설득력이 매우 크다.

유사한 언어를 쓰고 있는 덕분에 북유럽 사람들이 영어를 잘하고 있지만 이들이 최고의 영어실력을 뽐내는 데는 또 다른 중요 요인들이 있다.

1) 역사적으로 영국과 가까워 많은 영향을 주고받아 왔다.
2) 인구 1천만도 안 되는 작은 나라로서 해외 의존도가 높다.
3) 일찍이 다인종 다언어 사회를 형성해 개방적 문화를 갖고 있다.
4) 기후가 춥고 거칠어 장기 해외여행이 매우 보편화돼 있다.

우리나라 어린이는 태어나기 전부터 영어 태교로 시작해서 영어 유아원, 영어 원어민 수업, 문화센터 영어 뮤지컬 강좌, 영어 축구, 해외영어 연수, 토익·토플 시험공부에 이르기까지 일생을 영어 공부에 매진하고 있다. 그런데도 2016년 영어능력 지수는 세계에서 27번째다.

한국인의 영어교육 A/S는 어디서 받아야 하나? 언어 습득의 원리는 노출露出과 사용使用에 있다고 한다. 긴 말 잘라 쓰는 재주를 차라리 구어Spoken English 향상에 활용했으면!

Baby in car

생명은 모두 소중하다

요즘 많이 달라지기는 했어도 언론사 시험은 전통적으로 국어, 영어, 상식·논문이었다. 여기에다 적성테스트나 기사작성을 부과하고, 1박 2일 합숙을 하면서 그 사람의 창의성과 리더십, 협동심 등을 관찰하는 기법이 도입되었고, 분야에 따라서는 포트폴리오를 제출케 하고 심층면접을 한다. 아무리 선발 방법이 다양해졌어도 영어 점수는 당락을 결정짓는 가장 중요한 과목이다. 하지만 신문 방송 기자는 기본적으로 '문제의식을 가진 글쟁이'다. 즉 영어로 기사를 작성하는 영자신문이 아닌 바에야 영어 성적은 부차적인 것이다.

우리나라 사람들은 영어에 대한 깊은 편견을 갖고 있다. 영어를 잘하면 업무 능력도 뛰어날 것으로 오해하는 경향이 있다. 한국에선 영어실력이 사회적 지위를 재는 잣대English fluency is a measure of social standing in Korea로 통한다. 심지어 이미 직장에 다니는 사람도 승진하려면 영어공부를 해야 한다. 유창한 영어가 공부, 일, 생활에 있어서 우월성의 척도A yardstick in one's superiority in studies, work and life 가 되었기 때문이다. The Korea Herald, 2016. 7. 4

영어실력 자랑은 일상생활 속에서도 나타난다. '아기가 타고 있어요.'라고 뒤 창문Rear window에 써 붙여 놨으면 족한데, 꼭 영어로 병기해야 하는지 의문이다. 그것도 엉터리 콩글리시 'Baby in car'를 붙여 놓았다. 차 속에 아이가 있다고 하기보다는 아이가 타고 있다Baby on board가 영어답다. 이 스티커는 아이가 타고 있으니 운전 조심하라는 의미보다는 큰 사고가 났을 때 아이가 탑승하고 있으니 구조해 달라는 의미로 쓰이기 시작했다.

Board는 동사로 배, 기차, 비행기, 버스 등을 타다To get on a ship, train, plane, bus, etc.라는 의미이고 비행기 탑승권은 Boarding pass, 기숙학교는 Boarding school이다. On board는 배, 비행기, 자동차 따위를 타고 있는 상황을 가리킨다. Aboard는 On board와 같은 뜻이지만, All aboard탑승완료, Welcome aboard!승객 여러분 환영합니다처럼 쓰인다.

이렇게 부모의 보호하에 차를 타고 가는 아기가 있는가 하면 부모에 의해 베이비 박스^{Baby box} 속에 버려지는 아기도 있다.

서울시 관악구 난곡동에 위치한 주사랑공동체교회에 '국내 1호 베이비 박스'가 설치되었다. 베이비 박스의 손잡이 위엔 "불가피하게 키울 수 없는 장애로 태어난 아기와 미혼모 아기를 유기하지 말고 아래 손잡이를 열고 놓아 주세요."라는 안내문이 적혀 있다. 한국일보, 2017. 5. 16

2009년 우리나라에 처음으로 베이비 박스가 설치된 이후 9년 동안 이곳에 맡겨진 아기가 모두 1,154명이나 된다고 한다. 민간 후원과 자원 봉사로 교회가 귀중한 생명을 앞장서 살리고 있으니 '거룩한 사업'이다. 그렇지만 베이비 박스는 현행법 위반으로 사회적 논란을 일으키고 있다. 영아 유기행위는 2년 이하 징역 또는 300만 원 이하 벌금으로 처벌하게 돼 있고 타인이 저지르는 범행의 편의를 제공하는 방조 행위 역시 처벌 대상이기 때문이다. 베이비 박스를 둘러싼 논란은 크게 세 가지다.

첫째, 아동 유기를 방조한다는 점이다. 그러나 위험한 곳에 버려질 아기를 안전하게 보호한다는 것이 반론이다. 둘째, 원가정의 양육포기를 부추긴다는 지적이다. 그러나 베이비 박스가 없었다면 생존조차 불가능했을 것이라는 점은 설득력 있다. 셋째, 친모가 아닌 제3자가 유기할 위험이 있다. 또한 양육을 포기할 권리가 있으며, 생모의 사생활을 보호할 필요가 있다고 반박하기도 한다.

영국이나 프랑스에는 베이비 박스가 없다. 영국에선 두 살 이하 어린이를 버리면 5년 이하 징역형을 받게 된다. 베이비 박스는 1198년 이태리에서 처음 생겼다. 티베르 강에서 아기 시신이 많이 발견되자 교황은 아기를 비밀리에 맡길 수 있는 입양아의 문Foundling wheel, 이태리어로 Routa dei trovatelli의 설치를 명했다. 이는 오늘날의 베이비 박스와 거의 유사하게 교회 건물 모퉁이에 회전문을 설치하고 아기를 넣고 벨을 누를 수 있도록 하였다. 베이비 박스는 이 Foundling wheel이 효시지만 나라에 따라선 아기 둥지Baby hatch, 아기의 창Baby window 또는 아기 요람Baby cradle, 천사 요람Angel's cradle 등 다른 이름으로 운영되고 있다.

차 속에 타고 있는 우리 아기만 소중한 게 아니라, 베이비 박스 속에 버려지는 생명도 소중함을 다시 한번 깨달아야 하겠다.

Blind hiring system

차라리 제비뽑기로 하면 어때

"사진도 학력도 고향도 안 보고 뽑습니다."

이름하여 블라인드 채용이다. 사진, 출신대학, 전공, 학점, 고향, 가족관계, 신체조건… 이달부터 공공기관, 공기업^{공공기관 332개,} ^{지방공기업 149개} 입사지원서에서 이런 내용들이 모두 사라질 것이라고 한다. ^{조선, 2017. 7. 6}

고용노동부는 행정자치부, 인사혁신처와 공동으로 마련한 '공공부문 블라인드 채용 추진 방안'이라는 것을 2017년 5일 발표했다. 면접 때도 지원자의 인적 정보를 제공받지 않은 상태에서 블라인드 면접을 실시한다. 이건 문재인 대통령이 지난달 22일 "이력서에 학벌, 학력, 출신지, 신체조건 등 차별적 요인을 기재하지 않도

록 추진하라"고 지시한 데 따른 것이다. 입사지원서에 사진 부착
도 원칙적으로 금지된다. 장차 민간 기업으로 확대할 예정이라고
하니 귀가 의심스럽다.

많은 국민들은 '이상한 나라'의 앨리스가 된 기분이다. 예부터
사람의 평가는 신언서판身言書判으로 해왔다. 선거지選擧志에 나오는
이 말은 중국 당나라 때 관리를 등용하는 시험에서 인물 평가의
기준으로 삼았던 몸體貌, 말씨言辭, 글씨書跡, 판단文理을 이르는 말로
동서고금을 막론하고 인물평가의 잣대다.

신身이란 사람의 풍채와 용모를 뜻한다. 사람을 처음 대했을 때
첫째 평가 기준은 아무리 신분이 높고 재주가 뛰어나더라도 품위
品位를 제대로 갖추고 있지 못하면 좋은 점수를 받기 어렵다. 언言
이란 사람의 언변을 가리킨다. 해박한 지식을 가진 사람도 말에
조리가 없고 표현력이 부족하면 좋은 평가를 받지 못한다. 말에
는 변정辯正이 있어야 한다. 서書는 글씨를 의미하고 특히 옛날에
는 필적이 대단히 중요하였다. 서에는 준미遵美가 있어야 한다. 판
判이란 사물의 이치를 깨달아 아는 판단력을 뜻한다. 설령 체모가
뛰어나고 언변이 좋고 글씨에 능해도 사물의 이치를 깨닫는 능력
이 없으면 출중한 인물이라고 할 수 없다. 인재에게는 문리의 우
장優長함이 있어야 된다.

좋은 인재를 골라 쓰려면 눈을 크게 뜨고With one's eyes wide open 사
람 됨됨이를 관찰하고 평가해도 모자랄 터인데, 있는 자료 모두

버리고 눈을 감고Blind 뽑겠다니 천상천하 이런 엉터리 전형이 어디 있을까. 물론 필자 역시 학벌위주 사회를 비판한다. 대학의 서열화도 심각한 사회문제다. 좋은 대학 출신이 반드시 일 잘하는 것도 아니다. 그렇다고 서울대 나온 게 무슨 죄라고 학교 이름과 전공, 학점까지 감춰야 하는가.

도대체 블라인드 채용을 영자신문은 어떻게 쓰고 있을까? 어떤 인사관리 교과서에서도 찾아볼 수 없는 이 용어를 4가지로 쓰고 있다.

1) Blind hiring system
2) Blind recruitment system
3) Blind screening system
4) Blind employment system 등이다.

뉘앙스에 차이는 있지만 외국인들이 보면 무슨 말인지 전혀 이해할 수 없다는 점에서 똑같은 콩글리시다. 이 제도의 목표는 나이, 성별, 키, 체중, 혈액형, 결혼 여부 등 차별적 요인을 지원서에 쓰든가 면접 시 묻지 말도록About possible discriminatory factors such as age, gender, height, weight, blood type and even marital status in the application or in interviews 해야 한다는 것이다. 부모 직업이나 생활수준도 비밀이다. 오직 직무 관련 능력Job skills and abilities만 보겠다는 것인데, 있는 중요 정보를 다 버리고 무슨 수로 직무능력을 찾아낼 수 있을까. 그야말로 주관적인 면접, 곧 '관상'이 당락을 결정짓게 될 것이다.

 '지역인재' 30% 할당제도 역시 논란이 많다. 이 판에 황당한 이 제도까지 시행된다면, 우리 젊은이들은 열심히 공부해서 좋은 대학에 들어갈 필요가 없게 된다. 설령 들어가도 좋은 학점 따려고 밤새워 공부할 필요가 없다. 해외연수나 봉사활동, 인턴경험도 쓸 데없는 짓이고 영어나 외국어 능력도 무용지물이다. 취준생은 오로지 면접 훈련에 힘쓰고 외모나 잘 가꾸면서 당일 컨디션 조절에 힘써야 한다.
 인생은 그저 한 방 운運임을 가르치는 사회는 비극이다. 동기부여Motivation가 없는 사회는 발전하지 못한다. 공정하다는 것은 불평등의 원리다. 능력 있는 사람이, 열심히 일하는 사람이 더 대우받게 될 때 국가는 성공한다. 그럴 바엔 차라리 모든 채용을 제비뽑기로 하면 어떨까.

Dutch pay

김영란법과 더치페이

세상이 많이 변했다. 옛날에는 식당이나 술집 계산대 앞에서 서로 돈을 내겠다고 상대방을 밀치는 풍경을 흔히 볼 수 있었는데, 요즘에는 자기가 먹은 밥값만 스스로 내겠다고 카드를 들고 줄 서 있는 사람들이 많다.

밥값을 각자 계산하는 '더치페이'를 하는 직장인이 늘어나면서 식당들이 골머리를 앓고 있다. 손님들이 몰리는 피크 시간에 단체 손님들이 각자 먹은 밥값을 일일이 따지느라 종업원들의 서빙 업무가 늦어지기 때문이다. 계산대에서 줄을 서서 기다리던 손님들이 '왜 이리 오래 걸리느냐'고 항의하는 일도 자주 일어난다조선, 2016. 6. 10. 음식점 업계에 따르면 직장 동료들이 함께 식사를 한 뒤 상사가 일괄해서 음식값을 치르던 관행이 사라졌다고 한다. 불황의 여파이기도 하고 기업의 접대비 운영이 투명해진 탓도 있다.

〈불붙은 더치페이…식당은 부글부글〉 제하의 기사를 보면 손님이 한창 몰리는 시간에 일손이 달리자 아예 '각자 계산 불가합니다.'란 안내 글귀를 붙여놓은 식당도 있다. 해외토픽 감이다. SBS뉴스도 〈"각자 계산 안 됩니다" – 그들의 이유 있는 항변〉이란 기사를 내보냈다. 2016. 6. 13

"단체 손님으로 여섯 분이 오면 테이블 2개를 붙여드려요. 짬뽕 2개에 탕수육 큰 것, 군만두 추가로 시키죠. 총 37,000원인데 다 드시고 나서 여섯 분이 6등분 해달라고 합니다. 1인당 6,167원인데 이걸 각자 카드로 긁습니다."

테이블 치우고 손님 받고 음식 만들기도 바쁜데 일손이 달려 장사를 할 수 없다는 하소연이다. 매일 점심시간마다 계산 전쟁을 치르게 된 식당들은 자구책으로 주문과 계산 방식을 바꾸기 시작했다.

일부 식당들이 사절한다고 써 붙인 더치페이Dutch pay, 우리가 늘 쓰는 영어다. 두 명 이상의 사람들이 재화나 서비스에 대한 값을 치를 때 개개인이 각자의 몫에 대해 비용을 지불하는 방식을 말한다. 때론 전체 비용을 머릿수로 나눠 내기도 한다. 이를 N분의 1이라고 한다. 속칭 분빠이分配다. 일본말 분빠이는 우리의 분배와는 뜻이 정반대다. 분배는 골고루 나누어 준다는 뜻인데 분빠이는 균등하게 나누어 낸다는 말이다. 우리는 각자 부담을 추렴^{出斂} 또는 갹출^{醵出}이라고 한다.

She has good intentions, but she shouldn't pay for everything^{뜻은 좋지만 그 여자가 다 내도록 하지 맙시다}.

When we get the bill, let's suggest that we go Dutch^{계산서가 나오면 각자 계산하자고 제안합시다}.

이처럼 비용을 나누어 내는 것은 Dutch pay가 아니라 Go dutch라고 해야 한다. 관용구로서 더치페이는 Dutch treat다. Treat는 대접, 향응의 뜻이다. '화란^{네덜란드}식 접대'라는 단어는 17세기 후반 화란과 사이가 좋지 않던 영국인들이 자기가 먹은 음식값을 각자 내는 화란의 생활습관을 비판하면서 널리 퍼지게 되었다. 다음과 같은 방식으로 사용되는 단어다.

I am willing to accept your invitation, but it will have to be Dutch treat^{당신의 초대에 응하지만 비용은 각자 내도록 하지요}.

그 밖에도 나누어 내자는 표현은 많이 있다. 'Let's split the bill', 'Let's chip in', 'Let's share the expenses', 'Let's make up the purse', 혹은 'Let's go fifty-fifty^{반반씩 냅시다}' 등을 상황에 따라 골라 쓰면 된다.

그렇다면 Dutch treat와 반대로 '내가 쏘겠다.', '한 턱 내겠다.'는 표현은 무엇일까? 'It is on me', 'This is on the house', 'Please be my guest', 'This is my treat', 'Let me pick up the tab' 등을 쓸 수 있다. Tab은 계산서, 청구서^{Bill}와 같은 의미다.

제정 당시부터 논란이 컸지만 김영란법은 시행돼 왔다. 쟁점은 두 가지였다.

첫째, 식사 3만 원, 선물 5만 원, 경조사 10만 원이 너무 낮다는 주장이다. 특히 농축산물 생산자의 항변이 거셌다. _{민주당 정부는 2017 년말 농축산업계의 요청을 감안하여 식사 3만 원, 농축산 및 수산물의 경우 선물 10만 원, 경조사 5만 원으로 조정하였다.} 김영란법 여파로 고급 한정식집은 문 닫은 곳이 적지 않았다. 그렇지만 왜 공직자들은 고급 호텔에서 스테이크에 적포도주를 곁들여 접대와 향응을 받아야 하는가. Dutch treat로 하면 될 것이다. 왜 우리나라 공무원은 제 돈으로 밥을 먹지 않는가. 명절 선물은 한우갈비 세트 아니면 비싼 굴비여야 하는가. "공무원 집은 제 돈으로 굴비 한 마리 사 먹지 않느냐"고 일갈했던 동아일보 논설주간 김순덕 칼럼이 생각난다. 김영란법의 목적은 깨끗한 정치, 투명 사회의 실현에 있다!

둘째, 들어가야 할 사람은 빠지고 안 들어가도 될 사람들이 포함돼 있다. 이 법의 대상은 공직자다. 국가의 녹을 먹는 사람들이다. 무슨 이유로 국회의원은 몽땅 빠져 있고 생뚱맞게 언론인이 들어가 있는가. 공영방송과 정부지원을 받는 언론은 대상이 될 수 있을 것이다.

깨끗한 공직사회 실현을 목적으로 만든 김영란법의 정신은 바로 Going Dutch다!

Fighting

호전적인 '파이팅!' 계속 써야 할까

"Fighting for us" - 미국 민주당의 유력한 대통령후보 힐러리 클린턴의 캠페인 구호다. TV뉴스의 시청자들은 우리가 즐겨 쓰는 '파이팅'을 힐러리가 역수입해 간 게 아닌가 의아해할 것이다.

이 구호를 맨 처음 쓴 사람은 캘리포니아주립대학 교수 마울라나 카렌가였다. 카렌가 교수는 미국 내 흑인의 문화와 권익을 위한 사회운동을 활발하게 전개했는데 이 때 그가 내세운 캐치프레이즈가 "Fighting for us"였다. '우리 권익을 찾자'는 표어다. 이 운동의 결실로 매년 12월 26일 또는 27일부터 새해 1월 1일까지 한 주간 흑인문화 축제인 콴자Kwanzaa가 열리게 되었다. 콴자는 스와힐리어로 First fruits의 의미다.

Fighting! 칭찬하거나 격려할 때, 혹은 결의를 다질 때 한국인들이 외치는 말이다. Fighting이 전투, 전쟁, 싸움이니까 입시든 운동경기든 잘 싸워 이기라는 격려의 뜻으로 이 말을 쓰고 있다.

말이란 사회 성원들 간의 약속이므로 서로 알아듣고 상호 간에 의사소통이 잘 되고 있다면 굳이 탓할 이유가 없다. 다만 글로벌 시대에 외국인들에게 오해를 불러일으킬 수 있다든가 혐오감을 주게 된다면 '잘못된 말'을 바로잡을 필요가 있다.

파이팅은 한국식 영어다. 응원과 격려의 뜻을 가진 감탄사로서 원래 의미와는 전혀 관계없이 변용된 말이다. 국립국어원은 파이팅 대신 순수 우리말을 쓰자는 취지에서 일반 국민을 대상으로 좋아하는 순화어를 공모를 한 결과, 몇 가지를 선정하였다. '아자아자', '힘내자', '아리아리', '영차', '얼씨구' 등인데 널리 쓰이고 있지는 않다.

More than nine hundred people have died in the fighting
그 전투에서 구백 명 넘는 사람들이 죽었다.

이처럼 파이팅은 응원이나 격려의 뜻이 아니고 싸움이나 전투를 가리키는 호전적 표현이다. Fighting cock싸움닭, Fire fighter소방수, Infighter접근전에 능한 복싱선수 등에서 보듯 물리적 싸움의 의미가 강하다. 물론 물가나 범죄와의 싸움에도 쓸 수는 있다. 예컨대 "물가 안정을 신주단지로 받드는 한국은행은 '디플레 파이터'다. '디플레이션과 싸울 최적의 무기는 돈과 환율이다.'"라고 쓴 한국경제 기사가 이를 말한다. 더욱이 '파이팅'을 '화이팅'이라고 표기하는 것은 우리말 외래어 표기 준칙에도 어긋난다. 영어 F는 'ㅎ'이 아니라 'ㅍ'로 써야 하기 때문이다.

2013년 4월 초 나는 미국 조지아 주 오거스타에서 열린 마스터스 골프대회에 초청을 받아 참관하러 간 일이 있었다. 이때 최경주 선수가 출전했는데 10번 홀에서 그가 우리 앞을 지나가고 있었기에 나와 아내는 "Go, go! Choi." 소리 높여 외쳤다. 엉터리 파이팅을 대신해서 두루 쓸 수 있는 한마디 영어가 Go, go다. 이와 비슷한 Go for it 역시 '할 수 있다, 잘해 봐.'의 의미다.

I really want to apply, but I don't think I will get the job^{정말 지원하고 싶은데 들어갈 수가 있을 것 같지 않아}.

Just go for it! You never know what will happen^{잘해 봐. 무슨 일이 생길지 알 수 없잖아}.

여기서 'Just go for it'은 '일단 해 봐.', '잘할 수 있을 거야.'라는 뜻이다.

시험을 앞둔 수험생에게는 행운을 빈다^{Good luck!} 혹은 ^{Fingers crossed!}, 잘할 수 있을 거야^{You can do it!}라고 하면 되고, 운동선수 앞에서는 힘내라^{Cheer up!}, 영차^{Let's go!} 등으로 응원할 수 있을 것이다.

미국의 전설적인 텔레비전 종군기자 에드워드 머로는 자신의 리포트 말미에 항상 "Good night and good luck!"이라고 덧붙였다. Fingers crossed는 '손가락 엇걸기'로 행운을 빈다는 뜻이다. 풀어서 'My fingers are crossed.'라고 말해도 된다. 그 밖에 잘했어, 멋져, 근사해, 훌륭해 등 격려의 외침은 수없이 많다. 곧 Great, Terrific, Sweet, Excellent, Awesome, Lovely, Nice 등 마음대로 골라 쓸 수 있다.

골프 선수들이 Long put를 성공하고 나서 캐디와 High-five를 하는 모습을 종종 본다. High-five, 손을 높이 들어 손뼉을 마주치는 인사법을 말한다. 여기서 'High-five!' 또는 'Give me five!'라는 응원구호가 나왔다.

결과를 두고 칭찬할 때는 'Well done!'이나 'Good job!'이 제격이고, 이것저것 아무 생각이 안 난다면 그냥 'Go, go!'를 외쳐 보자. 더욱이 화이팅이라고 발음하면, 미국 메인 주 워싱턴 카운티에 속한 타운 Whiting으로 착각할 수 있고, 생선 명태의 살로 오인 받을지도 모른다. 평화를 사랑하는 문화 국민들이 밤낮없이 '싸우자, 싸우자' 외치는 일은 이제 지양해야 할 때가 된 것 같다.

Goal ceremony

골 세레모니와 페어플레이

　2016년 지구촌을 뜨겁게 달구었던 16일간의 올림픽 열전이 막을 내렸다. 누가 뭐래도 올림픽의 하이라이트는 마라톤이다. 지난 21일 열린 올림픽 마라톤 은메달리스트 페이사 릴레사Feyisa Lilesa, 26, 에티오피아는 결승선을 통과하면서 두 팔을 머리 위로 치켜들어 'X'표시를 했다. 이후 시상식에서도 같은 행동을 반복했다. 릴레사는 X표시가 에티오피아 정부의 폭력진압을 반대한다는 의미라며 "에티오피아 정부는 오로미아 사람들을 죽이고, 그들에게 폭력적으로 행동하고 있다. 이제 나는 조국으로 돌아갈 수 없다. 내가 에티오피아에 가게 되면 죽거나 수감될 것"이라고 말했다.

　이렇게 리우 올림픽 폐막일 'X세레모니'로 오로미아의 비극을 세계에 알린 릴레사의 망명을 돕기 위한 크라우드 펀딩에 23일 오후 8시^{한국시간} 기준으로 8만 4,600달러가 모였다. 서울신문, 2016. 8. 24. 같은 날짜 중앙일보도 〈에티오피아 마라토너, 목숨 건 반정부 세레모니〉라는 제목의 기사를 실었다. 오로미아는 반정부 성향이 강한 릴레사의 고향으로 최근 에티오피아 정부는 오로미아에서 벌어진 시위를 진압하는 과정에서 수백 명을 죽인 것으로 알려졌다.

Ethiopia's Feyisa Lilesa crossed his arms above his head at the finish line of the Men's Marathon athletics event of the 2016 Olympic Games.

에티오피아의 페이사 릴레사는 2016 올림픽 남자 마라톤 육상경기 결승선 위에서 두 손을 머리 위로 들어 X표시를 하였다. – Korea Herald, 2016. 8. 23.

우리는 종종 스포츠 경기에서 골을 넣든가 메달을 따고 이를 자축하는 여러 가지 행동을 보아 왔다. 속칭 '골 세레모니'다. 축구, 하키, 미식축구, 핸드볼 등 구기종목에서 득점을 하고 나서 이를 축하하기 위해서 행하는 동작을 Goal ceremony라고 부른다. 경기장 내에 골대가 있고 상대의 골대에 정해진 규정에 따라 공이 들어가면 득점이 인정되는 구기에서 득점을 자축하는 행위가 많은데 아주 인상적인 득점 뒤풀이는 사람들의 뇌리 속에 오래도록 남는다.

몇 가지 예를 들면 '히딩크의 어퍼컷 세레모니', '미로슬라프 클로제의 공중제비 세레모니', '로비 킨의 로빈 후드 세레모니와 쌍

권총 세레모니', '에딘손 카바니의 강남스타일 말춤과 사격 세레모니', '박주영의 무릎 슬라이딩 후의 기도 세레모니' 그리고 '박지성의 2002월드컵 때 포르투갈과의 3차전에 결승골을 넣은 뒤 히딩크 감독에게 달려가 포옹하는 세레모니'는 아직도 축구팬의 기억에 남아 있다.

골 세레모니는 그것 자체가 볼거리의 하나지만 때로는 메달을 박탈당하든가 관중으로부터 빈축을 사기도 한다. 어떤 축구선수가 관중이 건넨 '독도는 우리 땅'이란 깃발을 들고 운동장을 돌아 정치적 행위로 제재를 받을 뻔한 일이 있었으며, 한 야구선수가 심한 욕을 뜻하는 손가락 사인을 해보여 곤혹을 치른 일도 있었다. 올림픽은 어떠한 정치적, 종교적, 상업적 메시지의 표현도 금지하고 있다.

그런데 Goal ceremony는 콩글리시다. '세레모니'는 스스로 기뻐서 하는 행위가 아니라, 국가적, 사회적, 종교적 행사나 예식을 가리킨다. Ceremony의 사용 예를 살펴보면 졸업식A graduation ceremony, 대관식A coronation ceremony, 결혼식A wedding ceremony처럼 격식을 갖춘 공식적인 의식을 뜻한다. 우리가 흔히 쓰는 MCEmcee는 A master of ceremonies의 약어다. 숙어로 Without ceremony는 '격식을 차리지 않고', No ceremony는 '염려 말고 편한 대로 해라'의 뜻이다.

Neymar celebrated Saturday after the penalty shot that won Brazil the gold네이마르가 토요일에 브라질에게 금메달을 안긴 페널티 볼을 찬 뒤 기뻐하였다. - WSJ, 2016. 8. 22.

Jamaica's Usain Bolt celebrates winning the men's 200-meter final Thursday자메이카의 우사인 볼트가 목요일에 남자 200미터 결승에서 우승을 자축하다. - KH, 2016. 8. 20/21.

위 예문에서 보듯 Goal ceremony란 표현은 아무 데도 없다. 골을 넣든가 메달을 따고 스스로 기뻐서 어떤 행동을 나타내는 일은 세레모니Ceremony가 아니라 셀러브레이션Celebration이다. 동사로는 Celebrate.

Hahn, perhaps best known for his 'Gangnam Style' birdie celebration three years ago on the Phoenix Open's rowdy 16th hole, said (…)
3년 전 피닉스 오픈 시합 때 공략이 어려운 16번 홀에서 버디를 하고 '강남스타일' 축하 행위를 해서 잘 알려진 한은 …

골 세레모니도 좋지만 스포츠의 정신은 메달보다 페어플레이에 있다.

Korea passing
운전석은커녕 조수석에도 못 앉아

자동차의 운전대를 우리는 보통 핸들Handle이라고 한다. '핸들 포유Handle for you'는 대리운전 회사의 상호인데 재치 있는 이름이다. 그러나 자동차의 운전대는 핸들이 아니다. 핸들은 창문이나 서랍, 문 따위에 붙어 있는 작은 손잡이다.

She turned the handle and opened the door그녀는 손잡이를 돌려 문을 열었다.

그렇다면 우리가 말하는 콩글리시 '핸들'을 그들은 뭐라고 할까? 스티어링 휠Steering wheel, 때론 그냥 Wheel이라고 말한다. 자동차, 버스, 자전거 등에 둥근 모양으로 된 운전 도구가 휠Wheel이다. '이

제 네가 운전할래?Do you want to take the wheel now?'처럼 '운전대를 잡
는다.'고 말하는 것은 '운전대 앞에 앉는다.'는 것과 같은 뜻이다.
'You've been behind the wheel too long넌 너무 오래 운전했어'에서
보듯 Behind the wheel은 운전대 앞에우리는 앞이라고 말하나 영어는 뒤라
고 함 앉아 있다는 뜻이니까 Drive와 동의어가 된다.

  눈치 빠른 독자는 이미 알아차렸을 것이다. 왜 핸들 얘기를 하
는지를. 문재인 대통령은 지난 8.15 광복절 경축사를 통해서 안보
위기를 주도적으로 해결하겠다고 말하면서 이른바 '한반도 운전자
론'을 되풀이하였다. 9년 만에 집권한 진보 정권은 김대중, 노무현
정부의 대북정책을 이어간다는 기조 아래 화해와 협력을 전면에
내세우고 있다매일, 2017. 8.14.

  문 대통령은 지난 7월 6일 베를린에서 발표한 '신新베를린 구상'
에 따라 북핵 위기 속에서도 북한과 대화의 끈을 놓지 않겠다는
강한 의지를 천명하였다. 북한의 연이은 도발로 미국이 '화염과 분
노'를 나타내고 북한이 괌을 미사일로 포위하는 작전을 발표하는
등 치킨 게임Game of chicken이 벌어졌다. 이런 엄중한 시간에도 대
통령은 한반도 안보위기를 한국이 주도적으로 타개해 나가겠다는
의지만을 강력하게 피력하였다. 한반도 문제의 당사자인 우리가
전쟁 위기로 치달을 수 있는 우발적인 군사충돌의 가능성을 주도
적으로 차단하고, 외교적 노력을 통해 평화적 해결에 힘쓰겠다고
외친다. 이른바 '한반도 운전자론'이다.

한반도 운전자론은 코리아 패싱Korea passing에 대한 우려를 감안해서 나온 듯싶다. 그러나 사드 배치를 반대해 왔고뒤늦게 '임시'배치하겠다고 밝힘 전시작전권 회수를 분명히 해온 좌파 정권으로서 언제 어디서든 만나 대화하자고 북쪽에 되풀이 제안했지만 돌아온 것은 핵과 미사일 위협뿐이다.

코리아 패싱은 중국과 미국의 이해관계에 따라서 한국이 북한 문제에서 배제되는 상황을 지칭하는 콩글리시다. 지금까지 보여준 북한의 노림수는 통미봉남通美封南이다. 핵 문제는 북미北美 문제라고 하는 북한의 태도가 코리아 패싱을 현실화하고 있다. 우리가 평화를 노래하고 있는 사이 이해 당사자의 사정보다 자국의 이익을 앞세우는 강대국의 외교 논리 또한 코리아 패싱의 우려를 낳는다. 즉각 진화에 나서긴 했으나 미군 철수론까지 대두되는 요즘 아닌가.

코리아 패싱은 일본식 영어에서 빌려온 표현이다. 1990년대 경제위기와 국제적 위상의 추락으로 일본이 국제무대에서 소외되는 상황을 저팬 패싱Japan passing이라고 했는데 코리아 패싱은 이를 본떠 만든 말이다. 이때 일본은 국제무대에서 갈라파고스화化하듯 고립되고 열강반열에서 밀려나는 위기를 맞았다. 여기서 패싱은 소외, 왕따, 무시, 배제, 따돌림의 의미다. 영어로는 'Korea has been passed over한국은 배제되었다.'라고 쓸 수 있다. 그 후 미국 트럼프 대통령은 한반도 문제 논의에 한국을 배제하는 일이 없을 것이라고 말하면서 코리아 패싱이란 말 대신에 skipping Korea라는 표현을 사용하였다.

재미저술가 조화유는 코리아 패싱의 영어표현으로 'Cold-shoulder Korea'가 적절하다고 하였다. Cold-shoulder는 '홀대하다', '냉대하다'To treat someone in an unfriendly way라는 의미다.

It is impolite and unkind to cold-shoulder people.
사람들을 냉대하는 것은 예의 없고 불친절한 짓이다.

이와 비슷한 표현으로 Brush-off가 있다. 관심 없는 사람에게 대한 무례하고 쌀쌀맞은 행동을 가리킨다. 뉘앙스는 좀 차이가 있으나 또 다른 표현으로 하이 해트High-hat가 있다. 이 말은 남을 멸시하든가Treating others as inferior 하대하다Look down on의 뜻이다. 우리말 '왕따'에 꼭 맞는 영어는 없으니까 에둘러 풀어 써야 할 것이다.

남북문제는 군사적으로 대등한 힘을 갖고 있을 때 대화의 장이 열린다. 북이 ICBM에 핵탄두를 탑재해서 레드라인을 넘는다면 우리는 어찌해야 하나? 코리아 패싱을 막아낼 힘과 외교적 역량이 없으면 우리는 운전석은커녕 조수석에도 앉지 못할 것이다.

Love call
러브콜 받은 적 있나요?

동물 농장의 짝짓기 계절도 아닌데, 여기저기 Love call 소리가 요란스럽다. 총선을 앞두고 정치권의 계파싸움이 본격화되고 있다. 이합집산-합종연횡은 한국정치의 고질병이 된 지 오래다. 세를 불리기 위한 러브콜은 뱁새, 황새, 참새를 가리지 않는다.

"새해 들어 새누리당의 적극적인 러브콜이 이어지면서 출마 여부로 급물살을 탈 가능성이 높다." 〈이영애, 남편 정호영 4월 총선 출마할까? 러브콜 쇄도〉란 제목의 기사 일부다.

또한 "2015 시즌 3승 거둔 박성현은 국내 필드에서 상한가를 치고 있다. 그를 후원선수로 붙잡으려는 각종업체의 러브콜이 쏟아지고 있다." 〈박성현 시대의 신호탄인가…줄 잇는 러브콜〉이란 스포츠기사도 뜨고 있다.

"해외진출을 노리는 김현수에게 러브콜이 쏟아지고 있다. 메이저리그 볼티모어 오리올스에 이어 샌디에이고 파드리스도 김현수에게 계약제안을 한 것으로 전해졌다."〈김현수 널 원해, 줄 잇는 해외 러브콜〉이란 제하의 중앙일보 기사도 있다.

이처럼 Love call은 정치, 스포츠, 기업을 막론하고 애용되고 있다. 글의 내용대로 러브콜은 입당, 입단의 제의이고 기업 간에는 거래를 트자는 요청이다. 같이 가자, 함께하자는 구애求愛의 뜻이다. 물론 러브콜이 표준어는 아니지만, 우리는 개인이나 단체를 스카우트하기 위해 좀 더 좋은 조건을 내세워 유인하는 것을 비유적으로 이르는 말로 이해한다.

본래 Love call은 일본에서 온 마케팅 용어로서 백화점에서 단골 고객들을 상대로 행하는 일종의 편법 세일을 가리킨다. 백화점이 본격적인 세일에 들어가기 전에 VIP 손님에게 사전에 연락해서 세일 가격으로 물건을 미리 사게 한 뒤 대금 결제는 세일기간에 하도록 하는 마케팅 수법이다.

사전은 러브콜을 1) 사랑의 호소, 2) 호의의 표현, 3) 구애 소리로 정의하고 있다. 영어 문장에서 Love call을 함부로 썼다간 큰 오해를 사기 쉽다. 짝짓기 계절에 수컷이 암컷을 부르는 소리로 이해하기 때문이다. Love affair는 정사고, Love child는 사생아, Love letter는 연애편지, Love scene은 정사장면, Love seat는 2인용 소파를 뜻한다.

그러면 러브콜을 영어로 '번역'하려면 뭐라고 해야 할까? 입단 또는 입당을 제안하다Propose, Offer 혹은 요청하다Request로 풀어 써야 하고 함께하도록 설득하다Persuade로 말할 수도 있겠다.

한때 정운찬 전 총리와 장하성 교수의 주가가 하늘을 치솟고 있었다.

"(…) 무소속 안철수 의원이 정운찬 전 국무총리 등 중도개혁 성향의 명망가 영입에 나섰다. (…) 직접 찾아가거나 매일 전화를 걸어 신당 합류를 설득하고 있다. (…) 구애 대상 인사들 중 일부는 긍정적 입장을 보인 것으로 안다. (…) 정 전 총리는 신당 합류 여부에 대해선 아직 생각을 안 해 봤다고 말했다."

이 글을 쓴 중앙일보 기자는 러브콜이란 짝퉁 영어를 쓰지 않고 '영입', '설득', '합류' 등을 적절히 사용해서 기사를 깔끔하게 처리했다.

우리나라 사람들은 콜이란 말을 좋아한다. Call taxi, Call van, Call bus와 함께 호텔에서 아침에 숙박객을 깨우는 것도 Morning call로 쓰고 있다. 모닝콜도 통하기는 하지만 Wake up call이 영어답다.

Please wake me up at 6:30^{여섯 시 반에 깨워 주세요}.

Happy call이란 프라이팬 상표까지 있다. 얼마 전 홈쇼핑 방송을 보다가 깜짝 놀랐다. "해피콜 시, 전액 환불" 도무지 무슨 말인지! 불만족스러우면 연락주시라, 환불해드린다는 뜻이란다. 행정 제도에도 해피콜 제도가 있다. 인허가, 질의, 진정, 건의사항 등 서면 민원에 대해 해피콜을 실시, 1주일 내에 즉각 시정해 주는 일을 그렇게 부른다니 언어의 연금술사가 아닐 수 없다.

Molca

현대판 Peeping Tom

인간은 다른 사람 말을 몰래 엿듣는 것을 좋아한다. 라디오와 텔레비전을 보면 이런 낙수^{落水, Eavesdrip}심리를 이용하는 프로그램이 대단히 많다. 대부분의 가십, 연애 스캔들, 연예 관련 프로그램은 남의 사생활 엿듣는 데 초점을 맞춘다. 낙수란 남의 집 처마 밑에 떨어지는 빗방울에 귀 기울이듯 '몰래 훔쳐 듣는다^{Eavesdrop}.'는 의미다. 인간은 엿듣기와 함께 엿보기를 좋아한다. 옛날 사람들은 공공연히 신방^{新房}의 창호지에 구멍을 내고 첫날밤의 신랑신부를 몰래 훔쳐보았다.

이 원리를 이용한 장난감이 만화경이다. 작은 구멍에 눈을 갖다 대고 돌려서 보면 거울에 비친 화려한 상^像이 우리를 황홀하게 만든다. 창호지가 없는 서양에서는 문 열쇠 구멍^{Key hole}으로 안을 훔쳐보았다. 이렇듯 남의 사생활을 훔쳐보는 호색한을 피핑 톰^{Peeping} Tom이라고 부른다.

11세기 초 영국 코벤트리 지역의 영주가 주민들에게 가혹한 세금을 매기자 영주의 부인 고다이버^{Lady Godiva}는 남편에게 세금을 낮추어 달라고 요청하였다. 영주는 "당신이 알몸으로 성내를 한 바퀴 돈다면 모를까."라고 말했다. 이에 고다이버는 실제 그렇게 하겠다고 응수하였다. 그리고 자신이 알몸으로 달리는 동안 모든 주민들은 집 안에 들어가 문을 잠그고 창문을 가려달라고 부탁하였다. 주민들을 위해 영주 부인이 나섰는데 누가 이를 거절하겠는가. 그러나 알몸으로 달리는 고다이버를 몰래 엿본 자가 있었는데 바로 톰^{Tom}이라는 사내였다. 약속대로 세금은 내려갔지만 부인을 몰래 훔쳐본 톰은 눈이 멀었다는 전설이 내려온다. 피핑 톰의 유래다. 선행을 실천한 고다이버는 지금껏 초콜릿 브랜드가 돼서 고급스럽고 섹시한 이름으로 남아 있다.

피핑 톰은 오늘날에 와서 몰카범犯을 가리키기도 한다.

⟨'Peeping Tom' face chemical castration⟩^{The Korea Times, 2017. 7.} 29/30

몰카범이 화학적 거세에 직면하게 되었다는 뜻의 기사 제목이다. 몰카 범죄가 지난 7년간 1,221%나 급증하여 대책 마련이 시급하다고 조희진 검사장은 어느 세미나에서 밝혔다. 우리나라 스마트폰 보급률과 초고속 인터넷 보급률이 세계 최고인 만큼 그에 따라 온라인상 젠더 기반 폭력행위도 양상이 다양해지고 있으며, 발생 건수도 급증하고 있다. 특히 몰래 카메라를 이용한 범죄 행위는 장소불문, 직업불문, 국내외 불문 빈번히 일어나고 있어서 여성들의 불안을 야기하고 있다.

사법, 행정, 입법고시를 모두 합격한 엘리트 공무원이 한 건물 화장실에서 몰래 여성을 찍다가 붙잡힌 일이 있으며, 국회의원 아들인 현직 판사가 지하철에서 휴대전화로 여성의 신체 부위를 몰래 찍다가 적발된 일도 있다. 연세대 총여학생회는 이번 학기 몰래카메라 탐지기를 4대 구입하여 학생들에게 빌려주고 있다. 휴대폰의 카메라 기능이 크게 향상되자 도처에 카메라의 눈이 타인을 훔쳐보고 있다. 이 밖에도 소형 카메라는 곳곳에 몸을 숨기고 있다. 옷 단추에도 붙어 있고 키홀더, 라이터, 볼펜, 시계에도 숨어 있고 심지어 카드형으로 된 것도 있다. 영자신문은 몰카를 Concealed cameras, Hidden cameras로 쓰지만 때로는 Spy camera, Secret camera, Nanny cam이라고 말한다.

몰래 카메라의 원조는 캔디드 카메라Candid Camera다. 1948년 앨런 펀트가 프로듀서 겸 사회자를 맡아 크게 인기를 끌기 시작한 장기 Joke reality TV시리즈였다. 처음 ABC에서 시작했지만 나중에 NBC, CBS에서 방송되었고 영국 등 다른 나라에서도 유사한 포맷이 등장하였다. 특정 상황에 꾼들Prankers을 투입해서 일반 사람들의 순진하고 당혹스런 표정을 모아서 내는 리얼리티 프로의 효시였다. 프로 말미에는 항상 이런 멘트가 나온다. "웃으세요, 몰카입니다Smile, you're on Candid Camera."

비행기 타면 볼 수 있는 〈Just for laughs gags〉시리즈도 캔디드 카메라의 전형이다. 캐나다의 코미디축제에서 이름을 따온 텔레비전 프로그램인데 많은 나라에서 비슷한 프로를 지금도 방송하고 있다.

물론 몰카는 몰래 카메라를 줄인 말인데, 한미 합작 조어다. "그거 몰카야? 응, 몰카야."를 영어로 옮긴다면 "A prank cam? Yes, it's a prank."라고 할 수 있다.

몰카범을 성범죄자로 보고 화학적 거세去勢까지 해야 하나? 국회는 하루 빨리 근절책을 세워라.

One shot

One shot과 One-shot society

오늘은 2015년 마지막 날. 한 해가 또 이렇게 저물어 가고 있다. 연말연시, 평소 고마운 분들, 보고 싶은 친구들 그리고 직장동료들과 한잔하기 딱 좋은 때다.

갤럽조사에 의하면 성인 셋 중 한 명이 주 1회 이상 술을 마시고 있다. 애주가의 87%가 "이 세상에 술이 있어 좋다"고 답하였고 심지어 평소 음주 여부에 관계없이 성인 65%도 동의한다는 결과가 나왔다.

한편 회식 자리에는 으레 건배 제의가 있게 마련이다. "청바지! 청춘은 바로 지금!" 또는 "남자는 Powerful, 여자는 Beautiful, 인생은 Wonderful!" 이런 건배사도 있다. 가장 흔한 건배 제의는 "위하여!" 아니면 "원 샷!One shot"이다. One shot은 과연 맞는 영어일까?

영어로 건배는 Toast, 건배하다는 그냥 Toast 또는 Propose a toast이고, 건배사를 하는 사람은 Toaster나 Toastmaster라고 부른다. 얼마나 One shot!을 많은 사람들이 소리 높여 외쳤으면 우리 사전에 이 말이 올라와 있을까.

"음료수 등을 한 번에 남김없이 마시는 것을 가리키는 'Bottoms up'의 한국식 영어이다."

이렇게 단체로 생일이나 경사 등에서 건배하면서 술잔을 들이켤 때 많은 사람이 쓰고 있지만 엉터리는 엉터리다. 대표적인 Konglish다.

언젠가 옌타이대학 관계자들과 중국 현지에서 회식자리를 가진 일이 있다. 호스트가 일어나서 환영 인사를 하고 나서 '간뻬이乾杯!'를 외치고 바이주白酒의 잔을 비운다. 이어서 손님 대표가 똑같이 화답하고 돌아가면서 모두 7번 간뻬이를 한 뒤 술잔으로부터 해방되었다. 지역마다 음주문화는 달라도 간뻬이, 건배, Bottoms up이 갖는 뜻은 다르지 않다.

영어 Toast가 건배의 뜻이 된 것은 와인의 풍미를 더하기 위하여 양념 발라 구운 빵 조각을 이용한 데서From the use of toasted spiced bread to flavor the wine 유래했다. 영어 건배는 Toast, Cheers, Bottoms up이 올바른 말이고 "당신의 건강을 위하여 건배합시다."는 "Let's drink to your health!" 또는 "To your health!", "이 대목에서 한잔합시다."는 "Let's drink to this"가 되겠다. 한편 독일어에서 온 Prosit[Prousit]도 종종 쓰인다. "나팔을 불다"는 'Drink straight from the bottle'로 표현할 수 있을 것이다.

텔레비전이나 영화에서 One shot은 '한 사람을 잡은 화면'을 뜻한다. 프레임에 두 사람이 들어가면 Two shot, 여럿이 잡히면 Group shot이 된다. 또는 연속물이 아니고 한 번만 나가는 1회용 프로그램을 One shot program이라고 한다. 영상물 제작에 있어서 Shot은 대단히 중요하다. 카메라의 눈이 잡은 그림 하나하나가 독립된 Shot이고 Shot의 연속이 신[Scene]을 만든다. 몇 년 전 영국의 Economist지는 우리 사회를 가리켜 One-shot society, '한 방 사회'라고 불렀다.

"한국사회에 산다는 것은 경쟁자가 된다는 것을 의미한다. 대학입시, 취직, 결혼 등 모든 것이 경쟁의 대상이다. 경쟁상태는 어릴 때부터 시작되어 은퇴 후까지 지속된다. Fighting이란 구호가 유행할 정도이다. 사실 Fighting은 매우 호전적인 구호이다. 한국인은 국제무대에서도 반드시 일등이 돼야 한다는 강박관념에 사로잡혀 있다. 기업의 목적은 '사업보국'이고 노동자는 '산업전사'다.

개인 간의 경쟁은 교육을 중심으로 이루어진다.”

이렇게 실패를 용인하지 않는 사회, 좋은 대학이 출세를 보장하는 사회를 한 방 사회One-shot society라고 비판하였다.

You've only got one shot, do not miss your chance to blow
딱 한 방뿐이니, 기회를 놓치지 말라.

한 방 사회의 부작용은 지나친 교육열, 외모지상주의가 낳은 성형강국, 물신주의, '헬리콥터 맘'의 양산 등으로 나타났다. 이코노미스트 기자는 한국은 급속한 고령화 현상과 인구 감소로 노동 인구가 줄고 부양 인구는 늘면서 국가는 생산성이 떨어지고 사회는 활력을 잃게 된다고 진단하였다. 특히 젊은 여성들이 출산을 꺼리는 현상을 빗대어 Baby-strike라고 표현하였다.

기업들이 사업 재편을 쉽게 할 수 있도록 관련 절차와 규제를 한번에 풀어주는 특별법, 소위 '원샷법'기업 활력 제고를 위한 특별법까지 준비하고 있으니 새해에는 One shot!으로 한 방 사회의 병폐가 사라질 것을 기대해 본다.

Parachute
낙하산은 추락할 수 있다

우리나라 영자신문을 보다가 깜짝 놀랐다. 기사 제목이 이랬다.

〈'Parachute appointments' dominate finance sector〉낙하산 인사 금융계를 휩쓸다, The Korea Times, 2017. 9. 9/10.

한국인이면 사전을 찾아볼 거 없이 낙하산 인사가 무슨 뜻인지 쉽게 이해할 것이다. 지금 우리 국민들은 '낙하산' 소리만 들어도 크게 분개하고 있는 상황인데 문재인 정부는 그저 마이 웨이My way, 국민의 비판을 외면하고 있다. 2017년 9월 초 감사원의 발표에 의하면 2014년 한국전력 자회사인 한국전력기술에 김60살 씨가 사장 상담역으로 낙하산 취업하였다. 서류만으로 특채된 이 사람은 1년 동안 딱 하루 출근하고 수당 퇴직금 등 급여 8천만 원을 받아간 것으로 드러났다.

"일부에서는 이 아무개와 은 모 씨에 대해 우려를 표명하고 장하성 청와대 정책실장의 낙하산 인사를 비판하고 있다Some are raising concerns over Lee and Eun, and criticizing them as 'parachute appointments' by Jang Ha-sung, presidential chief of staff for policy."

이게 위 영자신문 기사의 핵심이다.

웃어야 할지 울어야 할지 모르겠다. ○○이 제 발 저리다고 2017년 4월 새 정부가 들어선 뒤 공공기관 책임자들이 임기가 남았음에도 불구하고 줄사퇴하고 있다. 미얀마 대사나 관세청장은 최순실 인사니까 그렇다 치고, 이미 오래 전 YTN 사장이 물러나더니 EBS 사장과 아리랑TV 사장도 임기 전 사퇴하였다.

지난 9월 6일 정기국회 교섭단체 대표연설에서 국민의당 김동철 대표는, 국회 인사 청문회 대상자 31명 중 무려 22명이 대통령 스스로 제시한 5대 인사원칙을 위반했고 그중 4명은 자진 사퇴했다며 문 대통령은 탕평, 균형, 통합인사라고 자화자찬하기 전에 청와대 인사추천과 검증에 완벽하게 실패한 책임자들부터 즉각 전면 교체해야 한다고 비판했다. 문 대통령은 대선 후보시절 병역 면탈, 부동산 투기, 세금 탈루, 논문 표절 등 5대 비리에 연루

된 사람을 인사에서 배제하는 원칙을 강조했으나 사실상 지켜지지 않았다.

카터Carter가 대통령이 되면 땅콩농장에서 일하던 사람들이 백악관으로 몰려가고, 레이건Reagan이 당선되었을 때는 캘리포니아에서 일하던 측근들이 워싱턴으로 진출한다. 코드가 맞든가 국정철학을 공유하는 이들이 함께 일하는 게 하등 이상할 것도 없다. 다만 적재적소에 인재를 배치하는 원칙만은 지켜져야 한다. 운동권 출신, 좌파 시민단체 출신, 측근 코드인사라는 것만으로 비판할 수는 없다. 전문성이 부족한데도, 능력이 모자라는데도, 더 좋은 인물이 있는데도 공신이라고 기용하는, 이른바 낙하산 인사가 문제일 뿐이다.

취임 100일 기자회견 석상에서 문 대통령은 "과거 정부에 중용됐던 사람이라고 할지라도 능력이 있다면 과거를 묻지 않고, 경선 과정에서 다른 캠프에 몸담았던 분들도 함께하는 정부를 구성하겠다."고 말했다. 그러나 아무것도 지켜진 것은 없다.

새누리당이건 민주당이건 정권을 잡으면 선거 때 자기편에 줄 섰던 이들을 국가의 중요한 자리에 앉힌다. 이런 세태를 풍자하는 한시漢詩가 인터넷상에 유포되고 있다.

"오늘 이 도둑을 보내니, 내일 다른 도둑 오는구나/도둑들만 계속 오네, 온 세상에 도둑이 넘치네."今日送此盜/明日來他/此盜來不盡/舉

지난 정부에서 임명됐던 한전 자회사의 사장 상담역의 경우를 보면 그리 틀린 말도 아니다. 박근혜 전 대통령은 "끼리끼리 봐주고 눈감아주는 민관유착의 고리를 끊어내겠습니다. 공공분야의 낙하산 인사를 뿌리뽑겠습니다."고 다짐한 바로 그다음 날 코미디언 자니윤을 한국관광공사 상임감사에 앉히라고 지시하는 코미디를 연출했다.

문 정부는 중소기업벤처부를 새로 만들고 장관 후보자로 한 젊은 공학 교수를 추천하였다. 이분의 과거 뉴라이트 행적과 역사인식 그리고 창조과학을 신봉하는 과학관 등이 논란을 빚자 청와대가 나서서 '생활 보수'라는 해괴한 논리로 해명하였다. 그리고 '소시민'이니까 그럴 수 있다는 궤변은 소시민의 분노를 자아냈다. 이를 어느 신문은 "최근 문재인 정부 1기 말미 인사들을 보면 인사의 창은 '탁하다, 인사 실패─논란─변명─낙마'로 이어지는 고집인사의 모습이 어른거린다."경향, 2017. 9. 7고 썼다. 촛불로 탄생한 소통정부도 인사의 저주는 피하지 못한 셈이다. 지도층의 취약성 때문인지, 정권의 '사심' 때문인지는 따져볼 부분이 많다고 하였다.

소위 '캠코더' 인사가 공직사회를 휩쓸고 있다. 문재인 후보 선거 캠프 출신이거나 코드 인사, 아니면 더불어민주당 인사 아니면 명함도 내밀 수 없는 세상이 되었다.

영어로 낙하산 인사를 Parachute appointment라고 쓴 것은 콩글리시다. 이 말에 딱 맞는 영어가 없으니까 편의상 썼겠지만 적어도 기사 안에서 간단히 풀이를 했으면 좋았을 것이다. '내로남불'은 국민 불신을 낳는다. 낙하산은 언제라도 추락할 수 있다.

Service

서비스는 공짜 아니다

"이건 서비스로 드립니다."

"서비스로 하나 더 주세요."

"커피는 서비스입니다."

이처럼 사람들은 서비스를 공짜이거나 덤으로 알고 있다. 골프장에 가면 '서비스 홀'이 있다. 18홀 가운데서 상대적으로 Par하기가 쉬운 홀을 그렇게 부른다. 모두 서비스란 말을 잘못 쓰고 있다. 쉽고도 어려운 말, 서비스에 대해 알아보자.

Service는 고객에 대한 시중들기, 봉사, 업무 행위의 뜻이다. 재화를 생산하지는 않으나 그것을 운반, 배급, 판매하거나 생산과 소비에 필요한 노무를 제공하는 일을 가리킨다. 서비스의 어원은 라틴어 Servus에서 나왔다. 세르부스는 노예를 말한다. 옛날 노예가 주인의 시중을 들고 불편을 해소하고 기쁨과 만족을 준 데서 '서비스의 정신'을 알 수 있다. Servant^{노예. 공무원}, Servile^{노예의}, Serving^{봉사}, Servitude^{예속} 등은 서비스와 뿌리가 같다.

미국이나 유럽의 호텔 식당 바에 가면 Service charge가 붙는다. Tip^{봉사료}과 같은 말이다. 때로는 Gratuity라고 한다. 16세기 영국 귀족사회의 사교모임에서 일하는 직원들이 자발적인 팁을 기대하고 눈에 띄는 곳에 'To insure promptitude^{신속한 서비스를}^{보장받기 위하여}'란 푯말을 붙여놨던 데서 유래했다는 설이 있다.

지난달 하와이 호놀룰루에 갔다가 이름난 한식당 서라벌에서 밥을 먹은 일이 있다. 손님의 편의를 위해서라는 명분으로 계산서에 아예 밥값 기준으로 15%, 20%, 25%씩 팁이 얼마라고 예시돼 있었다. 손님은 그중 하나를 찍기만 하면 된다. 보통 간단한 점심에는 15%, 술을 곁들인 저녁에는 25%로 고착돼 있다.

영국의 택시는 요금의 10%, 15%에 해당하는 팁 요율표^{Rate card}를 갖고 다닌다. 이제 많은 나라에서 서비스 차지는 손님이 재량껏 주는 감사의 정표가 아니라 반드시 내야 하는 정상요금의 일부가 되었다.

"이건 서비스입니다", 혹은 "서비스로 하나 더 드립니다."라고 하는 콩글리시^{한국식 영어}를 진짜 영어로는 뭐라고 말해야 할까?

"This is free.", "It's a complimentary gift."라고 하면 될 것이다.

청년실업을 해소할 것으로 기대하는 서비스산업발전기본법의 '서비스'는 무엇인가? 이 법의 핵심은 서비스산업의 선진화위원회를 구성하여, 5년 단위로 발전기본계획을 수립하게 되고 그 결과 서비스산업이 활성화되면 양질의 일자리가 크게 늘어나서 2020년까지 청년일자리가 35만 개 생긴다는 것이다한국경제연구원.

2017년 초 박근혜 대통령이 '퉁퉁 불은 국수'에 비유했던 서비스산업이 도대체 무엇인가? 2012년 7월 박근혜 정부가 국회에 제출한 약칭 '서비스산업법'에 따르면 서비스산업이란 "농림어업이나 제조업 등 재화를 생산하는 산업을 제외한 경제활동에 관계되는 산업으로 대통령이 정하는 산업을 말한다."제2조 정의고 되어 있다. 2011년 이명박 정부가 이 법을 처음 제출했을 때는 의료, 교육, 관광레저, 정보통신서비스 등 대통령령으로 정하는 서비스산업이라고 제한적으로 명시했는데, 수정안에서는 제조업과 농림어업 아닌 것은 모두 서비스산업으로 매우 포괄적 규정을 하고 있다.

의료, 교육, 관광레저, 정보통신서비스 외에도 금융보험, 교통철도, 호텔숙박업, 백화점 유통업, 과학기술서비스, 스포츠, 그리고 미디어와 광고, 영화, 게임 등 문화콘텐츠가 모두 서비스산업이다.

President Park pointed to developed countries with employment rates of 70 percent, saying similar figures will

be impossible for Seoul to achieve without the expansion of
the service industry^{Arirang TV}.

박 대통령은 서비스산업의 확대 없이는 선진국 수준의 고용률 70% 달성은 어려울 것이라
고 지적했다.

사실 정부의 행정도 대국민 서비스다. 17부 5처 16청이 모두 서
비스 기관이다. 각기 고유 업무를 담당하는 최고 행정기구가 엄연
히 있는데 왜 여러 관련 부처를 하나로 묶어서<sup>서비스산업과 관련되지 않
는 곳이 하나도 없다</sup> 서비스산업선진화위원회를 만들어야 하는지 많은
국민은 납득하지 못한다. 실무 콘트롤 타워는 총리가 하면 될 일
이고, 경제 사회분야를 나눠 보좌하는 부총리도 둘씩이나 있는데
서비스산업이란 이름으로 이를 옭아맨다면 옥상옥이 되기 쉽다.
대못은 그대로 박혀있는데 문화융성 구호만 요란하다고 어디 창
조경제가 이루어지겠는가. 행정서비스는 법과 제도의 문제라기보
다 정신과 의지의 문제다.

Skinship

스킨십과 성추행

우리나라 CEO들은 스킨십에 많은 시간을 할애하고 있다. 기업 내의 수평적, 수직적 커뮤니케이션이 무엇보다 중요하게 된 탓일 게다. 금호산업을 되찾은 박삼구 회장은 산행山行스킨십에 나서길 좋아한다. 임직원과 칠갑산에 오르는가 하면 아시아나항공 임직원과는 북한산에 함께 올랐다. 이를 두고 신문은 '산행 스킨십'이라고 표현했다. 포스코 권오준 회장의 쉼 없는 스킨십 경영도 주목 받고 있다.

"(…) 현장 직원들을 직접 만나 피부를 맞댔고 (…) 노사협의회 근로자위원들과는 산행을 하면서 의견을 나누었다."

이처럼 많은 대기업 최고경영자들이 온라인, 사내방송, 식당 회동, 산행이나 캔Can미팅 등을 통해서 내부 임직원과 상호 소통하는 스킨십 경영에 힘쓴다.

스킨십 경영이란 사장이 사원들과 간담회를 갖는다든가 식사 자리를 함께하면서 현장의 목소리를 직접 듣는 경영활동을 가리킨다. 직원들과 CEO와의 직접적이고 지속적인 의사소통은 사원들의 애사심을 높이고 소속감을 강화하는 데 도움을 주게 된다. 아직도 우리 기업은 군대조직처럼 상명하복의 경직된 구조를 갖고 있고, 오너 중심의 황제 경영은 여전하다. 이런 낡은 경영 방식으로는 무한 경쟁 시대에 살아남기 어렵다. 이제 스킨십 경영은 불가피한 선택이다. 그러나 이 말은 주로 일본과 한국에서 쓰고 있으며, 영어 원어민들은 거의 쓰지 않고 있다This word is mainly used in Japan and South Korea and is rarely or never used by native English speakers. 스킨십은 Kinship가족애처럼 Skin과 Ship을 조합해서 만든 혼성어 Portmanteau word로 영어사전에 나오지 않는, 만든Coined 말이다.

The term 'skinship' is a Japanese-English term used to describe the intimacy or closeness, between a mother and a child스킨십이란 엄마와 아이 사이의 친밀함이나 가까움을 나타내기 위해 쓰는 일본식 영어다.

처음 스킨십은 육아교육의 중요성을 강조하기 위해 어버이와 자식 사이의 상호 접촉에 의한 신체적 애정교류Physical affection, 예컨대 손잡아주기, 안아주기, 목욕시키기 등 '살갗 닿기'를 뜻하는 용어로 쓰기 시작했다. 손잡기Holding hands, 포옹Hugging, 꼭 안아주기 Cuddling, 볼 키스Kissing on the cheeks, 때로 발가벗고 함께 목욕하기 Sharing a bath naked 등 비성적非性的 접촉이 모두 스킨십에 속한다.

지금까지 우리는 아무 생각 없이 스킨십이란 말을 써왔다. 물론 스킨십이 수입된 말이든 누군가가 만들어낸 Broken English이든 한 사회구성원들이 동의하고 서로 이해하고 있다면 못 쓸 이유는 없다. 비록 일본식 영어Japlish라고 해도 우리 CEO들이 스킨십 경영에 특별히 신경 쓰고 있음은 바람직하다.

바야흐로 접촉의 시대다. 스마트폰도 손으로 터치해야 하고 ATM에 가서도 손을 써야 한다. 모든 접촉은 우리 몸을 도구로 삼고 있다. 디지털 노매드 시대의 생존 방식이 바로 접촉이다. 왜 접촉인가? 어떤 커뮤니케이션 학자는 첫째 성적 표현, 둘째 양육과 의존수단, 셋째 유대 강화, 넷째 공격수단으로 설명하고 있다. 남녀 사랑의 진도를 12단계의 접촉으로 설명한 외국의 언론학자가 있다. 눈이 맞은 남녀의 애정 표현은 어디서부터 시작할까? 첫 단계는 남자의 손이 여자의 삼단 같은 머리카락을 만지는 데서 시작한다. 그다음 여성의 어깨, 허리, 힙 그리고 입술, 마침내 여성의 성기에 이른다. 최종 단계가 성기와 성기의 접촉인 것이다.

스킨십 경영은 피부와 피부의 접촉을 통한 감정적, 정서적 교류를 뜻하지 않고, '직접적인 신체접촉을 하듯' 조직의 하위 구성원들의 애로사항이나 고정Complaints, 苦情을 몸소 청취해서 경영에 반영하는 일을 모두 가리킨다. 직접적인 접촉에 의한 피부 교감은 스킨십이 아니라 햅틱스Haptics라고 해야 한다.

신체접촉에는 Touch스치는, Pat가볍게 두드리는, Hold움켜잡는, Push누르는, Massage주무르는, Hug껴안는 행위 등이 있는데, 상대나 상황, 문화, 배경에 따라 그 의미가 크게 달라진다. 인도 모디 총리의 경우처럼 정상들이 회동할 때 뒤에서 포옹한다든가 격렬한 볼 키스를 하는 것 등은 오해를 사기 쉽다. 스킨십 경영은 직접적인 신체접촉과 아무런 관련이 없다. 지나친 스킨십은 성추행, 성희롱으로 오해를 살 수 있으니 각별히 유념해야 할 것이다.

Well-dying
웰빙과 웰다잉

  오래전부터 쿡방, 먹방이 텔레비전 화면을 점령하고 있다. 살림살이가 나아졌는지 아름다운 이별, 삶의 마무리에도 관심이 커지고 있다. 현재 65세 이상 노인은 전체 인구의 13.1%밖에 안 되지만, 2030년에는 25%에 이른다. 인구 4명 중 한 명이 65세 이상인 고령화사회Maturing society가 된다.

  "100세에 저세상에서 날 데리러 오거든 좋은 날 좋은 시에 간다고 전해라."

  유행가처럼 100세 시대가 코앞에 다가왔다. 우리는 흔히 잘 먹고 잘 사는 일을 웰빙Wellbeing, 사람답게 늙는 것을 웰에이징Wellaging, 그리고 나이 들어 품위 있게 죽는 것을 웰다잉Well-dying이라고 표현하고 있다.

A parliamentary subcommittee has passed the so-called 'well-dying bill' which allows patients with incurable diseases to end their own lives…국회 소위원회는 불치의 환자가 생을 마감할 수 있도록 허용하는 이른바 '웰다잉법'을 통과시켰다.

국내 영자신문 기사의 일부다.

2016년 1월 8일 국회 본회의를 최종 통과한 웰다잉법의 정식 명칭은 '호스피스 완화의료 및 임종과정에 있는 환자의 연명의료 결정에 관한 법'이다. 한마디로 웰다잉법은 회생 가능이 없는 환자의 경우 자기 결정이나 가족의 동의에 따라 연명 치료를 합법적으로 중단할 수 있도록 한다는 게 요지다. 지금까지 우리는 소생 가망이 없음에도 의사의 사명과 자식의 효심 때문에 불필요한 연명 치료를 계속해 왔다.

1997년 보라매병원 사건무의미한 연명 치료를 중단해서 의사와 가족이 유죄 판결을 받은 사건을 계기로 존엄사 논의가 시작된 지 19년 만에 웰다잉법은 국회를 통과했다. 2년 뒤에 발효되는 이 법은 회생 가능성이 없고, 치료해도 회복이 안 되며, 사망이 임박한 환자의 경우 심폐소생술이나 인공호흡기, 혈액 투석, 항암제 투여 등을 중단하고 존엄한 죽음을 맞이할 수 있게 허용하고 있다.

하지만 그럼에도 불구하고 'But our bill, also dubbed the well-dying bill, does not legalize physician-assisted dying…. 그러나 웰다잉법으로도 불리는 우리 법은 의사의 도움을 받는 죽음을 합법화 하지는 않는다….'이라고 못 박고 있기도 하다. 이는 '적극적 안락사'를 허용하지 않는다는 뜻이다.

Wellbeing, Well-aging, Well-dying 같은 매우 그럴듯한 영어 표현은 어디서 왔을까?

웰빙은 우리 주변에서 다양하게 쓰이고 있다. 몸에 좋은 친환경 소재로 만들었다고 해서 웰빙 푸드, 웰빙 사우나, 웰빙 허니문 그리고 건강에 좋은 집은 웰빙 아파트라고 한다. 이런 웰빙을 추구하는 부류가 웰빙족Wellbeing tribe이다.

그러나 이 말들은 결코 적절한 표현이 못 된다. 영어로 Wellbeing이란 단어는 있지만 그 뜻은 High-end최상의, Healthy건강한, Organic친환경의과는 직접적 관계가 없다. 웰빙은 Wealth부, Welfare복지, Happiness행복, Health건강 등 국민 전체의 삶의 질 향상을 포괄적으로 뜻한다. 개인보다는 집단적, 사회적 차원의 복지, 행복, 안녕을 가리키는 용어다. 우리는 웰빙을 주로 신체적 건강이나 좋은 음식 등 좁은 의미로 쓰고 있다.

2009년 2월 선종한 김수환 추기경은 연명 치료를 거부하고 아름답고 존엄한 죽음을 몸소 실천한 분이었다. 추기경은 병세가

악화되자 인공호흡기와 같은 기계적 치료에 의한 무의미한 생명 연장을 허락하지 않았다. 이런 연명 치료 중단은 웰다잉이 아니라 존엄사尊嚴死: Death with dignity라고 해야 한다. 축약해 쓰는 편리성이 있다 해도 웰다잉법은 글로벌 시대를 외면하고 우리끼리 쓰는 표현이다. Death with dignity act존엄사법가 올바른 법의 명칭이다.

세계적으로 보면 네덜란드가 2001년 존엄사법을 제정한 이래 벨기에, 스위스, 콜롬비아, 미국특히 오리건주가 제일 먼저 시작했다 등 존엄사를 허용하는 국가가 늘어나는 추세다. 사실 임종 직전까지 수많은 의료기기에 의존하여 무리하게 생명을 연장하는 일은 당사자는 물론 가족에게도 큰 고통이며 결과적으로 비인간적인 죽음을 초래하게 만든다.

지금 우리사회에서는 품위 있고 존엄한 죽음을 맞이하자는 움직임이 일어나고 있다. 웰다잉 10계명이라는 것이 있는가 하면 입관 체험 프로그램이나 임종준비학교까지 생겨났다. 심지어 묘비명을 미리 준비하는 사람도 있다. 어느 코미디언의 묘비명은 "웃기고 자빠졌네."라던가?

Wellbeing과 더불어 Well-aging, Well-dying도 우리 사회에서 널리 쓰이고 있지만, 웰빙은 Living well로 쓰고 웰에이징과 웰다잉은 Aging well, Dying well이 돼야 영어다운 영어다.

어쨌거나 웰다잉법이 제대로 작동하기 위해서는 모든 사람이 사전의료의향서^{또는 존엄사서약서}에 서명해 둘 필요가 있다. 2009년 7월 28일 오바마 대통령 내외는 국민계몽 효과를 위해 공개적으로 연명의료 중단 유언서^{Living will}에 서명하였다. So I actually think it's a good idea to have a living will. 한편 연명 치료 중단은 '소극적 안락사^{Euthanasia}'이므로 생명존중 사상을 훼손하는 일이 없도록 세심한 조치가 뒤따라야 할 것이다.

PART 2

엉터리 집, 이상한 동네

BUSINESS

Apart
공무원이 행복한 나라

별빛이 흐르는 다리를 건너 바람 부는 갈대숲을 지나
언제나 나를, 언제나 나를 기다리던 너의 아파트
아무도 없는, 아무도 없는 쓸쓸한 너의 아파트

오늘은 아파트 이야기를 좀 해보려고 한다. 윤수일의 노래가 아
니고 우리가 살고 있는 아파트 이야기다.

"세종시 아파트를 특별 분양받았던 공무원 9,900여 명 중 소유
권 이전 등기를 마치고 실제 입주한 공무원은 6,198명이었다. 당
첨된 공무원 중 3,700여 명이 입주하지 않은 것으로 드러났다. 이
들 중 상당수는 아파트 완공 이전에 최고 수천만 원의 프리미엄을

챙겼다. 공무원 정착률을 높이기 위해 도입한 제도가 투기수단이 된 것이다."

조선일보 2016년 1월 6일자 기사의 일부다.

아파트는 근대산업사회의 산물이다. 인구의 도시집중화가 가속화되면서 주거시설은 부족한데 택지가 비싸니 좁은 땅에 많은 사람이 살 수 있도록 심지어 4, 50층 고층 아파트까지 지어 토지의 효율성을 높이게 되었다. 한국의 근대적 아파트는 1959년 종암아파트가 효시였고 1970년대 들어서면서 동부이촌동, 반포, 여의도, 압구정, 잠실 등에 대규모 아파트단지가 생겨나기 시작했다.

한때 아파트 당첨은 로또였다. 청약 열풍 속에 당첨만 되면 즉석에서 수천만 원의 웃돈이 붙었다. 모델하우스는 복부인들의 주 무대였고 '떴다방'이라는 신종 직업까지 생겨났다.

어느 날 성수대교 남단에서 르네상스호텔 쪽으로 가는 버스를 탔다. "Next stop is Kyongbok apart." 친절하게도 다음 정거장을 알리는 영어 안내 방송이 나왔다. 나는 즉시 버스회사에 전화를 걸어 Apart가 아니라 Apartment로 해야 한다고 알려 주었다. 그 후 바로 잡았는지 여부는 아직까지 확인하지 못했다.

아파트는 우리말이다. 엄밀히 말해서 귀화한 우리말이다. 다만 영어로 말할 때는 Apartment라고 해야 한다. 한 동 전체를 말할 때는 An apartment building, 아파트 단지는 Apartment complex, 고급 아파트는 A luxury apartment.

대지, 복도, 계단, 커뮤니티 시설, 공원 따위를 함께 사용하는 공동주택이 아파트다. 이렇게 사람들이 모여서 사는 곳이 Apartment인데, 이를 줄여서 Apart^{멀리 떨어져, Away in place or time}라고 하니 그 뜻이 정반대가 돼버렸다.

미국의 아파트는 대부분 월세다. 반면 Condominium은 소유의 개념이 강하다. 콘도미니엄이란 집합건물을 공동으로^{Con} 소유하다^{Dominate}라는 라틴어에서 유래했다. 콘도는 대개 개인 소유^{Privately owned}인 데 비해, 아파트는 대부분 셋집^{Rent house}이다. 우리나라는 거꾸로 아파트는 개인 소유고 콘도는 1년에 며칠씩 나누어 쓰는 Time sharing으로 운영하고 있다.

우리나라에서는 똑같은 아파트도 4층 이하면 주택법에 따라 연립주택이라고 부르고, 점포 겸용 단독주택 지역에 지은 다가구주택은 Villa가 된다. 아파트 이름의 허세^{虛勢}는 예나 지금이나 다를 바 없다. 1970년대 아파트 이름에는 Mansion^{장원}이 많았다. 지금도 동부이촌동에는 코스모스맨션, 한강맨션, 렉스맨션 등이 건재하다. 최근에는 더 업그레이드된 느낌이다. 예컨대 Empire^{제국}, Castle^{궁성}, Palace^{궁전}, 그것도 모자라서 Summit^{정상}까지 올라갔다. 현대인들은 모두 왕같이 살고 싶은 모양이다.

엉터리 아파트 이름도 여러 개가 있다. 아파트와 주택의 장점을 취한 게 Town house인데, 이것을 본따 빌라와 아파트의 좋은 점을 가졌다고 빌라트가 되었고 아파트 같은 주거용 오피스텔이라고 해서 아파텔이라고 한다. 영어로는 Apartment hotel을 줄여서 Aparthotel이라고 부른다. 요즘 유행하고 있는 Serviced residence처럼 호텔식으로 운영하는 아파트를 뜻한다.

세종시 공무원들이 특혜 분양받은 아파트를 갖고 '웃돈 장사'를 하자, 정부는 분양 할당제 도입 등 대수술을 하겠다고 뒷북을 치고 있다. 구조조정이다, 폐업이다 해서 국민은 엄동설한에 밖으로 내몰리고 있는 요즘이다. 공무원들은 3~4% 이상씩 봉급이 오른 데다 잘하면 최고 2,500만 원에 이르는 인센티브를 받을 수 있는데 또 아파트 프리미엄까지 챙겼으니 정말 '살맛나는 세상'을 만났다.

국민은 분양가격이 시세보다 싼 보금자리 주택을 분양받으면 5년간 분양권을 팔 수 없는데 특혜로 분양받은 공무원들은 전매기간이 1년으로 짧았다. 큰 시세 차익을 본 공무원들이 법적으로는 하자가 없을지라도 도덕적으로는 문제가 없는지 생각해 볼 일이다.

우수한 젊은이들이 새로운 분야에 도전하지 않고 너도 나도 공무원 시험에 매달리는 이유를 알 것도 같다. 공무원이 행복한 나라에 사는 국민은 결코 행복하지 않다.

Bedtown

Bed town은 Bad town?

농경시대를 지나 공업화 시대로 넘어감에 따라 농어촌 지역에 흩어져 살던 사람들이 공장지대로 모여들면서 도시의 팽창은 누구도 막을 수 없는 산업화의 거대 물결이 되었다. 특정 지역의 인구 집중은 많은 부작용을 낳기도 했는데 주택난 심화, 범죄의 증가, 환경오염, 교통체증 유발, 교육 및 편의 시설의 부족, 농촌 인구의 이탈 등을 초래했다.

소도시 전원주의Small town pastoralism는 도시 직장인들의 공통적인 꿈이다. 서울에서 자동차로 1시간 30분 이내 거리에 Second home, 별장Cottage을 마련하고 싶은 도시 탈출 욕망은 누구나 갖고 있다. 이와 반대로 어떤 전문가는 부동산시장에서는 사람들이 도심으로 다시 몰리는 재도시화Re-urbanization가 진행 중이라고 한다, 이런 현상을 '도시의 귀환'이라고 말한다. 서울시가 역세권에 고밀도 아파트를 지어서 직장인들의 주거난을 덜어보겠다는 발상도 이와 맥을 같이한다. 집 지을 땅은 제한돼 있으므로 4~50층 고층 아파트가 여기저기 늘어난다. 홍콩, 싱가포르뿐 아니라 많은 도시들이 '수직 도시'로 변하고 있다.

세계적으로 보면 뉴욕, 런던, 도쿄, LA, 서울 등은 인구 1천만 명이 넘는 'Megacity'들이다. 이들 도시 주변에는 주거도시 또는 위성도시들이 수없이 많다.

"수도권에서 하남 미사강변도시, 광명역세권, 화성 동탄2, 고양 삼송 등 4개 택지개발지구신도시가 인기를 끌고 있다. 십여 개의 택지지구가 개발되고 있지만 각각 서울의 동서남북에 자리 잡은 이들 지구에 투자자들이 몰리고 있다."한경. 2016. 3. 24.

신문의 아파트 시세표에는 행정구역상 서울이 아닌 곳을 두 가지로 부른다. 신도시와 수도권이다. 일산과 분당은 신도시고 그 밖의 서울 생활권을 수도권이라고 부른다. 이건 신문이 편의상 나눈 것일 뿐 모두 서울의 베드타운Bed town에 속한다.

미사지구는 베드타운이 아닌 자족 기능을 갖춘 미래형 도시로

서….

분당, 일산, 평촌 등 베드타운Bed town은 배드타운Bad town이다. _조선비즈, 김문수 전 경기지사 인터뷰

1기 신도시를 통해 베드타운으로 겪은 여러 문제점을 학습하면서 최근 조성된 택지지구는 계획단계에서부터 일정규모 이상 자족시설 용지를 확보하고 있다환경일보, 2016.3.10.

There is an unfortunate possibility of Kimhae and Yangsan turning into bedtown of Pusan rather than expanding as self—sufficient cities불행히도 김해와 양산은 자족도시로서 확장보다는 부산의 베드타운으로 전락할 가능성이 있다.

Bed town은 콩글리시다. 베드타운? 서양 사람이 듣는다면 무슨 가구단지나 침대공장이 몰려 있는 가구촌을 연상하기 쉽다.

네덜란드 암스테르담에서 30km 떨어진 곳에 인구 8만 명쯤 되는 Hilversum이라고 하는 소도시가 있다. 방송기관이 모여 있는 탓에 Radio city로도 불리는 잘 계획된 도시Well planned city다. 또한 허드슨강 건너 Summit 등 뉴저지 Garden State 주민들은 뉴욕시로 출퇴근하고 있다. 일본의 대표적인 계획도시 츠쿠바는 도쿄에서 35km 거리에 위치한 연구교육 중심도시다.

이처럼 세계 어디나 대도시 주변에는 위성도시, 주택도시, 신도시가 수없이 많다. 그래서 뉴욕은 5개 Borough자치구로 구성된 뉴욕시 외에 주변의 소도시를 포함시켜 'Greater New York'으로 부른다.

과거엔 많은 근로자들이 시 외곽에 살면서 일하러 도시 중심으로 들어왔지만 위성도시에 일자리가 생기고 생활과 교육, 문화, 레저 시설을 갖춘 자족도시Self-sufficient city가 되면서 잠만 자는 'Bed town'의 이미지가 변하고 있다. 앞서 어떤 정치인이 Bed town은 Bad town나쁜 도시이라고 말한 것도 자족도시로서 기능이 부족한 것을 지적한 것일 게다.

콩글리시인 '베드타운'은 진짜 영어로는 뭐라고 해야 할까?

A commuter town is a town whose residents normally work elsewhere, although they live and sleep in these neighborhoods커뮤터 타운이란 주민들이 비록 이런 인접지역에 살며 잠을 자지만 일은 다른 곳에 가서 하고 있는 도시를 가리킨다.

일반적으로 Town은 Village보다는 크고 City보다는 작은 곳을 뜻한다. '통근자들이 사는 동네' 그곳이 바로 신도시이고 베드타운 아닌가. Commuter town은 ExurbShort for 'Extra-urban', Bedroom community 또는 Dormitory town 등과 같은 뜻으로 쓰인다. 하지만 Bed town만은 사전에서 찾을 수 없는 짝퉁 영어다.

Country club
골프클럽은 컨트리클럽이 아니다

리우 올림픽 여자골프 감독을 맡았던 박세리가 2016년 9월 7일 국회 정론관 기자회견장에 나타나서 "골프장 개별소비세를 폐지하라."고 주장하였다. 개별소비세란 카지노, 경마, 경륜, 경정 등 사행성 오락에 부과되는 세금인데 이게 왜 대중스포츠가 된 골프장에 아직도 붙어 있느냐는 지적에 많은 사람들이 공감하였다. 스키장에서도 사라진 지 오래인 개별소비세를 50년간 골프장에 부과하고 있는 것은 시대착오적이다. 수년 전에도 개별소비세 폐지를 위한 서명운동이 벌어졌지만 세수稅收가 줄어들 것만 걱정하는 관리들은 꿈쩍도 하지 않았다.

골프는 사행사업이 아니다, 골프장은 더 이상 사치성 시설이 아니다. 국내 골프장이 500개가 넘고 골프인구는 1천5백만 명에 이른다. 골프의 전설 박인비는 2016년 골프를 정식 종목으로 처음 채택한 리우 올림픽에서 금메달을 따 국위를 선양했고 세리키즈는 LPGA대회에서 맹활약 중이다. 특히 2016년 9월 18일 끝난 에비앙 대회에서 우승한 전인지는 골프의 새 역사를 썼다.

골프의 발상지는 영국 스코틀랜드지만 골프 천국은 아무래도 미국이다. 우리나라가 인구 10만 명에 골프장 하나 꼴이고 일본이 3만에 하나인 데 비해 미국은 2만 명당 하나씩이다. 우리나라 은퇴자들은 산山으로 올라가는데 미국의 노인들은 골프장場으로 간다. 미국의 클럽하우스에서는 브리지 게임을 하는 할머니들을 쉽게 볼 수 있다. 어떤 면에서 미국의 골프장은 '경로당'이다.

조금 여유 있는 한국인은 골프백을 메고 너도 나도 외국으로 나간다. 일본, 필리핀, 중국, 태국, 말레이시아 등지의 골프장은 한국 골퍼들 덕에 특수를 누린다. 세계 어느 나라 국민이 골프채 들고 떼지어 외국을 나다니는가? 매년 골프를 치기 위해 외국으로 나가는 사람이 40만 명 안팎이라고 하니 이들이 쓰는 외화만도 수천억 원이 넘을 듯싶다.

이유는 간단하다. 겨울의 추운 날씨 탓도 있으나 국내 골프장의 비용이 너무 비싸기 때문이다. 반대로 어떤 외국 사람도 골프를 치러 한국에 오지는 않는다. '골프장은 사치성 시설이라는 이유로' 취득세, 재산세, 종합부동산세 등 3종 세트의 세금이 중과되고 있다. 골프장의 땅은 생산을 유발하는 시설인데 도박장이나 유흥업소

취급을 당하고 있다. 회원제 골프장에서 공 한번 치면 개별소비세 등 모두 2만 4,120원의 세금이 붙는다.

우리나라나 일본에서는 골프장을 무조건 '컨트리클럽'이라고 부르고 있지만 진정한 의미의 Country club은 매우 드물다.

A country club is a privately owned club, often with a closed membership, that generally offer both a variety of recreational sports and facilities for dining and entertaining 컨트리클럽은 흔히 회원제 사설 클럽으로 다양한 오락적 스포츠 및 식사와 여흥시설을 갖추고 있다.

이처럼 컨트리클럽이 되려면 골프코스 외에도 테니스와 수영장이 필수적이다. 교외Country에 위치한 컨트리클럽에는 골프장이 반드시 있지만, 모든 골프장을 컨트리클럽이라고 부르는 데엔 무리가 따른다. 또 골프장을 Links라고 하는 경우도 있다.

Links courses tend to be on, or at least very near to, a coast, and the term is typically associated with coastal courses, often amid dunes, with few water hazards and few, if any, trees링크스 코스는 해변에 접해 있든가 적어도 가까이 있다. 이 용어는 모래언덕 가운데 있는, 워터 해저드와 나무가 거의 없는 해안 코스를 뜻한다.

정리하면 우리나라 골프장은 대부분 Golf club 수준이다. 바다나 호수를 끼고 있으면 Golf links라고 부를 수 있고, 다른 스포츠시설과 함께 숙박시설을 갖추고 있으면 Country club이 되겠다. St. Andrews와 Pebble Beach^{lodge가 있지만는} 모두 Golf links다.

초기 상류사회 엘리트를 위한 사교클럽으로 생겨난 컨트리클럽은 산업화, 소득의 증대, 도시 근교의 개발에 따라서 대중화돼 왔다. 골프코스와 약간의 부대시설을 갖춘 골프장은 한마디로 컨트리클럽이 아니고 골프클럽이다.

국내 골프장은 체육시설로 등록돼 있어 집은커녕 수목원도 만들 수 없다고 한다. 김영란법으로 큰 타격을 입게 된 골프장은 가족을 위한 종합휴양리조트로 바뀌어야 할 터인데, 숙박시설, 놀이시설, 주말농장, 주택, 연수시설, 풀과 테니스코트 어느 것도 지을 수 없다고 한다. 골프를 권장하기에 앞서, 싼값에 누구나 칠 수 있는 환경부터 만들어야 하겠다.

Health club

Gym이 Health인가

불황의 그림자가 곳곳에 드리우고 있다. 조선, 철강, 화학 분야 등은 일감이 없어 공장의 불이 꺼지고 있다. 이 심각한 현상을 어느 신문은 '말뫼의 눈물'이라고 했다.^{중앙일보, 2016. 4. 18.} 현대중공업은 울산 온산 2공장의 가동을 중단했다. 주문이 뚝 끊기면서 해양 플랜트 블록을 만들던 공장을 더 이상 돌리기 어려워졌기 때문이다. 한국판 말뫼의 눈물이 현실화하는 조짐은 전국적으로 나타나고 있다. 충남 당진 동부제철 열연공장은 2014년 말부터 가동이 중단됐다. 말뫼란 2003년 문 닫은 스웨덴의 조선기지 말뫼시를 말한다.

불황의 여파는 서민들의 고달픈 생활에도 깊은 주름을 남기고 있다. 얼마나 불황이 깊었으면 카페의 휴지, 헬스장의 운동복, 모

텔의 샴푸까지 훔쳐가고 있다. 손님에게 제공되는 소모품이나 매
장 물건 등을 죄의식 없이 몰래 훔쳐가는 '틈새절도'가 기승을 부
리고 있다. 헬스장의 운동복, 목욕탕의 수건이 사라지는 것은 어
제오늘 일이 아니다. 아예 여탕에는 수건을 비치해두지 않는 곳이
많으며, 일본 온천장에서는 수건을 팔고 있다. 여기서 '헬스장'이
바로 오늘 시비할 대상이다.

"헬스 갔다 왔다."
"건강을 위해 헬스를 해야 한다."

이처럼 얘기하는 사람이 많다. 한국판 뉴스위크에는 '헬스를 하
고 나면 살이 찌는 이유'라는 기사가 실렸다.

"스스로 식습관을 통제하지 못한다는 사실을 알기 때문에 헬스
에 다니는 사람이 많다. (…) 규칙적인 운동이 헬스 이용자들에게
자기만족감을 유발한다는 사실을 알아냈다."뉴스위크 한국판, 2013. 11. 18.

헬스, 영어 Health의 우리말 표기다. Health는 몸과 마음의 건
강 상태를 가리킨다. 광의로는 사회나 문화의 건전함도 의미한다.
이런 기사도 눈에 띈다.

'헬스장 같은 윗집, 잠 못 드는 아랫집'서울신문, 2016. 3. 29.

집안에 트레드밀, 골프연습기, 덤벨 등을 들여놓고 운동하는 사람이 늘어나는 가운데 이런 홈 지머^{Home Gymer}들에 의한 층간 소음 분쟁이 급증하고 있다. 중국에서 여성용 운동복, 운동화 등 스포츠 관련 용품이 불타나게 팔리고 헬스클럽에 운동하려는 여성들이 몰린다. 최근 중국 여성 사이에 건강미 넘치는 탄탄한 몸매가 더 아름답다는 인식이 퍼지면서 피트니스^{Fitness}열풍이 불고 있다.

한편 헬스도 모자라서 '헬스비'란 표현을 쓴 예도 있다. ^{의료보험료로 오해하겠네!}

'입대하려고 살 빼면 헬스비가 무료'^{동아, 2016. 4. 19.}

이 기사의 내용은 징병신체검사에서 비만으로 4급 보충역 판정을 받고 현역으로 입대하기 위해 재검사를 준비하는 남성에게 헬스클럽을 무료로 이용할 수 있게 해준다는 것이다.

건강이나 미용을 증진하기 위한 운동과 휴식 시설을 갖춘 체육관을 한국식으로 헬스클럽이라고 부른다. 순화된 말로 '건강 방'을 권장하고 있는데 좀 이상하다. 댄스교습소, 육체미도장, 다이어트교실, 불가마, 태권도장 등 건강을 도모하지 않는 곳이 어디 있는가.

Did you make a New Year's resolution to improve your health? Does your plan include joining a fitness club and getting some exercise?

건강 증진을 위해 새해 다짐을 하셨습니까? 피트니스 클럽에 등록해서 운동할 계획인가요?

Don't rely on the fitness center to safeguard for your valuables 피트니스 센터가 귀중품에 책임질 것으로 믿지 말라.

자, 답이 나왔다. 헬스클럽이라고 했을 때 불통은 아니지만 현지에서는 쓰지 않는다. Fitness club 또는 Fitness center가 정확한 말이다. 체력증진을 위한 각종 운동 기구와 사우나, 수영장, 골프연습장, 체력 측정실 등을 갖추고 에어로빅, 요가, 풋살, 필라테스, Ballet fit, Zumba와 같은 그룹 운동과정이 있으며 규모가 큰 곳에는 라운지, 카페, 레스토랑, 스파, 미용실 등을 모두 갖추고 있다. 특히 개인 운동과 영양을 지도하는 전문 Personal trainer들이 여럿 있다.

운동시설이 중심이 된 경우 짐내지엄Gymnasium, 줄여서 짐Gym이라고 부른다. 퍼블릭 짐은 1847년 프랑스 파리에 처음 생겼다. 오늘날과 같은 피트니스 클럽은 1947년 미국 캘리포니아 산타 모니카에 생긴 것이 그 효시다. 초기 헬스클럽은 Athletics club체육 구락부이었는데 뒤에 Sports club으로도 불리다가, 마침내 '스포츠 구단'과 구별해서 Fitness club이 됐다. 미용과 마사지가 중심인 경우 Health spa라고 부르고.

앞서 인용한 뉴스위크 기사의 원제는 "Going to the gym could make you fat짐에 다니면 뚱뚱해질 수 있다"이다. '짐'이 '헬스'로 둔갑했으니!

Model house
이사의 자유

요즘 아파트 분양을 위한 모델하우스를 사업장 인근이 아닌 다른 동네에 짓는 사례가 적지 않다. 서울 분양단지의 대부분이 재개발·재건축 아파트로 도심권 단지가 많아 인근에 여유 부지를 찾기 힘들다 보니 나타나는 현상이다.^{한국경제, 2016. 5. 9.} 예를 들면 동작구 흑석동에 재개발 아파트를 짓는 L건설은 모델하우스를 용산구 갈월동에 지었다.

또한 프로야구팀처럼 '원정경기'를 떠나는 모델하우스가 늘고 있다. 최근 후끈 달아오른 분양열기 덕택에 지역을 불문하고 수요가 몰리자 집토끼^{지역 내 수요}에 이어 산토끼^{수도권 광역 수요}까지 잡기 위해 단지가 들어서는 현장과 동떨어진 곳에서 분양홍보를 하는 사례가 잇따르고 있다.^{매경, 2016. 6. 2.}

한동안 새 아파트를 분양받는 것은 재테크의 중요한 수단이었다. 1970년대 중반까지만 해도 아파트에 대한 선호도가 매우 낮아서 미분양이 많았지만 1980년대 들어서면서 일반의 인식이 크게 바뀌었다. 냉난방 시설에다 수세식 화장실, 샤워시설 등을 갖춘 문화주택으로 아파트의 인기가 높아졌다. 게다가 근린 편의시설까지 갖춘 쾌적한 타운이 형성되고 교육열이 높은 학군으로 부상하자 아파트 열기가 뜨거워졌다. 이 덕에 목동, 여의도, 압구정, 잠실 등 한강변을 따라 아파트 숲이 형성됐다.

우리나라 아파트 분양은 전통적으로 '입도선매立稻先賣'다. 집을 다 지어놓고 파는 게 아니라 지을 집을 미리 파는 방식이다. 땅만 있으면 남의 돈으로 집을 짓는, 이른바 땅 짚고 헤엄치기식 장사가 아파트 건설이었다.

2016년 정부가 서울 강남을 포함한 수도권 일부 분양단지의 가수요를 차단하겠다고 나선 가운데 풍선효과로 다른 단지에 수요자들이 몰리고 있다. 같은 해 7월 1일 서울 흑석동 등 일부 모델하우스엔 비가 쏟아지는 궂은 날씨에도 방문객들이 길게 줄을 서서 기다리는 진풍경이 벌어졌다. 당첨만 되면 현장에서 몇천만 원의 웃돈이 붙는 예가 많기 때문이다. 아직도 일부 청약자는 아파트를 보난자처럼 생각하고 있다.

On Saturday Laura and I went to a local show house. It

was a house that was recently renovated and then each room was decorated by a different local designer using products and furniture from stores in town토요일 로라와 함께 지역 쇼 하우스에 갔다. 최근에 수리한 집이었는데 색다른 지역 디자이너가 마을 가게서 구입한 제품과 가구로 각 방을 꾸며 놨다.

이처럼 집을 분양하려면 쇼 하우스를 지어야 한다우리는 모델하우스 라고 부른다. 콩글리시 Model house란 앞으로 짓게 될 집을 분양하기 위해서 건축 전에 소비자들에게 미리 보여주려고 견본으로 지어놓은 집이다.

A show house, also called a model home or display home, is a term for a 'display' version of manufactured homes, or houses in a subdivision쇼 하우스는 모델 홈 또는 본보기 집이라고도 하는데 완성된 집의 견본 판을 가리키는 용어다.

이 문장 하나에 모든 해답이 다 들어 있다. 영어에 Model house 라는 말은 없다. 우리가 말하는 모델 하우스는 Show house다. Model home이나 Display home이라고 해도 된다. 근래 일부 신문들이 모델 하우스를 견본주택 혹은 본보기 집이라고 쓰고 있는데 매우 권장할 만하다. 아니면 '구경하는 집'이라고 불러도 좋겠다. 2004년 '주택공급에 관한 규칙'에 '견본주택'이란 용어가 등장한 이래 이 말이 널리 쓰이게 되었다. 모델 하우스에 가면 단지 전체의 규모를 한눈에 볼 수 있는 축소 모형도 준비해 놓고 있다. 이를 건축 모델Architectural model이라고 부른다. 건물의 위치, 동의 배열, 조경, 편의시설 따위를 가시화해 놓은 것이다.

그동안 아파트가 투기의 장이 되자 온갖 규제가 거미줄처럼 생겨났다. 소유제한, 대출규제, 전매제한, 세금폭탄 등 셀 수 없을 정도다. 양도 차익 중과重課, 새집의 취등록세 때문에 집을 마음대로 팔 수 없는 나라. 서민들은 집이 가진 것의 전부인데 세금이 무서워 이사도 못 가는 세상이 됐다. 빌딩이나 상가는 소유의 제한이 없는데 집은 크기에 관계없이 두 채만 있어도 차익의 중과로 앉아서 손해를 보고 있다. 1가구 2주택 부부가 위장 이혼하는 사례도 늘고 있다고.

"이사의 자유를 허용하라."

집의 소유와 매매가 자유로워지면 건설업은 호황을 누리고 주거 시장은 안정을 찾게 될 텐데.

Love hotel
러브호텔은 없다

『가자, 장미여관으로』라는 마광수의 시집이 화제가 된 적이 있었다.

장미여관은 내 상상 속에 존재하는 가상의 여관이다. 하나는 나그네의 여정과 향수를 느끼게 해주는 여관이다. 나의 정체성을 숨긴 채 일시적으로나마 모든 체면과 윤리와 의무로부터 해방되어 만족하고 싶은 곳 ─ 그곳이 바로 장미여관이다. 또 다른 하나는 러브호텔로서의 장미여관, 붉은 네온사인으로 우리를 유혹하는 곳, 비밀스런 사랑의 전율이 꿈틀대는 도시인의 휴식공간이다.

시집 서문에 나온 글이다.

어떤 도시든 중심가를 걷다 보면 창가에 발을 드리운 작은 호텔을 쉽게 볼 수 있다. 교외로 나가면 산자락 코너에 'XX파크' 등 Park라고 간판 붙인 여관들을 많이 발견한다. 대체로 우리나라에서 파크는 여관요즘엔 아파트 이름에도 많이 등장한다. Star park, City park, Heights park처럼, 가든은 갈비요릿집을 가리킨다. 파주를 가든 구리를 가든 용인을 가든 눈에 띄는 것은 가든 아니면 파크뿐이다. 한적한 교외에 웬 여관이 이렇게 많을까? 소위 Love hotel이다. 러브호텔은 주로 교외에 위치하며 숙박보다는 은밀한 애정행각을 위한 호텔이다.

A love hotel is a type of short-stay hotel found around the world operated primarily for the purpose of allowing couples privacy for sexual activities. The name originates from 'Hotel Love' in Osaka, which was built in 1968 and had a rotating sign러브호텔은 주로 남녀 성행위의 사생활을 보장하기 위해 운영되는 세계 도처에 있는 짧은 시간 머무는 호텔이다. 이 이름은 1968년 오사카에 지은 회전간판을 붙인 '호텔 러브'에서 비롯된다.

러브호텔은 몇 가지 특징을 갖고 있다. 1시간에서 3시간 정도 짧게 이용한다. 낮 시간대에는 가격이 저렴하고 사전 예약은 받아주지 않는다. 출입구가 은밀하게 돼 있고 대개 뒷문이 있다. 숙박은 밤 10시 이후에나 가능하고 Automatic cash machine을 설치하는 등 직원과 얼굴 부딪칠 일이 거의 없다^{이런 곳을 '무인텔'이라고 부른다}. 창문은 작든가 아예 없으며 주차장에 발이 처져 있으며 때로는 누가 보지 못하게 차 번호판을 가려놓는다. 시설은 특이해서 가라오케가 있는가 하면 회전침대^{Rotating bed}와 천장거울^{Ceiling mirror}을 갖추고 있다. 주로 도심 역 가까이나 시 외곽 고속도로변^{Near highways on the city outskirts}, 또는 산업 지역에 밀집해 있다.

일본의 경우 근대적 러브호텔은 차야茶屋라고 하는 Tea room 에서 시작됐다. 애인들도 이용했지만 초기에는 매춘 여성과 고객들이 드나들던 곳이었다. 1960년대 들어와서 자동차가 보급되자 Motel 개념의 숙박시설이 교외로 퍼져나가기 시작했다. 특히 일본의 나무집은 규모가 작은 데다 방음이 안 되는 Small home인 탓에 러브호텔을 찾는 부부가 많았다고. 불륜의 현장인 우리나라의 경우와 대비된다.

2010년 이래 일본정부가 러브호텔에 대한 규제를 강화하자 호텔의 명칭도 슬며시 바뀌기 시작한다. 로맨스호텔^{Romance hotel}, 패션호텔^{Fashion hotel}, 레저호텔^{Leisure hotel}, 놀이호텔^{Amusement hotel}, 쌍쌍호텔^{Couples hotel}, 부티크호텔^{Boutique hotel} 등이 나타났다.

나그네가 묵는 여관이나 여인숙은 옛날부터 있었지만, 우리나라에서 러브호텔이 본격적으로 들어서기 시작한 것은 1980년 중반부터다. 88서울 올림픽을 앞두고 우후죽순처럼 늘어났는데 통칭 '박텔^{Parktel}'로 불렸다. 서울 잠실 올림픽공원 옆에는 진짜 파크텔이란 호텔이 있지만 러브호텔과는 아무 상관이 없다.

아마 한국만큼 러브호텔이 번창한 곳은 없겠지만 세계 곳곳에 러브호텔 또는 유사한 시설은 존재한다. 예컨대 과테말라에서는 'Autohotel'이라고 하고 칠레에서는 'Cabana', 아르헨티나에서는 'Telo'라고 부른다. 브라질에도 약 5천 개의 러브호텔이 있으며 도시의 풍경을 이루고 있다. 한편 제일 걸작이라고 할 만한 이름은 뜻밖에도 나이지리아에 있다. 'Short-time', 아주 명쾌하다. 캐나다와 미국에도 유사한 호텔이 존재한다. 속칭 'No-tell motel', 묻지 마 여관 또는 무인텔로서 익명성이 보장된다.

러브호텔의 경제학은 베일에 싸여 있다. 하루 다섯 번까지 회전이 될 만큼 호황을 누려도 세원稅源 포착이 제대로 이루어지지 않는 탓이다. 한때 어떤 지방도시의 세수 중 20%가 러브호텔에서 나온다고 했다. 그러나 이제 러브호텔은 사양산업이다. 자동차 보급이 크게 늘어났고 1인 가구가 많아지면서 수요가 감소한 탓이다. 미국 TV드라마에 Love Boat는 있었지만 영어사전에 Love hotel은 없다.

One room

원룸은 짝퉁 영어다

지하철역에 붙어있는 한 광고를 보았다. '다방' 처음에는 찻집 광고로 오해했다. 몇 번을 보고 나서야 그게 월세방 중개소임을 알았다. 다방만 있는 게 아니라 '직방'도 있고 '방구'나 '빠방'도 있다. 주로 소형 거주시설을 중개하는 이 사이트에 들어가 보면 원룸, 1.5룸, 투 룸, 쓰리 룸, 오피스텔, 아파트 등 전세·월세의 유형이 나와 있다.

"1인 가구가 집단주의에 젖어 있는 사회를 뒤흔들고 있다. 서울시는 2030년 1인 가구가 30%를 넘어설 것으로 예상했지만 지난해 이미 이 비율을 훌쩍 넘었다. 세 집에 한 집 꼴이다. 직장인이 많은 중구 을지로 등 6곳은 70% 이상이 1인 가구다."

〈집단주의를 뒤흔드는 1인 가구〉 제하의 동아일보 기사다2016. 4. 19.
사정이 이렇다 보니 서울 시내 어느 골목에서나 혼자 밥을 먹고
술을 마시는 '혼밥', '혼술'족을 흔히 볼 수 있다. 혼자서 공부하면
'혼공'이라고 부르고. 중앙일보 재테크 면에는 이런 기사가 실린
적 있다.

"(…)재건축보다는 주택을 매각하고 월세를 얻을 수 있는 다가
구주택이나 원룸주택을 신규 취득하는 것이 좋을 것이다."

원룸이 어떻게 생긴 방일까? 작은 방 하나에 침실, 거실, 부엌,
식당, 화장실 등을 겸하도록 설계한 주거형태를 말한다.

30여 년 전 얘기다. 미국 대학교 입학신청서에 기숙사를 신청해
야 하는데 스튜디오Studio란 용어를 보고 이게 어떻게 생긴 방인지
도무지 감이 잡히질 않았다. 스튜디오? 그림 그리는 아틀리에를
가리키는가? 여권사진을 찍는 사진관도 아니고! 그래서 사전을 찾
아봤다.

첫째, 라디오와 TV방송국의 스튜디오

둘째, 영화 촬영장때로 Studio는 영화 회사다

셋째, 무용이나 에어로빅 강습소

넷째, 화가, 조각가, 사진가, 만화가 등의 작업실A studio is a room
where a painter, photographer, designer works

또 다른 뜻으로 스튜디오는 Studio apartment를 의미하고 영

국에서는 Studio flat이라고 부른다. 스튜디오가 바로 우리식 원룸인데 One bedroom apartment와는 크게 구별된다. 한국의 원룸은 규격까지 다양해서 오픈형, 분리형, 복층형으로 나뉜다.

서양에서 집 크기를 얘기할 때는 One bedroom, Two bedroom, Three bedroom 등 침실의 개수를 따진다. 아울러 Bathroom이 몇 개인지도 중요한 정보다. 가끔 집 광고에 1/2bath가 등장한다. 샤워장 없는 화장실을 말한다.

"I am looking for a studio apartment. Do you have any available?" 스튜디오를 찾고 있는데요, 뭐 나온 게 있나요?

"Yes, we have two vacancies."
예, 두 개 비어 있어요.

1980년대 초 나는 뉴욕에 있는 I-House에 산 적이 있다. 아이하우스란 International house의 줄임말이며 록펠러의 지원으로 뉴욕, 버클리, 시카고 등에 지어놓은 기숙사 이름이다. 뉴욕의 I-house는 700여 명의 학생을 수용할 수 있는데결혼한 학생 부부를 위한 아파트도 포함돼 있지만 대부분 스튜디오다. 방에는 작은 침대, 책상, 싱크대, 옷장뿐이고 층마다 공용 화장실과 샤워장이 별도로 있다. 물론 카페테리아와 휴게실 따위가 갖춰져 있다. 컬럼비아 대학교 옆에 있는 아이하우스는 기숙사비가 저렴해서30여 년 전에는 한 달 $340 이었지만 지금은 $1100 수준이다 유학생들 사이에 인기가 높다.

미국의 One bedroom 아파트는 거실과 침실이 따로 있기 때문에 우리나라 One room과는 차원이 다르다. 대략 25평 안팎의 규모쯤 된다. 대부분의 미국 아파트는 가구를 붙박이로 갖추고 있다. 요즘 우리나라의 아파트도 냉장고, 세탁기, 옷장 등 Built-in 시설을 갖추고 있다. 여기에 가구까지 갖추어 놓았으면 Furnished apartment, 가구가 없으면 Unfurnished apartment라고 부른다.

특히 스튜디오에는 Futon이나 Sofabed를 갖다놓은 경우가 많은데, Futon^{매트리스나 담요를 가리키는 일본어에서 온 영어}은 빼든가 젖히면 침대로 쓸 수 있는 소파이고, Sofabed는 이름 그대로^{Sofa that can be converted into bed} 침대 겸용 소파인데 Futon에 비해서 더 크고 튼튼하고 안락하다.

세계적으로 공유 경제 시대다. 빈방이나 집을 사용하지 않을 때 통째로 빌려주는 Airbnb가 여행객의 사랑을 받고 있다. 전 세계 숙박 공유서비스 Airbnb는 약 6천만 명의 여행객이 190개 국가의 빈방, 빈집을 이용토록 돕고 있다. 안 쓰는 방이 있다면 Airbnb에 등록해서 상당한 부수입을 올릴 수 있다. 그런데 등록 시 짝퉁 영어 One room을 쓴다면 제대로 소통이 되겠는가? 반드시 One bedroom apartment와 구별해서 Studio라고 해야만 한다.

Silver town

실버타운은 은광촌이다

 미국 서해안을 달리는 자동차 도로명이 하이웨이1이다. 시애틀에서 시작하여 멀리 샌디에이고에 이르기까지 아름다운 태평양을 바라보며 달릴 수 있다. 이 해안을 따라 시애틀, 샌프란시스코, 샌시미언, LA, 그리고 샌디에이고 등 미국의 유명 도시들이 위치해 있고 곳곳에 아름다운 해변이 수없이 많아 여행객들을 유인한다. LA다운타운에서 남동쪽으로 53마일 떨어진 곳에 물 좋고 산 좋은 예술의 도시 Laguna Beach가 위치해 있다.

 라구나 비치는 미국 서부 최고의 해변으로 멋진 풍광을 자랑하고 있는 대표적인 휴양지다. 연간 300만 명 이상의 관광객이 찾고 있다. 따뜻한 기후, 눈부신 바닷가 덕분에 수많은 화가, 사진작가, 문인, 영화제작자 등 예술인들이 이곳에 살고 있다. '낭만타운'이란 별칭답게 아트갤러리, 다양한 부티크, 기념품 가게, 카페, 레스토랑, 리조트 시설 등이 몰려 있다.

라구나 비치에서 내륙으로 5마일쯤 가면 Laguna Woods가 나온다. 오래전에 이곳을 방문할 기회가 있었는데 이 마을에 미주리대학교의 저명한 한국인 교수 두 분이 살고 있다. 한 분은 언론학자 장원호 교수고 다른 한 분은 정치학자 조순승 교수다. 도착한 첫 날 장 교수 댁에서 곰탕으로 점심을 하고 오후엔 조 교수 댁을 방문, 차를 마셨다. 그때 조 교수는 타운 시설의 하나인 수영장에서 막 돌아오는 길이었다.

이튿날엔 장 교수의 안내로 골프 회동을 가졌다. 당시 라구나 우즈 내에 있는 골프장의 그린피는 8달러였고, 인접한 골프장은 20달러 수준이었다. 더욱 놀라운 것은 장 교수 댁 앞에는 전용 골프 카트가 한 대 서 있었다는 것이다. 골프를 갈 때 클럽을 싣고 골프장으로 직행할 수 있으며, 장을 보러 갈 때 또는 타운 내에서 이동할 때 교통수단이 되고 있다. 물론 라구나 우즈는 아무나 와서 살 수 있는 곳은 아니다. 나이 55세 이상, 연소득 4만 3천 달러 그리고 개인 재산이 12만 5천 달러 이상인 사람만 입주할 수 있다.

라구나 우즈와 같은 곳을 우리는 실버타운이라고 부른다. Silver town만 있는 게 아니다. 'Silver세대'란 말도 있고, 'Silver주택', 'Silver산업'도 있다. 노인계층을 대상으로 상품이나 서비스를 제조하거나 판매하는 비즈니스를 흔히 실버산업이라고 부른다. Silver는 알다시피 은銀이다. 나이 들면 머리 색깔이 은빛으로 변하니까 노인을 Silver에 빗대어 점잖게 부른 데서 이런 표현이 생겨났다. 모두 한국식 영어다.

경동대학에는 실버복지학과가 설치돼 있다. 그런데 학과의 영어명칭은 놀랍게도 Department of silver industry다. '은제품산업학과'로 오해하기 딱 알맞다. 라구나 우즈는 실버타운이라고 하지 않고 은퇴자 마을Retirement community이라고 부른다. 따라서 실버산업도 Retirement industry로 표현해야 한다. 일본식 영어로는 Senior business다.

A retirement community is a housing complex designed for older adults who are generally able to care for themselves; however, assistance from home care agencies is allowed in some communities, and activities and socialization opportunities are often provided은퇴자마을은 대개 생활력을 가진 노인들을 위한 주거단지다. 다만 집안관리 대행사의 도움을 받을 수 있으며, 취미 사교 활동 기회가 제공된다.

은퇴자 주거지의 유형에는 여러 가지가 있듯 명칭 역시 다양하다. Elder co-housing, 또는 Senior co-housing, Senior housing, Co-housing community로도 불린다. 어떤 경영전문

가는 실버산업을 그레이 마켓Gray market으로 쓰고 있는데, 그레이 마켓은 전혀 다른 뜻이다. 수입품 등을 품질에 비해 싸게 거래하는 가격파괴 시장이지, 시니어를 대상으로 하는 비즈니스를 뜻하지 않는다. 차라리 Elder market이 더 적절한 표현이다.

그레이가 시니어를 의미하게 된 것은 아마 영화 〈로맨스 그레이〉의 영향 탓인 것 같다. 김승호, 신영균, 최은희 주연의 〈로맨스 그레이〉는 1963년 개봉된 신상옥 감독의 작품이다. Gray hairgrey로도 쓴다가 백발, 노인을 가리키듯 Gray에 '노년'의 뜻이 있기는 하지만 영어권에서는 Silver와 gray를 우리 식으로 쓰지 않는다. Silver town은 미국 서부일주 여행 중에 꼭 들르는 캘리코 Calico 은광촌Silver mines town을 떠올리기 쉽다.

Along with the rising number of the senior citizens, the elderly poverty rate is also surging노인 인구 증가와 함께 노인 빈곤율도 가파르게 상승하고 있다.

100세 장수시대라지만 노인은 학대받고 있는데, 정부 정책은 눈 씻고 찾아봐도 보이질 않는다.

Villa

생각은 높고 생활은 검소하게

필자는 한동안 서울 구기동 H빌라에 살고 있었다. 대규모 집합 주택인 아파트에 비해서는 쾌적하고 조용하고 마당 있는 넓은 집이 마음에 들었다. 3층짜리 건물에 3가구씩 배치된 소규모 단지가 살기에는 손색이 없었다. 10년쯤 지나 식구가 줄어 작은 집으로 이사를 가려고 하자 문제가 생겼다. 첫째 집이 잘 팔리지 않는다. 둘째 처음 입주했을 때 비하면 집값이 엄청 내려갔다. 물론 세대수가 적으니까 상대적으로 관리비가 좀 비싸다는 흠이 있다. 이때 하나의 교훈을 얻었다. "빌라는 살기 좋은 집이지만 팔기에는 나쁜 집이다." 며칠 사이 신문에 빌라Villa 관련 뉴스가 두 꼭지 실려 있다.

"부동산 활황기였던 2015년부터 수도권 외곽 지역에 우후죽순

형성된 빌라촌에서 빈집이 속출하고 있다. 서울에서 온 전세난민들을 노리고 교외에 다세대, 다가구 주택단지가 대거 들어섰지만 최근 신도시 지역을 중심으로 전세난이 한풀 꺾일 조짐을 보이자 '찬밥 신세'가 된 것이다. 불 꺼진 이들 빌라촌이 슬럼화될 우려까지 나오고 있다."동아일보, 2017. 8. 29.

"경북 포항의 한 5층짜리 빌라 4층에 사는 A씨의 집 앞에 얼마 전 쪽지 하나가 붙었다. '403호 아저씨, 화장실에서 담배를 피우지 말아 주세요. 공동 주택입니다. 배려 부탁드립니다.'"조선, 2017. 8. 23.

예사롭게 넘길 수도 있는 두 개의 짧은 신문기사 속에 공동 주택의 명칭이 3가지가 나온다. 빌라, 다세대多世帶 주택, 다가구多家口 주택이 그것이다. 우리는 빌라라고 하면 층수가 낮은 소형 단지의 아파트쯤으로 알고 있다. 한편 다가구주택은 층수가 3개 층 이하로 연면적 660m² 이하이고, 19세대 이하가 거주할 수 있는 주택을 말한다. 선뜻 이해가 안 될 수도 있을 것이다. 다가구주택은 '한 개의 주택 안에 여러 가구가 살 수 있도록 지어진 주택'으로 건축법 시행령에 의하여 단독 주택으로 분류된다. 여러 사람이 살 수 있게 방, 부엌, 화장실이 별도로 구비되어 있지만, 개별 분양, 소유, 등기가 불가능한 집이다. 이에 반해 다세대多世帶 주택은 1개 동의 바닥 면적이 660m² 이하고 층수가 4개 층 이하의 주택으로 층수를 계산할 때 1층을 필로티 구조로 하여 주차장으로 쓰는 경우 1층을 층수로 계산하지 않는다.

정리하자면 다가구주택은 큰 집을 여러 개로 쪼개서19개 이하 여러 사람이 살도록 개조한 집인데, 개별 등기가 되지 않는 단독 주택을 가리킨다. 따라서 집주인은 한 사람이고 나머지는 모두 월세나 전세로 사는 사람들이다. 다세대주택은 처음부터 공동 주택으로 지어서19채 이하 구분 등기가 가능한 집이다.

또한 다세대 주택 가운데서도 바닥 면적이 660m²를 넘으면 이를 건축법상 연립聯立주택이라고 부른다. 연립 주택은 다세대주택과 마찬가지로 층수의 제한은 4층 이하로 다세대 주택과 같지만 바닥 너비의 규모가 더 큰 경우를 말한다. 이러한 연립주택이 5층 이상으로 높아지면 곧 아파트가 된다.

즉 다시 한번 정리하면 이렇다. 다가구주택집 하나를 19개 이하 가구가 살 수 있도록 쪼갠 것 — 다세대주택4층 이하 660m² 이하, 개별 등기 가능 — 연립주택4층 이하 660m² 이상, 다세대주택과 같지만 규모가 좀 더 큼 — 아파트5층 이상 집합주택으로 제한 없음.

그렇다면 빌라Villa는 무엇인가? 빌라는 법률적 용어가 아니다. 다세대 주택이나 연립 주택을 고급스럽게 포장해서 부르는 통속적인 이름이다. 연립주택을 빌라로 과장해서 부르는 것도 모자라 어디서는 '빌라트Villart'라고 한술 더 떠 과대 포장하고 있다. 빌라와 아파트의 장점만을 골라놓았다는 뜻이든가, 예술적으로 승화시킨 빌라인 양 오해를 주고 있다. '빌'로 끝나는 아파트 이름도 많이 있다. 슈퍼빌, 세르빌… 이런 빌은 빌라와는 관계없이 빌리지Village 혹은 빌Ville 등에서 온 말로 동네나 주거지란 의미다.

　사실 우리나라 아파트 이름은 과장이 너무 심해 맨션莊園, Mansion만 해도 옛날이야기이고 캐슬Castle, 城, 엠파이어Empire, 帝國, 스카이Sky 등 점점 과장이 심해지고 있다. 원래 빌라는 정원과 부속 건물 따위를 갖춘 쾌적한 생활을 위해 지어놓은 교외의 대저택A house in the country with a large garden이나 고급 별장을 가리키는 말이지, 도심에 다닥다닥 붙여서 지은 연립주택을 뜻하지 않는다. 집의 평수와 삶의 질은 아무 관계가 없다.

PART 3

직업의 세계

BUSINESS

Anchor

TV저널리즘의 간판스타

재승인 심사에서 탈락 위기를 맞았다가 간신히 조건부 승인을 받은 TV조선이 눈에 보이는 변화를 꾀하고 있다. 원로방송인을 회장으로 영입하고 비판적 우파 논객으로 이름을 날리던 전원책全元策을 밤 9시 뉴스의 앵커로 전격 기용하였다. 시사 토크 쇼 〈썰전〉에 출연해서 입담을 자랑하고 자신의 이름을 걸고 〈이것이 정치다〉의 진행을 맡던 그는 2017년 7월 3일부터 뉴스쇼의 앵커로 우리 앞에 나타났다.

시장경제와 자본주의 전파를 위해 설립된 전경련 산하의 자유경제원 원장을 지낸 경력이 있지만, 그는 TV조선 입사에 앞서 "할 말은 하는 뉴스, 포장하지 않은 정직하고 진실한 뉴스로 시청자에게 다가가겠다."고 다짐했다. 뉴스 진행과 함께 그날의 이슈 대담과 현장 인터뷰 등 다양한 포맷을 선보일 것이라고도 하였다.

방송에 자주 출연해 왔던 논객 혹은 입담꾼이 어느 날 갑자기 텔레비전 방송의 간판 뉴스에 메인 앵커로 등장하는 것이 적절한지 의문이 생기지만 그가 진행을 맡은 뒤 한 주간의 시청률을 보면 개편 전 메인 뉴스의 평균 0.99에서 개편 후 7일간 평균 1.42로 상승했다고 한다. 앞으로 얼마나 유지될지 알 수 없으나 그의 스카우트에 일단 합격점을 줄 수 있을 것같다. 6개월쯤 지나서 TV조선은 SBS 의 신동욱을 9시 앵커로 스카우트하였고 전원책은 하차하였다.

미국에 저명한 방송 저널리스트이자 앵커우먼 바바라 월터스 Barbara Walters가 있다. 바바라와 인터뷰하지 못했으면 세계적인 명사가 아니라고 할 만큼 그는 영향력 있는 방송인이었다. '인터뷰의 여왕'으로 불리던 바바라는 '위대한 방송인 50인' 가운데 34위를 차지하기도 했다. 미국 방송의 역사에서 1976년은 매우 의미 있는 해였다.

1961년부터 1976년까지 NBC의 투데이를 진행하던 바바라 월터스는 1976년 연봉 100만 달러를 받고 라이벌 방송사 ABC로 이적하였다. 간판스타의 이적 못지않게 그가 연봉 100만 달러를 받고 옮긴 것은 당시로서는 매우 쇼킹하였다. 바바라의 이적은 그 자체가 큰 뉴스였고 거금을 들인 ABC는 바바라 덕분에 시청률이 치솟아서 100만 달러의 본전을 뽑고도 남았다. 바바라는 게스트 출연자나 입담꾼 출신이 아니고 ABC에서 잘 훈련된 전문 방송인

뉴스와 콩글리시

이었다.

누가 앵커인가? 요즘엔 라디오 TV 케이블에 출연하는 진행자들이 모두 앵커 행세를 하고 있지만 본래 장삼이사張三李四를 앵커라고 부르지 않는다.

영어로 앵커Anchor는 배가 항구에 정박할 때 파도에 떠밀려가지 않게 줄이나 사슬에 달아 해변에 고정해두는 무거운 금속 물건A heavy metal object이다. '닻'을 가리키던 앵커가 어떻게 방송 용어가 되었는가? 1952년 CBS보도국장이던 시그 미켈슨은 장시간에 걸친 전당대회全黨大會의 생중계를 맡는 진행자를 앵커맨Anchorman이라고 이름 하였고, 방송사상 최초의 앵커맨으로 당시 무명의 애송이 기자 월터 크롱카이트Walter Cronkite를 발탁하였다. 비중이 큰 프로그램을 '떠내려가지 않게 붙들어 매듯' 진행의 중심이 되라는 뜻이었다.

크롱카이트는 1961년 최초로 30분짜리 뉴스쇼의 앵커가 되어 18년 동안 TV저널리즘의 제왕으로 군림하였다. 뉴스쇼News show는 기자들의 현장보도Report on the spot와 목격보도Eyewitness account를 중심으로 구성된 요즘의 종합뉴스를 말한다.

앵커는 때에 따라 해설자, 논평가, 인터뷰어로서 역할도 하고 있다. 미국의 3대 메이저 방송사 앵커는 '신문의 1면' 같은 존재로 뉴스룸의 총괄 책임자다. 그런 뜻에서 보도본부장을 겸직했던 KBS의 박성범朴成範은 우리나라 최초의 앵커다운 앵커였다.

한때 MBC는 인사 발령에 "앵커를 명命함"이라고 표기한 일이 있었다. 메인 뉴스의 진행을 전담하라는 뜻이겠지만, 좀 우스꽝스럽다. 앵커는 조직 내의 지위가 아니고 역할이기 때문이다. 이런 인사발령은 신문사에서도 찾아볼 수 있다. "대기자大記者를 명함." 명령한다고 대기자, 대PD가 되는 것은 아니다. 그 분야에서 오랫동안 일해 온 원로가 큰 업적이 있고 타의 귀감이 되는 경우 언론계 안팎에서 존경의 마음으로 부르는 이름이기 때문이다. 어디 대학에서 '대학자'라고 인사발령을 내면 대학자가 되겠는가.

뉴스쇼나 보도 관련 대형 프로그램 진행자를 앵커라고 하지만 일반 뉴스 블리틴과 스트레이트 뉴스 진행자는 뉴스캐스터Newscaster 또는 뉴스리더News reader라고 부른다. 토론 프로의 진행자는 모더레이터Moderator, 정보제공이나 해설 프로는 프리젠터Presenter, 일반 프로그램의 진행자는 MCMaster of ceremonies, 미스 유니버스 등 행사중계는 호스티스Hostess라고 하듯 프로그램 성격에 따라 호칭도 달라진다.

"저널리스트 사명은 공직자를 격분하게 만드는 데 있다."

BJ

직업의 진화

인터넷 방송 사이트에서 개인 방송채널을 열고 음란방송을 한 여성 진행자들이 경찰에 무더기로 적발됐다. BJ비제이, 인터넷 1인 방송 진행자로 불리는 이들은 대부분 가족의 병원비나 육아비를 벌기 위해 남편 몰래 이런 방송에 나선 20대의 평범한 여성들이었다. 동아일보, 2016. 8. 12

1인 방송이 인기를 끌고 있다. 웬만한 지상파와 케이블 방송보다 더 다양한 프로그램을 편성하고 있는 데다 연예인 못지않게 뛰어난 외모의 BJ들이 진행을 맡고 있다. 1인 방송의 '팬덤Fandom'은 청소년 계층에서 성인층까지 매우 폭넓다고 한다.

하지만 사이버 머니의 노예가 된 BJ들은 심지어 동물학대, 음주가무, 난폭운전의 생중계까지 서슴지 않고 있다. 아프리카TV에서는 디지털 화폐를 '별풍선'이라고 부르는데, 자발적인 시청 대가인 별풍선을 둘러싸고 아프리카TV의 일탈행위는 심각한 사회적 문제로 떠올랐다^{한국경제, 2016. 6. 1.} 별풍선 하나는 부가세 포함하여 110원인바 시청자들이 이를 구매해서 BJ에게 선물하면 BJ는 시청자들에게서 받은 별풍선을 아프리카TV를 통해서 개당 60원 내지 80원의 현금으로 교환한다. 별풍선은 곧 현금이다. 이 때문에 BJ는 별풍선을 얻기 위해 과도한 신체노출이나 저급한 행위를 해보이고 특정인 비하 등 자극적인 방송으로 시청자의 눈길을 끌려고 애쓴다.

BJ의 문제는 여기서 끝나지 않는다. "중국에 진출해 섹시, 음악, 댄스 등 자신의 끼를 마음껏 펼쳐 보세요." BJ 구인광고의 글귀다. 이렇듯 한국이 아니고 중국 인터넷 방송에서 중국인 시청자를 위해서 방송을 진행하는 BJ도 늘어나고 있다. 최근 중국의 인터넷 방송 시청자가 폭발적으로 늘어나자 한국의 BJ들이 너도나도 중국으로 떠난다. 중국으로 간 일부 BJ들은 경쟁적으로 짧은 치마에 가슴골까지 노출된 상의를 입고 선정적인 행위를 연상시키는 비음^{鼻音}을 내는 등 천박한 방송의 진행자로 전락했다.^{동아, 2016. 7. 14}

BJ는 Broadcasting jockey의 줄임말로 알려져 있다. 자키^{Jockey}란 무엇인가. 경마의 기수^{騎手}다. 여기서 Disc jockey^{DJ, Deejay}라는 용어가 생겨났다. 라디오방송의 음악 진행자를 가리킨다.

A disc jockey is a person who mixes recorded music as it is playing디스크 자키는 녹음된 음악을 마치 연주하듯 들려주는 사람이다.

1920년대 라디오가 등장하여 녹음된 음악을 들려주고 내용을 해설하며 생활 주변의 이야기를 들려주는 신종 직업이 생겨났다. 우리나라에도 최동욱, 한순옥, 임국희, 김광한, 이종환 등 1세대 유명 디제이가 많이 있었다. 그 뒤 케이블 방송이 등장하고 음악 전문 채널이 나타나자 Disc jockey는 Video jockey로 바뀐다. 음반이나 카세트, CD, 디지털 파일의 녹음된 음악이 뮤직비디오나 DVD로 대치되면서 디스크자키가 비디오자키로 진화한다. 특히 VJ는 음악전문 방송 MTV의 출현과 궤를 같이한다.

A video jockey is an announcer who introduces videos on commercial music television station such as VH1 and MTV 비디오 자키는 VH1과 MTV와 같은 음악 텔레비전 방송국에서 영상을 소개하는 진행자다.

여기서 잠깐! KBS가 인기리에 방송하고 있는 〈VJ특공대〉의 VJ는 비디오 자키가 아니라 Video journalist의 약자다. 비디오 저널리스트는 비디오카메라를 이용하여 토픽 선정에서부터 취재와 편집에 이르기까지 스스로 모든 걸 처리하는 영상제작자다. 이들은 개인 프리랜서이거나 독립 프로덕션에 속해 있다.

방송 발달에 따라서 Jockey – Disc jockey^{DJ} – Video jockey^{VJ} – Broadcasting Jockey^{BJ}로 새 직업이 생겨났다. 다만 BJ는 짝퉁 영어다. 초기 아프리카TV에서 진행자를 '방송장이'라고 부르고 이를 줄여서 '방장^{Bangjang}'이라고 칭했다. 이때 방장을 영어 이니셜로 썼더니 BJ가 됐다. BJ가 무엇이냐고 묻는 사람들이 늘어나자 Broadcasting jockey의 약자라고 둘러대면서 엉뚱한 신조어가 생겼다. 그러나 영어로 BJ는 Blow job의 약자고 그 뜻은 'Fellatio' Oral sex라는 의미다. 음란방송을 진행하는 여성을 BJ라고 할 때 우연히도 딱 들어맞는다.

그럼 인터넷 1인 방송 진행자를 영어로 어떻게 부를까? 인터넷 1인 방송 진행자는 Streamer라고 한다.

Someone who creates streaming media such as live-streams ^{생방송하는 인터넷 미디어의 진행자, 그가 바로 스트리머다.}

Caparazzi

고발告發조장하는 행정

〈딥 스로트Deep Throat〉는 1972년 개봉돼서 큰 파장을 일으킨 포르노 영화다. 제라드 다미아노가 각본을 쓰고 감독을 맡은 이 영화의 주역은 린다 러브레이스였는데 주류 영화관에서도 개봉하는 등 포르노 영화 역사상 가장 성공한 것으로 평가된다. 특히 워싱턴 포스트의 하워드 시몬스가 워터게이트 스캔들을 보도하면서 베일에 싸인 정보원의 이름을 딥 스로트로 칭하면서 유명해졌고, 이후 내부고발자를 딥 스로트라고 부르게 되었다.

신문에 가끔 이런 광고가 실린다.

"부업 전선 – 공익신고 지원자 모집! – 시민경찰"

공익신고 총괄본부라는 단체 이름의 이 광고는 공익신고가 정부지급의 수익을 얻는 일로서, 중장년 일자리 창출에 기여하는 부업이자 투잡Two job이라고 설명한다. 쉽게 설명하면 법을 위반하는 사례를 수집해서 보상금, 또는 포상을 받는 일자리다. 이 학원에서는 몰래 사진 찍는 요령, 보상금 신청 방법 등을 교육하고 관련 장비를 팔고 있다. 분야에 따라서는 기업화한 곳까지 생겨났다

단속 분야가 얼마나 많은지 일일이 예거조차 힘들다. 담배꽁초, 장애인 주차에서 나이롱환자, 무면허 의료행위, 김영란법 위반에 이르기까지 그 종류만도 1,150가지에 이른다고 한다. 고발, 신고, 진정, 탄원, 제안 등 온갖 민원이 빗발치는 가운데 신종 파파라치가 속속 생겨난다.

국회 인사검정 청문회를 보고 있자면 집 팔고 살 때 다운계약서를 쓰지 않은 사람을 찾아보기 어렵다. 매매가를 낮추어 탈세하는 사람이 그만큼 많다는 뜻이다. 정부가 부동산 시장질서 확립을 위해 도입한 주住파라치 제도가 2017년 6월부터 본격적으로 시행됐다. 국토교통부는 지난 4월 부동산 거래 신고 등에 관한 법률 시행령과 시행 규칙 개정안을 예고하였고 이를 6월부터 시행하였다. 이 개정안에 따라 부동산 실거래가 위반 사실을 신고해 위반자에게 과태료가 부과되면 부과금의 20%를 포상금으로 받는다.

1천만 원으로 한도를 정해놓기는 했지만. 실거래가를 낮추어 신고했다가 당국에 적발된 사례가 2016년 한 해 총 3,884건에 6,807명이나 되었고 이들에게 부과한 돈이 227억 원에 이른다고

한다. 팔고 사는 사람 간의 은밀한 거래를 추적하는 일이 쉽지는 않 겠지만 한 건만 찾아내도 최고 1천만 원의 고소득을 올릴 수 있다.

무슨 병파라치라는 것도 있다. 빈 병을 소매점에 가져다주면 빈 병 보증금을 돌려주는데, 빈 병 반환을 거부하는 소매점을 신고하 면 과태료 50만 원의 10%인 5만 원을 받는다. 란蘭파라치김영란법 위반 사례에 이어 팜파라치약사법 위반, 쓰파라치쓰레기 불법투기, 크파라치 크레디트 카드 불법가맹점, 담파라치담배꽁초 무단투기, 식파라치불량식품, 어 파라치어린이집 위반, 여기에 펫파라치동물학대 감시라는 것도 있다. 건 파라치사무장병원 비리라는 말도 금시초문이지만 서울 강서구청은 현 수막파라치까지 도입했다고 한다.

'파파라치 공화국'이다. 파파라치Paparazzi는 유명 연예인의 사진 을 몰래 찍고 다니는 사진사를 가리키는 이태리어에서 나왔다. 남 의 사생활을 몰래 찍어서 주간지 등에 팔아서 돈을 번다. 페델리 코 펠리니의 1960년작 영화 〈달콤한 인생〉La Dolce Vita에 등장하는 인물인 카메라맨 파파라초의 행각과 이름을 따서 널리 쓰이게 되 었다. 파파라치는 복수형이고 남성은 파파라초, 여성은 파파라차 라 한다.

파파라치가 보편화된 것은 영국의 다이애나 왕세자비가 파파 라치를 피하려다가 교통사고를 당해 사망한 사건 이후다. 그 뒤 2001년 3월 정부가 교통위반 신고 보상금제를 도입하면서 이 말 이 널리 쓰이게 됐다. 교통 위반 차량의 사진을 몰래 찍어 정부 보상금을 타내는 전문 신고자를 가리켜 자동차^{Car}와 파파라치를 합성하여 '카파라치'라고 부른데서 파파라치 콩글리시 시리즈는 시작됐다.

법과 질서의 확립을 위해서는 먼저 시민들의 공덕심公德心을 높이도록 해야 한다. 일자리 만드는 데 도움이 될지 모르지만 각종 불법과 부조리를 보상금제도로 해결하려는 발상은 안일한 행정에서 나온다. 자칫 무분별한 파파라치 제도가 협박의 수단이 되기도 하고 허위신고로 이웃 간에 갈등과 불신을 조장할 수도 있다.

일의 양과 관계없이 공무원 수와 조직은 늘어난다. 소위 파킨슨 법칙이다. 정작 정부의 조직은 비대해지고 공무원 수는 늘어나고 있는데도 정부는 스스로 해야 할 일을 국민에게 떠넘기고 있다.

Hair designer

이발사는 다 어디로 갔는가

핑크 칼라Pink collar라는 용어가 있다. 주로 여성이 종사하고 있는 저임금의 일자리를 뜻했다. 식당이나 사무실 외에도 개인을 상대로 하는 서비스가 여기에 속한다. 간호사, 유아교사, 미용사, 베이비시터Baby sitter, 아기돌보미, 유모, 네일숍, 피부관리사 등 부드럽고 친절하고 섬세한 직종들이 핑크 칼라에 속한다. 특히 블루칼라, 화이트칼라와 구별하여 이런 직종에서 일하는 사람들을 핑크 칼라 노동자Pink collar workers라고 부른다.

그러나 세상이 바뀌면서 직업의 경중도 달라지고 있다. 한때 유치원 교사를 보모保姆라고 불렀다. 요즘 아이를 유치원에 보내지 않는 학부모가 없을 만큼 취학 전Preschool 어린이 교육이 중요해지면서 유아원과 유치원의 비중이 커졌다. 또 100세 시대 의료 요양

시설이 크게 늘어나면서 간호사 수요가 폭발적으로 늘어났다. 한국보건사회연구원은 2017년 주요 보건의료인력 중장기 수급전망을 하면서 2030년 간호사 부족 규모는 15만 8천 명에 달할 것이라고 밝혔다. 이는 면허등록을 한 현재 간호사 총수 35만 9천 명의 44.1%에 달하는 규모다. 영남일보, 2017. 8. 29

  미용 분야도 옛날에는 이발소, 미장원으로 불렸지만 근래 이런 상호는 거의 사라졌고 헤어 살롱, 뷰티 살롱, 헤어 스튜디오 등 멋쟁이 이름으로 격상되었다. 옛날에 미용사는 학원에 몇 달 다녀서 자격증을 땄지만 지금은 대학에도 뷰티케어학과, 스타일리스트학과 따위가 생겨나서 전문 직업인을 양성하고 있다.

  남산 언저리에 정화미용학교라는 직업학교가 있었다. 근래 우연히 이곳을 지나다가 안내 표지판을 보았다. 예술대학으로 승격해 있었다. 4개의 학부로 구성된 대학조직표의 첫 번째는 '미용예술학부'다. 그만큼 미용과 뷰티의 비중이 커졌다는 것을 말해준다.

미장원이 사라지고 없듯이 이발소도 찾아보기 어렵다. 이발소는 남자들의 머리를 자르고 감고 손질하고 때로는 염색을 하는 곳인데, 요즘 남성들도 '미용'을 중요시하니까 이발소가 뷰티 살롱에 흡수되었다. 그 결과 이발사Barber들의 입지도 차츰 좁아지고 있다 아직 세빌리아에는 남아 있다.

뷰티 살롱에서 일하는 미용사를 우리는 흔히 헤어 디자이너Hair designer라고 부른다. 앙드레 킴이 본명은 김복남이요, 직업은 '드자이너'라고 답변한 이후 디자이너Designer에 대한 사회적 관심이 폭증한 바 있다. 인테리어 디자이너, 패션 디자이너, 공업 디자이너, 그래픽 디자이너, 보석 디자이너 등등 가히 디자인 시대라고 할 만하다. 그 덕에 미용사도 디자이너로 승격했는지 알 수 없으나, 영어로 미용사는 헤어 디자이너라고 하지 않는다. 헤어드레서Hairdresser, 또는 헤어 스타일리스트Hair stylist가 올바른 표현이다.

머리를 자르고 감고 다듬는 직업A person whose job is to cut, wash, and shape hair이 헤어드레서다. 스타일리스트Stylist는 헤어드레서라는 뜻 외에도 제품이나, 사람, 광고물 따위의 특별한 스타일이나 이미지 등을 창출해 내는 사람A person whose job is to create or design a particular style or image for a product, a person, an advertisement, etc.을 가리킨다.

디자이너는 형용사로도 쓰이는데 '값비싼', '유명 디자이너가 만든' 따위의 의미를 갖는다. Designer jeans이라고 하면 유명 브랜드의 진, 혹은 값비싼 진을 가리킨다. Designer water는 시판 생수다. 그러나 디자이너 드럭Designer drug은 이것과 전혀 관계없이 불법 제조한 합성 마약류를 의미한다.

머리와 관련된 콩글리시로 브릿지Bleach가 있다. '브릿지는 넣지 마세요.'를 영어로 옮긴다면 'No highlights.' 또는 'I don't want any highlights.'가 된다. 영어 Bleach블리츠는 염색하다, 표백하다의 뜻이고 머리카락 일부를 염색하는 것은 '하이라이츠'다. 또 헤어드레서가 손님에게 '웨이브는 어느 정도로 할까요.'라고 물어볼 때는 'How curly do you want your hair?'처럼 Curly를 써서 말한다. 컬Curl은 곱슬머리를 뜻하니까 어느 정도 곱슬로 하겠느냐고 말할 때 형용사 Curly를 쓰게 된다. 아니면 'How wavy do you want it?'도 '웨이브를 어느 정도 넣을까.' 하고 묻는 말이다.

지금도 여성들은 파마콩글리시다를 즐겨 하고 있다. '파마를 해 주세요.'라고 하고 싶으면, 'I want to get a perm.' 혹은 'I like to perm my hair.'라고 말한다. 펌Perm은 퍼머넌트Permanent의 준말인데 동사로도 쓰고 명사로도 쓴다.

"외모보다 내면의 아름다움을 가꾸어야 삶은 더 빛난다."

Job

듣보잡job의 시대, 뉴 칼라

상스런 말 가운데 '듣보잡'이란 게 있다. 듣지도 보지도 못한 잡놈을 줄여서 그렇게 부르는 모양이다. 이름도 성도 없는 무명의 하찮은 존재라고 상대방을 낮추어 부르는 표현이다. 남을 비하해서 가리키는 저급한 표현이다. 어떻게 보면 인격 모독이요 언어의 폭력이다.

인터넷을 검색해 보니 이 말은 예전에 진중권이 변희재를 지칭하며 쓰기 시작했다고 한다. 당시 진중권은 좀 알려진 인물이었고 신인 논객 변희재는 잘 알려지지 않은 사람임을 염두에 두고 진이 변을 보고 무례하고 모욕적인 표현으로 듣보잡을 썼다고 한다. 좌파 진중권과 우파 변희재는 곳곳에서 충돌하였고이 둘은 서울대 미학과 선후배 사이다, 이성과 논리가 실종된 가운데 법정에서도 맞붙어 이전

투구泥田鬪狗하였다.

　들보잡이 새로운 의미의 저널리즘 용어Journalese로 쓰이기 시작
했다. 듣지도 보지도 못한 새로운 잡Job, 일자리이란 뜻이다. 매일경
제는 딜로이트컨설팅과 공동으로 60개 들보잡을 선정하였다2017.
7. 31. 예를 들면 드론Drone 조종사와 3D영상분석가는 지금까지 없
던 직업이다.

　드론은 조종사가 탑승하지 않고 무선전파로 조종하는 소형의 무
인기다. '벌이 날아다니며 응응거리는 소리'에서 힌트를 얻어 붙인
이름인데, 애초 군사용으로 탄생했지만 지금은 작물 씨뿌리기, 농
약살포, 기상정보 수집, 뉴스촬영, 산림보호, 택배 등 활용도가 매
우 넓다. 드론 조종사는 드론에 탑재된 소프트웨어에 사전 비행경
로를 설정하고 1시간 비행하면 100만 평을 촬영할 수 있다. 드론
에서 얻은 정보를 전문 소프트웨어를 통해서 분석하고 3D영상 지
도를 제작한다. 드론은 앞으로 무궁무진한 일자리를 만들어낼 보
물이라고 한다.

　한마디로 4차 산업혁명 시대에 들보잡이 뜨고 있다는 것이다.
어느 미래학자는 앞으로 5년 내에 일자리가 약 20억 개 소멸될 것
으로 내다봤다. 이를 대신할 직업 창출 기술로 소프트웨어, 3D프
린터, 무인자동차, 드론 네 가지를 꼽았다. 또한 4차 산업혁명 시
대에 새롭게 생겨날 들보잡의 플랫폼은 여섯 가지다. 인간Human,
가정Home, 도시City, 공장Factory, 이동성Mobility 첨단소재 기술Enabler

과 관련되는 신新산업과 들보잡을 구체적으로 예시하였다.

　이동성을 살펴보면 미래형 자동차, 미래형 선박, 첨단 비행이 새로운 산업 분야로 발전하고 무인자동차 엔지니어, 드론 교통통제사, 우주선 조종사 등이 들보잡으로 나타난다. 인간 관련 신산업은 차세대 바이오, 신新식량, 미래형 섬유 등인데 생체로봇 외과 의사, 원격진료 코디네이터, 유전공학 작물재배자 등 관련 직업들이 등장할 것으로 예측하였다. 그야말로 듣지도 보지도 못한 일자리들, 들보잡Job이다.

　들보잡은 뉴 칼라New collar의 다른 이름이다. 전통적으로 우리는 공장 노동자와 같은 육체노동자를 블루칼라라고 부르고, 사무 행정직 등 정신노동자를 화이트칼라라고 해 왔다. 4차 산업혁명 시대에는 이 둘이 모두 지고 뉴 칼라가 뜨게 된다고 한다.

　제1차 산업혁명은 증기기관의 발명으로 철로 위에서 이루어졌고 제2차 산업혁명은 내연기관의 발명으로 도로 위에서 시작되었다고 한다면 제3차 산업혁명은 컴퓨터와 스마트 미디어에 의해 사이버 공간에서 시작되었다. 이렇게 1, 2, 3차 산업혁명은 증기기관, 내연기관, 컴퓨터의 발명이라고 하는 모멘텀이 각기 있었지만 4차 산업혁명은 어느 한 가지 기술의 등장으로 사회변혁이 일어나고 있는 것이 아니라 지금까지 존재해 온 기술들이 진화하고 상호 연결되면서 일어나고 있는 새로운 물결이라고 말할 수 있다. 인공지능AI, 사물인터넷IoT, 빅데이터, 로봇, 스마트 미디어 등이 네트워크화 하는 초연결사회를 지칭하는 용어다.

케이뱅크가 출범하자마자 돌풍을 일으키고 있다. 듬보잡의 등장을 막고 있는 각종 규제를 대폭 풀어야 한다. 수많은 환자들이 줄기세포 치료를 받기 위해 일본으로 가고 있지만 정부는 뒷짐만 지고 있다. 원격 진료Telemedicine는 10년째 발이 묶여 있고 의료관광은 지지부진하다.

2014년 중국은 로봇 굴기崛起를 선포한 이후 산업 로봇시장의 규모가 매년 20%에서 30%씩 커지고 있다. 제조업에서 진행되고 있는 로봇 혁명이 세계경제를 위협할 것으로 보고 있다한경, 2017. 8. 24. 실업률이 높아지고 소득 불평등은 심화되고 소비가 위축될 것으로 전문가들은 우려하고 있는데, 우리 정부는 일자리 늘리기 위해 국민 세금으로 먹여 살려야 하는 공무원을 더 뽑고 있다.

4차 산업혁명을 지혜롭게 추진하기 위해서는 관련 기술의 진흥과 더불어 '교육혁명'과 '규제혁파'가 함께 이루어져야 한다.

Strongman

스트롱맨이 따로 없다

"어설픈 '에너지 백년대계'…누구 작품인가"

한국경제는 2017년 6월 23일자 톱기사에서 문재인 정부의 탈원전 정책을 정면으로 비판하였다. 국가 백년 미래를 내다보고 짜야할 에너지 정책이 누구 손에서 만들어지는지 도무지 알 수 없다는 것이다.

대통령의 말 한마디로 국가 중요 정책이 출렁거린다. 대통령은 지난 19일 부산 기장군 고리원자력발전소 1호기 영구 정지 선포식에 참석, '탈脫원전' 에너지정책을 선언하였다. 이날 대통령은 "고리1호기 영구 정지는 탈핵 국가로 가는 출발"이라면서 "원전 정책을 전면 재검토하겠다."고 밝혔다. 또 '준비 중인 신규 원전

건설계획을 전면 백지화하겠다, 원전의 설계 수명도 연장하지 않겠다.'고 말했다. 월성1호기도 가급적 빨리 폐쇄하겠다고 약속했는데, 그다음 무얼 어떻게 하겠다는 중요한 시나리오는 정작 빠져 있다. LNG와 신생 대체에너지 발전율을 높이겠다고 하지만 원전과 석탄이 차지하고 있는 국내 에너지 생산량의 비중이 70% 수준인 점을 감안하면 구름 잡는 얘기처럼 들린다.

이뿐이 아니다. 다음 날 한경의 머리기사는 〈지역인재 30% 뽑아라? 공기업 멘붕〉이었다. 지방으로 이전한 공공기관들이 신규채용 인력의 30% 이상을 지역인재로 뽑으라는 문재인 대통령의 지시에 속앓이를 하고 있다. 상대적으로 홀대받는 지역인재에게 기회를 주자는 취지는 좋지만 공공기관의 현실과는 너무 동떨어진 방향이기 때문이다. 한술 더 떠 6월 22일 오전 수보首補회의청와대 수석비서관과 보좌관 회의에서 대통령은 공무원과 공공기관에 앞으로 블라인드 채용을 하라고 지시하고 장차 법제화할 것을 시사하였다. 즉 "당장 이번 하반기부터 공무원과 공공부문 채용에서 블라인드 채용제도를 실시했으면 한다고 했다. 채용분야가 특별히 일정 이상의 학력을 요구하거나, 일정 이상의 스펙을 요구하거나 또는 일정 이상의 신체조건을 요구하는 경우 이외에는 이력서에 학벌이나 학력, 출신지, 신체조건 등 차별적 요인들을 일체 기재하지 않도록 해야 한다."고 말했다.

취임하자마자 인천공항에 간 대통령은 비정규직 1만 명을 정규직으로 전환해 주겠다고 약속해서 국민들을 깜짝 놀라게 하였고 알바들의 시급은 대선 공약에 따라 2018년에는 7,530원으로 올랐다. 임금 격차를 줄이고 국민 누구나 저녁 있는 삶을 누릴 수 있게 하겠다는 의도는 좋지만, 노동의 유연성이 사라지면 고용절벽은 더 높아진다는 점을 놓쳐서는 안 된다. 또 미처 임명도 안 된 후보자 입에서 나온 자사고와 특목고 폐지론은 학부모 가슴을 놀라게 만든다.

통신기본료를 폐지를 둘러싼 갈등은 새 정부의 과도한 시장 개입의 한 예에 지나지 않는다. 또한 정부는 신용카드 수수료, 전월세 가격에도 개입을 예고하고 있어서 신관치新官治시대의 도래를 걱정하는 목소리가 커지고 있다. 중앙일보, 2017. 6. 23

지난 대선 때 자유한국당 홍준표 후보는 스스로 스트롱맨이 되겠다고 선언한 바 있다. 3월 31일 자유한국당 전당대회에서 대선 후보로 선출된 후 수락연설을 통해 "유약한 좌파 정부가 탄생한다면 대한민국이 살아갈 길이 막막하다."면서 강단과 결기를 갖춘 스트롱맨이 필요한 시대가 됐다고 강조하였다. 각국 강경파 지도자들이 이끄는 스트롱맨 시대에 우리도 강력한 리더십을 갖춘 지도자가 필요하다고 피력하였다.

스트롱맨Strongman은 스포츠나 서커스에서는 '힘센 장사'를 의미하지만, 정치 용어로는 '독재자'다. 나라를 통치하기 위해서 겁박이나 폭력을 행사하는 지도자A leader who uses threats or violence to rule a country가 스트롱맨이다. 전체주의나 권위주의 국가를 다스리는 사람이 스트롱맨인데 설마 대한민국의 대통령 후보가 독재자가 되겠다는 뜻으로 이 말을 쓰지는 않았을 것이다. 글자 그대로 미국의 트럼프, 러시아의 푸틴, 중국의 시진핑, 일본의 아베에 맞설 수 있는 강력한 리더십의 주인공이 되겠다는 의지의 표현이었을 것이다.

취임 몇 달이 지나도록 문재인 정부는 온전한 내각 구성도 하지 못하고 있었다. 국가 중요 정책에 대해 각의閣議에서 한 번의 논의 과정도 거치지 않고서 마구잡이로 쏟아낸 것을 보면 새 대통령 역시 스트롱맨인 모양이다. 아무리 옳은 정책이더라도 민주적 절차가 먼저 이루어져야 할 터인데 대통령 말씀은 모든 법 위에 놓여있다. "사전 결론 없고 받아쓰기 없고 계급장 없다"고, 이른바 3무無를 자랑하는 정부지만, 겉과 속은 너무 판이하다. 한 가지만 물어보자. 탈원전의 에너지 정책은 어떤 과정을 거쳐서 나왔는가?

PD

텔레비전은 PD의 매체다

오랜만에 함께 일하던 선배 동료들을 반갑게 만났다. 〈대장금〉의 이병훈, 〈인간시대〉의 이긍희와 윤동혁, 〈사랑이 뭐길래〉의 박철, 〈조선왕조 500년〉의 유흥렬, 〈수사반장〉의 이연헌 등 한때 이름을 날리던 PD들이 한자리에 모습을 드러냈다. 작가 김수현, 윤대성 그리고 최불암, 김혜자, 정혜선, 김용림 등 대스타들도 자리를 빛냈다. 〈동토의 왕국〉, 〈여명의 눈동자〉, 〈모래시계〉를 만든 김종학 PD는 유명幽明을 달리해 이 값진 자리에 나타나지 못했다. 『드라마왕국: TV를 움직이는 사람들』의 북 콘서트 덕에 TV를 움직이던 사람들을 많이 만나게 됐다^{필자는 MBC 텔레비전 PD 1기 출신이다}.

MBC가 '드라마왕국'으로 불리던 1970년, 80년대 제작을 총괄

지휘했던 민용기閔龍基 전 제작이사가 직접 겪은 현장의 사례를 실감나게 기록한 책이 바로 『드라마왕국: TV를 움직이는 사람들』이다. 스타북스에서 출간한 이 책에는 〈여명의 눈동자〉, 〈사랑이 뭐길래〉, 〈제1공화국〉, 〈조선왕조 500년〉, 〈야망의 25시〉, 〈땅〉 등 당대의 명작 드라마 제작에 얽힌 이야기와 김종학, 이병훈, 고석만, 이연헌, 유흥렬, 정문수, 박철, 윤동혁 등 왕년의 거물 PD들과 김수현, 김기팔, 신봉승 등 거장 작가들의 비화도 담겨 있다.

또한 이 책은 역대 MBC사장을 역임한 최창봉, 이진희, 이웅희 등 경영진의 방송철학도 살펴보고 있으며, 공안정국의 암울했던 시절 문공부와 청와대가 방송사 인사에 어떻게 관여했으며 프로그램 편성에 어떤 영향을 끼쳤는지 자세하게 증언하고 있다.

방송은 직업의 백화점이다. 각종의 전문직과 기능인들이 어울려 함께 일하고 있다. PD, 기자, 아나운서뿐 아니라 경영관리직, 광고판매직, 그리고 디자이너, 목수 등 방송사 안에는 별별 직업이 다 있다. 방송가에는 "PD가 왕이다."라는 말이 있다. '영화가 감독의 매체이고 연극이 배우의 매체라고 한다면 방송은 PD의 매체다.'

PD 한 사람이 프로그램을 만드는 것은 아니지만 프로그램을 맡은 PD의 혼과 열정이 좋은 프로그램을 만든다. 모든 프로그램은 협업協業이다. 그러나 그것을 지휘하고 조직해서 메시지를 영상화하는, 처음부터 마지막까지의 모든 책임은 PD에게 있다. 프로그램은 어느 PD가 맡느냐에 따라 성패成敗가 갈린다.

이렇게 중요한 PD가 미국이나 영국 방송사에는 존재하지 않는다. 나라에 따라서, 방송사의 규모에 따라서 방송사의 조직과 직분이 서로 다르기 때문이다.

초창기 직분은 세분화되어 있지 않았다. 편성시간도 제한돼 있고 제작비도 여유가 없던 시절이라 1인 다역이 많았다. 1970년대 다큐멘터리 프로를 만들면 PD 혼자서 기획하고 섭외하고 현장 취재하고 편집하고 심지어 내레이션 원고도 직접 쓰고, 직접 출연하는 예도 있었으며 AD조차 없었다. 타이틀에 '기획 · 제작 · 연출 김XX'라고 내보내는 예도 있었다.

이후 점차 방송사 경영상태가 나아지고 시청률 경쟁이 심화되자 프로그램을 보다 더 정교하게 만들 필요가 생겼다. 이 결과 PD의 역할이 세분화되었다. 칩 프로듀서가 생기고 책임프로듀서라는 직책도 생겼고 프로듀서와 디렉터가 분리되고 섭외담당자Call boy와 작가Scripter, 리포터 그리고 외주업체도 많이 등장하였다.

PD라는 말은 우리나라에서만 쓰는 방송용어다. 어떤 이는 프로듀서라고 하고, 어떤 사람은 연출가라고 부르고 어떤 출연자는 감독이라고 칭한다. 어쨌든 라디오, TV, 케이블 등 단위 프로그램의 제작 연출을 맡고 있는 이를 PD라고 부른다. 콩글리시 'PD'는 어디서 왔는가

1) 기획과 연출을 담당하고 있으니 Planning director를 줄여서 PD가 됐다는 설이

있다. 가장 고전적 주장이다.

2) 프로그램을 만드니까 Program director에서 나왔다는 주장이 있다. 그러나 이 용어는 편성국장을 뜻한다.

3) 어떤 학자는 Producing director의 약자를 고집한다. 거짓이다.

4) PD는 그냥 Producer의 약자라고 말하는 이도 있다. 프로듀서 안에 P와 D가 들어 있지 않느냐고 반론을 편다. 그럴 법하지만 참은 아니다.

5) 가장 설득력 있는 것은 PD는 Producer-director의 약자라는 해석이다. 제작자 겸 연출자란 의미다. 정설일 것이다.

방송사가 늘어나면서 '날림 공사' 프로그램이 쏟아져 나오고 있다. '쓰레기Trash TV'라는 말이 있다. 가십, 스캔들, 치정, 살인, 엽기, 수다, 놀이 따위를 다루는 값싼 프로그램을 '타블로이드 TV'라고도 칭한다. PD들은 문화의 중개자라는 직업적 긍지를 갖고 국민정신을 고양高揚시키는 데 보다 힘써야 할 것 같다.

Polifessor

폴리페서의 계절

선거 때마다 상아탑을 벗어나 정치권을 기웃거리는 폴리페서
들이 늘어나면서 이들을 규제해야 한다는 목소리가 커지고 있다.
"일부 교수들의 지나친 외부활동으로 대학사회가 도매금으로 매
도당하는 일을 막아야 한다는 의견이 힘을 얻고 있다." 신문기사
의 일부다.

교수들의 대외활동은 임명직 공직, 선출직, 사외이사, 심의위원,
자문위원, 평가위원, 출제위원, 특강 등 수없이 많다. 문제는 과도
한 바깥 활동 때문에 결강을 하고 강의내용이 부실해질 수 있다는
점이다. 밖에 나가 있는 동안 후임교수를 뽑지 못하니까 학생들의
수업권이 크게 침해되는 우려도 생긴다.

"Not only SMU, but Seoul National University and Korea University have also had troubles solving polifessor^{a compound of politics and professor} problems, because most schools don't have any restrictions on polifessor." ^{숙대뿐 아니라 서울대와 고려대 역시 폴리페서에 대한 규제가 없기 때문에 폴리페서 문제 해결에 어려움을 겪고 있다}

총선을 앞두고 많은 대학들이 폴리페서 문제에 직면하고 있다. '한국대학신문'에 따르면 총장과 교수 등 90여 명이 지난 20대 총선에 출마하기 위해 대학을 사직 또는 휴직하였다. 직업선택의 자유라고 할 때 교수의 변신 역시 무죄다. 다만 교수직을 유지한 채 정치권을 기웃거리는 일은 삼가야 한다.

Polifessor: A combination of politics and professor^{폴리페서: 정치와 교수의 합성어}.

물론 한국식 영어다.

교수의 정치참여나 대외활동이 모두 부정적인 것은 아니다. 교수가 갖고 있는 전문성을 사회적 책무와 연계시켜서 올바른 법과 정책 구현에 기여할 수 있다면 교수의 정치참여는 바람직할 것이다. "학문이 넉넉하면 관직에 출사한다^{學而優則}." 논어에 나오는 말이다. 다만 개인의 영달과 입신양명을 위해 본분을 망각하는 기회주의적 태도가 문제다.

"대학교수와 거지는 사흘만 하면 다른 일을 할 수 없다. 그보다 편한 직업이 없기 때문이다. 게다가 구걸할 필요가 없다고 한다면 교수는 거지보다 즐거운 직업이다." 어느 일본학자의 교수예찬이다.요즘 반드시 그렇지도 않다. SCI급 논문을 써야 하는 등 연구 실적을 위해 심리적 압박을 많이 받고 있다.

박사학위를 받고 대학으로 와서 10년쯤 지나면 중견교수가 된다. 이때부터 워밍업이 시작된다. 처장, 학장, 원장 등 학내 보직을 노리면 '소 정치교수Little polifessor'로 불리고 정관계를 기웃거리면 '대 정치교수Big polifessor'가 된다. 경상계 교수의 최고 로망은 금통위원이고, 차하위가 금융권 사외이사라고 한다면, 신방과 교수는 방통위원을 목표로 삼고 여의치 않으면 KBS, MBC, EBS 이사를 노린다.

자신의 전공과 관련 있는 대외활동은 권장할 만하다. 예컨대 의회정치를 가르치는 교수가 국회의원 경험을 갖는다면 이론과 실무를 다 겸비하게 될 것 아닌가. 새로운 사상과 아이디어와 기술은 대학에서 나온다. 대학은 인재의 산실인 동시에 창의와 기술의 본산이다. 그러므로 대학은 현실과 유리돼 있지 않고 상호 작용하면서 발전해간다. 대학인이 현실 정치에 적극 참여하기 시작한 것은 미국 케네디 대통령 때부터다. '행동하는 지성Action intellectual'들이 하버드에서 백악관으로 옮겨가기 시작했다. 키신저, 브레진스키, 라이스 등 국제정치의 거물들은 하나같이 교수 출신이었다.

대학에는 폴리페서만 있는게 아니다. 텔레비전에 단골로 출연하는 Telefessor도 많이 있고, 아마추어 수준의 강의를 계속 반복하는 Amafessor도 적지 않다. 한술 더 떠서 그 직위와 역할을 짐작하기도 어려운 '교수 아닌 교수'도 도처에 부지기수다. 객원교수, 특임교수, 초빙교수, 대우교수, 외래교수, 겸임교수, 연구교수, 교환교수, 방문교수, BK교수, 석좌교수, 석학교수 등 수많은 호칭들이 대학사회를 혼란스럽게 만든다.

교수의 기본 역할은 연구, 교육, 봉사다. 따라서 교수의 현실 참여는 일정 부분 허용돼야 한다. 하지만 어떻게 해야 곡학아세曲學阿世 하는 사이비 교수들을 골라내고, 영혼을 팔고 다니는 반지성적 인사들을 상아탑에서 추방할 수 있을까? 이건 제도가 아니라 개개인의 양식의 문제 같다.

Shadow doctor

섀도우 닥터와 V line

서울의 한 유명 성형외과 원장이 구속되었다. 원장은 환자들을 직접 만나서 상담을 하고 수술견적을 뽑아준다^{다른 데서는 '상담실장'이 맡는다}. 환자는 이 의사에게서 수술을 받을 것으로 믿고 다시 병원을 찾지만 실제 집도 의사는 Shadow doctor^{그림자 의사}다. 머니투데이의 보도다.^{2014. 4. 11}

Shadow doctor는 엉터리 영어다. 영국이나 미국에는 이런 사기 행각이 없으니까 섀도우 닥터라는 표현 자체가 있을 수 없다. 영어로 굳이 말을 해야 할 경우, '대리의사'^{Surrogate doctor}라고 할 수 있겠다. 유령수술을 하는 의사라는 뜻으로 Ghost doctor라고도 한다^{이 말도 영어에 없다}.

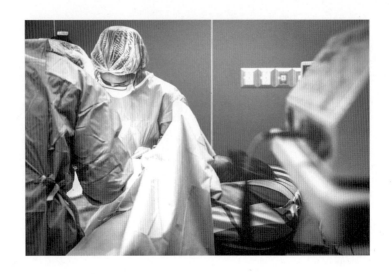

　수술대 위에서 마취를 하고 나면 집도 의사가 바뀐다. 이런 비리는 성형외과에서 흔히 일어나고 있지만 때로는 대학병원에서도 발생하고 있다. 환자가 예상시간보다 일찍 깨어나면 딴 의사가 수술했다는 사실이 드러날까 봐 환자에게 마취제를 적정량보다 더 많이 투여한다. 대리수술도 모자라서 같은 수술실에 2~3개 침대를 놓고 한 침대에서는 코 수술을, 다른 수술대에선 지방흡입술을 동시에 진행하는 경우도 있다고 한다.

　비싼 광고비를 쓰는 데다 환자 유치를 위해 브로커 비용까지 지불해야 하는 지금의 구조에서 신참의사는 경험을 쌓고 유명의사는 돈 버는 공생관계가 이루어진다. 신참의사가 집도할 때 이런 야바위 짓이 들통날까 봐 프로포폴을 과다하게 투여하니 부작용과 의료사고가 빈발하기 십상이다.

"유령수술은 의료법이 아니라 형법상 상해나 살인미수, 또는 살인으로 처벌해야 한다. 유령수술은 환자의 동의를 구하지 않고 다른 의사가 무단으로 칼, 전기톱, 절단기, 망치 등을 사용해서 환자의 몸에 상해를 입히는 행위다. 환자를 마취시켜 의식을 잃게 한 뒤 저지르는 최악의 생체 실험과 같은 범죄다."머니투데이, 2015. 12. 23

탈세는 성형외과의 또 다른 상습 범죄다. 의사가 14명이나 있는 어느 유명 성형외과 원장은 100억 탈세, 5억 리베이트 등 각종 비리를 저질러서 구속되었다. 죄목도 다양해서 특정범죄가중처벌법상 조세포탈, 의료법위반, 약사법위반, 배임증재 등이었다.서울신문, 2016. 7. 22

서울 지하철 3호선 압구정역 3번이나 4번 출구로 나오면 성형외과 간판이 즐비하다. 2km 안팎의 거리에 약 200개의 성형외과와 피부과 의원이 밀집해 있다. 이들 간판의 한 특징은 중국어가 병기돼 있는 것이고 다른 하나는 무슨 라인line 붙은 이름이 많다는 점이다. 더라인, 굿라인, 페이스라인, 골드라인, V라인, S라인 따위가 그것이다.

브이라인V line은 갸름한 턱 선을 가리킨다. 사각 모양의 얼굴을 브이라인으로 만들려면 양쪽 턱뼈를 깎아서 하관을 바르게 만들어야 한다. 페이스라인Face line은 얼굴 윤곽 수술을 통해서 얼굴 전체의 맵시를 잡아준다는 의미로 쓰인다. 에스라인S line은 넥슨이 발표했던 게임 '서든어택2'에 나오는 캐릭터 마야처럼 '잘록한 허리,

풍선 같은 가슴과 엉덩이'를 가진 여성의 체구를 지칭한다. 영어 알파벳 S자처럼 옆에서 보면 가슴과 힙이 강조된 스타일을 이른다. 순 우리말로는 '호리병 몸매'라고 한다. V라인과 S라인은 여성 몸에 대해 우리끼리 쓰는 한국식 표현이다.

　요즘 텔레비전을 보고 있자면 탤런트, 아나운서, 기상캐스터 모두가 닮은 꼴이다. 종種이 바뀌고 있다는 느낌이 든다. 도처에 '코 세우고 턱 깎고 눈 찢은' 성형미인뿐이다. 외모지상주의가 낳은 비극이다.

　성형에는 두 가지가 있다. 첫째, 에세틱Aesthetic 성형이다. 지금보다 더 예뻐지기 위해서 하는 코 수술, 지방흡입술, 쌍꺼풀 수술, 턱 수술 등이 여기 속한다. 둘째, 재건Reconstruction 성형이다. 화상이나 외상 등 사고를 당했거나 선천적 결함이 있는 부위를 원상회복시키는 수술이 그것이다.

　왜 우리나라가 성형왕국의 오명을 듣게 되었을까? 아마도 Beauty bias 때문일 것이다. '미인편견'이란 얼굴이 예쁘면 그렇지 못한 사람보다 일도 더 잘할 것이라고 믿는 사회적인 오해다. 이를 입증하는 통계수치가 있다. 미국 성형여성의 42%가 가슴확대수술을 받는 데 비해 한국 성형여성 77%는 얼굴 손보기에 집중하고 있다. 젊음과 건강보다 더 큰 아름다움이 어디 있겠는가. 여성들이여, 명심하라. 미인박명美人薄命임을!

Talent

탤런트, 그는 누구인가

    갤럽은 매년 12월 '올해를 빛낸 탤런트'로 남녀 구별 없이 5인을 선정해서 발표하고 있다. 2015년을 빛낸 탤런트 명단에는 황정음, 김수현, 전지현, 유아인, 박서준이 이름을 올렸다. 김수현과 전지현은 2014년에도 5위 안에 들었으니 2년 연속 상위에 랭크되었다. 2007년 처음 조사가 시작된 이래 두 번 이상 이름을 올린 탤런트는 두세 명에 지나지 않는 것을 보면 연예인의 인기가 거품인 것을 알 수 있다. 해마다 대중적인 히트 드라마는 바뀌게 되니까 스타들의 인기판도 역시 부침을 거듭하게 된다. 갤럽에 의하면 10대 여성은 유아인과 박서준을, 20대는 황정음과 김수현을 그리고 60대 이상의 여성은 전인화와 고두심을 올해를 빛낸 탤런트로 지목하였다.

우리는 텔레비전 연기자를 탤런트^{Talent}라고 부른다. 탤런트, 많은 사람들이 선망하는 대중문화 스타다. 유독 TV드라마에 나오는 배우를 왜 탤런트라고 부를까? 영화배우, 연극배우처럼 TV배우라고 부르면 될 것을.

교회 목사님의 설교나 기도 속엔 '달란트'가 종종 등장한다. "하나님이 주신 달란트를 선한 일에 쓰게 하시며…." 이때는 탤런트를 일본식으로 발음하는 건가 생각하며 귀를 의심했던 기억이 있다. 그러나 마태복음 25장 16절을 보면 달란트가 금의 중량을 재는 단위임을 알 수 있다.

성경 속의 달란트는 두 가지 뜻을 갖고 있다. 첫째, 무게의 단위이자 화폐의 단위이다. 여러 가지 설이 있기는 하지만 보통 한 달란트는 약 34kg이고 3,000세겔이라고 한다^{1세겔은 11.4g}. 한 달란트가 금 34kg이라고 한다면 1달란트는 엄청난 거금이다. 도량형이 발달하기 이전의 단위이므로 정확히 추산하기는 쉽지 않지만 당시 로마의 노동자 6천 명의 하루 품삯에 해당한다는 주장도 있다. 노동자 하루 일당을 10만 원으로 치면 한 달란트는 지금의 6억 원쯤 된다.

둘째, 달란트는 상거래 단위 외에 용서하는 일의 중대성을 일깨우는 비유에서 하나님께서 각 개인에게 부여하신 재능, 기회를 나타내는 말로 사용된다. 이로서 우리는 성경의 달란트가 'Talent'임을 여기서 확인한다.

"Therfore take the talent from him, and give it to him who has ten talents."

그에게서 그 한 달란트를 빼앗아 열 달란트를 가진 자에게 주어라 – 마태복음 25:28.

달란트라틴어 Talentum는 그리스어 Talanton의 번역어로서 고대 서아시아와 그리스헬라에서 질량과 화폐단위로 쓰였다. 금과 은의 단위인데 아테네26kg, 로마32.3kg, 이집트27kg, 바벨론30.3kg 등 지역에 따라 편차가 심했다.

앞서 봤듯이 Talent는 재능, 재능 가진 사람을 의미하는데 우리만 이 말을 TV배우, 연기자와 동일한 뜻으로 쓰고 있다.

A generic term for all persons who perform, including actors, comedians, master of ceremonies, quiz masters, disc jockeys, singers, dancers, announcers, sport casters, specialty acts, stunt persons, walk-ons, extras, puppeteers, reporters, and analysts

배우, 코미디언, 사회자, 퀴즈진행자, 디스크자키, 가수, 무용수, 아나운서, 스포츠캐스터, 특수 연기, 스턴트맨, 엑스트라, 인형극 시연자, 기자 그리고 분석가를 포함하여 모든 출연자를 총칭하는 용어

NTC's 매스미디어 사전에 실린 탤런트의 정의다. 탤런트는 TV

연기자만을 가리키지 않으며 재능이 있어서 텔레비전에 나오는 대부분의 사람을 의미한다. 라디오, 케이블, 영화, 비디오, 광고, 웹에 등장하는 인사도 탤런트다. 그럼 우리가 말하는 텔레비전 탤런트는 영어로 무엇이라고 말해야 할까? TV actor, actress 또는 TV performer라고 해야 한다. 넓은 뜻으로는 TV star, TV celebrity라고도 부를 수 있겠다. 물론 연기자만이 스타나 'Celeb'은 아니지만.

I really want to showcase my talent tomorrow^{내일 나의 재능을 한껏 보여주고 싶다}.

오디션 프로그램을 앞두고 모두들 이렇게 다짐한다. 탤런트 공개모집은 우리나라의 독특한 관행인데^{연기자를 이런 식으로 뽑는 나라는 한국뿐이다}, 1962년 2월 KBS가 16세 이상의 남녀 2,574명을 대상으로 제1기 탤런트 26명을 뽑은 것이 그 효시다.

종편이 등장한 이후 우리 텔레비전에는 연예오락 프로든, 정치가십 프로든 간에 별 전문성 없이 여기저기 단골로 나오는 사람들이 수없이 많다. TV에서 말하는 이들의 직업은 보통 '방송인' 아니면 '고수'다. Broadcaster는 방송사업자나 경영인이고 고수는 특정 분야의 전문가일진데, 얼굴 팔고 다니는 입담꾼들은 방송인이 아니라 차라리 Entertainer 또는 Gossiper라고 불러야 마땅하다.

Through guide
스루 가이드, 한일 교류의 징검다리

"남들이 하는 말을 듣지 말고, 직접 가서 보라Don't listen to what they say. Go see."

그래서 사람들은 여행을 떠난다. 여행계획을 세우고 미지의 세계를 꿈꾸면 삶에 활력이 생긴다. 필자의 옛 은사 가운데 세이너 Shanor 교수가 있다. UPI 모스크바 특파원 출신이며 국제보도 분야의 권위자였는데 그 교수 댁에 초대받아 방문한 적이 있다.

그날 그곳 응접실 테이블 위에는 중국 관련 책이 여러 권 놓여 있었다. 내가 "왜 이렇게 중국 책이 많습니까." 묻자, 중국 가기 전에 공부를 하고 있다고 하였다. 우린 여행준비라고 하면, 환전하고 가방 싸고 날씨 체크하는 일이 고작인데 세이너 교수의 여행

준비는 목적지에 대한 지식을 얻기 위한 사전 공부였던 것이다. 아는 만큼 보인다는 말이 새삼 느껴졌다.

여행의 목적은 각기 다르다. 연세대 설혜심 교수가 쓴 『그랜드 투어Grand Tour』를 보면 다음과 같은 이야기가 있다.

"18세기 유럽에서 어린 청년들이 교육의 일환으로 프랑스와 이탈리아 등을 여행하던 관행이 있었다. 종교분쟁이 어느 정도 가라앉고 경제적 풍요를 누리던 영국의 상류층은 자식을 유럽대륙으로 보내 외국어와 세련된 취향을 배워오게 하였다."

곧 그랜드 투어는 17세기 중반부터 영국을 중심으로 유럽 상류층 귀족 자제들이 사회에 나가기 전에 프랑스나 이탈리아를 돌아보며 문물文物을 익히는 장기 여행을 일컫는 말이다.

그랜드 투어는 유럽 전역으로 퍼져나갔고 토마스 홉스, 애덤 스미스, 존 로크, 볼테르, 괴테 등 수많은 지성들이 가정교사로 동참하면서 '엘리트 교육의 최종 단계'로 자리매김했다. 그랜드 투어는 유럽 지배계급 사이에 동질성을 만들어냈고 예술과 건축의 발달을 촉진했으며 계몽사상을 전파하는 등 유럽 근대사에서 매우 중요한 의미를 갖는 현상이었다. 보스턴대학 '예술과 건축의 역사' 전공 Bruce Redford 교수는 그랜드 투어의 4가지 요소를 이렇게 밝히고 있다.

1) 젊은 영국인 남성 귀족 혹은 상류층이 여행의 주체다.

2) 여행을 책임지고 수행하는 가정교사Travelling tutor가 동반한다.

3) 로마를 최종 목적지로 삼는다.

4) 여행기간은 보통 2~3년 내외다.

대개 그랜드 투어에는 가정교사 2인과 하인 2인이 수행하였다. 가정교사 1인은 학문을 가르쳤고, 다른 한 사람은 승마, 펜싱, 춤, 테니스, 전술 따위를 담당했다.

19세기 중반 이후 항해술의 발달, 대형 여객기의 등장, 호텔과 리조트의 건설은 관광산업과 맞물려 나라 간 인구 이동을 촉진시켰다. 깃발만 보고 따라다니는 값싼 패키지여행이 등장하면서 여행 붐은 세계적 현상이 되었다. 그룹여행에는 여행안내원이 동반한다.

A tour guide^U. S. or a tourist guide^European provides assistance, information and cultural, historical and contemporary heritage interpretation to people on organized tours and individual clients.

투어 가이드(미국) 또는 투어리스트 가이드(유럽)는 단체여행객과 개인 고객들에게 도움과 정보를 제공하고 문화, 역사, 현대 유산에 관해 해설해 준다.

이런 안내원을 우리나라에선 몇 가지로 나눠서 부른다. 첫째, 외국

여행을 할 때 인솔해서 동행하는 여행가이드는 Tour conductor^{T/C}라고 한다. 둘째, 우리나라에 온 외국인을 안내하는 사람은 Tour guide라고 부른다^{자의적인 구분이다}. 셋째, 목적지에 도착하면 그곳을 안내하는, 그 지역의 전문 관광 안내원이 등장하는데 이 사람을 Local guide라 칭한다. 넷째, 일본 지역을 여행할 때는 대개 스루 가이드^{Through guide}가 동행한다.

패키지여행을 떠나면 도착한 곳에서 현지 여행가이드가 나온다. 그곳의 지리, 역사, 문화, 교통, 숙박 등을 잘 알고 있으며 대개 그 나라의 안내원 자격을 갖고 있다. 많은 나라는 자국의 일자리 보호를 위하여 이런 로컬 가이드를 쓰도록 의무화하고 있다. 그러나 일본을 여행할 때는 한국인 여행안내원이 일본까지 들어가서 Through 직접 안내^{Guide}하므로 Local guide를 쓸 필요가 없다. 이른바 스루 가이드다.

'스루 가이드'란 영어 아닌 영어다. 관광 문헌에는 스루 가이드란 한국과 일본을 오가며 관광을 안내하는 사람으로 정의하고 있다. 스루 가이드가 비록 엉터리 호칭이긴 하나 한일 문화교류의 좋은 길잡이가 되었으면 한다.

Quick service

빨리빨리 문화와 퀵 서비스

조선일보가 〈드러눕고 보는 대한민국〉이란 기획물을 연재한 일이 있다. 〈나이롱환자 몰리는 한의원〉 편에는 이런 대목이 나온다.

"꾀병을 부리는 교통사고 환자, 즉 '나이롱환자' 행세하기엔 한의원이 훨씬 편하다. (…) 50대 남성은 '퀵 서비스'를 하다가 차와 부딪혀 입원했다고 말하면서 이번 기회에 푹 쉬고 나가겠다고."

다음과 같이 '퀵 서비스'가 등장하는 신문 기사들도 있다.

배달의 민족, 요기요, 배달통과 같은 배달 앱 서비스 업체는 엄밀히 말하면 음식주문 대행업체다. 음식뿐 아니라 의류, 도서, 서류 등 이른바 오토바이 퀵 서비스처럼 배달을 전문으로 하는 이러한 업체 중 1위 업체로는 바로고^{Barogo}가 있고, '부탁해' 앱을 운영 중인 매쉬 코리아, '띵동' 앱으로 유명한 허니비즈 등이 그 뒤를 잇고 있다. 뉴시스. 2016. 5. 10

급히 무얼 보낼 때 가장 빠르게 이용할 수 있는 것이 퀵 서비스다. 신개념 물류 앱의 선두주자는 2013년 홍콩에서 '스마트 배송서비스 O2O' 스타트업으로 첫발을 내디딘 고고밴^{Gogovan}이다. 지난해 11월 한국에서 서비스 론칭한 것을 포함하여 대만, 싱가포르 등 아시아 6개국에서 활발하게 운영 중이다. 헤럴드경제. 2016. 4. 6

이렇게 이륜차나 경상용차를 이용한 소화물 운송업을 소위 퀵 서비스라고 한다. 90년대 초반까지 심부름센터, 도매시장의 용달이 이런 일을 담당했는데, 90년대 후반 Online에서 Offline으로 업무가 바뀌면서 퀵 서비스의 수요가 크게 늘어나게 됐다. 전국적으로 3,000여 개가 난립해 있을 정도다. 퀵 서비스의 업무 범위는 보통 10Kg 미만^{라면 박스 정도 크기}의 화물이지만 서류, 샘플, 생활용품, 살아있는 동물까지 취급한다. 그 밖에 줄 서기, 표 예매, 잔심부름 그리고 긴급을 요하는 경우^{예컨대 대입시험 때}에는 사람까지 수송한다.

왜 소화물 배송업을 퀵 서비스라고 부르게 되었을까? 1993년 국내 최초의 오토바이 배송업으로 '주식회사 퀵 서비스'가 등장했는데, 시간이 지나면서 이 회사의 이름이 보통명사로 굳어버린 것으로 추정된다. 초기에는 오토바이 퀵, 다마스 퀵, 라보 퀵, 타우너 퀵 등이 서로 경쟁하다가 마침내 퀵 서비스로 통일되었다.

다만 영어로서는 가장 중요한 핵심이 빠진 말이다. 퀵Quick이 빠르다는 뜻이고, 서비스Service가 용역, 업무, 봉사임은 맞지만 '무엇을' 빠르게 처리하겠다는 것인지 애매하다. 배달, 배송, 택배 이런 말이 없지 않은가. 그러므로 퀵 서비스를 영어로 말할 때는 Quick delivery 또는 Quick delivery service라고 해야 한다.

Delivery는 배달, 분만, 발언의 뜻이다. Delivery boy, Delivery man은 배달원이고 'She was delivered of a boy yesterday그 여자는 어제 남자아이를 낳았다'의 경우 Deliver는 Give birth to와 같은 의미다.

Easy delivery는 순산順産, Difficult delivery는 난산難産이 되겠다. 'I delivered a keynote speech at the opening ceremony 나는 개회식에서 기조연설을 하였다'의 예에선 동사 Deliver가 연설이나 설교, 평결 따위를 행한다는 뜻이다. 우리나라에서 흔히 볼 수 있는 오토바이 퀵 서비스 배달원은 Bike delivery people, 또는 A motorcycle dispatch rider로 쓰면 될 것 같다.

서양의 퀵 서비스는 언제 시작되었을까? 미국 조지아주 애틀랜타 근교 Sandy Springs에 UPSUnited Parcel Service가 설립된 것은 1907년이었다. 초창기 회사 이름은 미국 심부름 회사American

Messenger Company였는데, 1913년 처음으로 포드 자동차를 배달용으로 쓰기 시작했다. 현재는 220개국 6백만 명이 넘는 고객을 상대로 하루 1천500만 건의 소화물을 처리하고 있다. 1988년 세계 최초로 전용 화물기를 도입하였고 2007년에는 Boeing 747, MD-11F 등 최신 기종을 갖추었다. 고용 인력은 44만 4천 명에 이른다. 경쟁사로는 미 우체국 USPS, FedEx, 독일계 DHL 등이 있다. DHL 역시 220여 개 국가와 영토에 존재하는 세계 최대의 물류기업으로 종사원은 34만 명에 이른다.

한편 우리나라에는 지하철 퀵 서비스도 존재한다. 지하철과 버스 등 대중교통을 이용하여 고객이 의뢰한 물품을 안전하게 배송하는 업무, 또는 그 서비스를 제공하는 업체를 말한다. 시간에 쫓기지 않으면서 가벼운 물품의 경우 지하철 배달이 적합하다. 지하철 퀵의 종사자들은 대개 65세 이상 노인이거나 장애인이 많은데 오토바이에 비해서 여유롭고 스트레스를 덜 받아서 좋다고 한다. 빨리빨리 문화의 산물인 퀵 서비스 덕에 자장면과 햄버거를 안방은 물론 해변으로까지 시켜먹는 나라. 아, 〈대한민국〉이다.

PART 4

같은 영어, 다른 뜻

BUSINESS

Classic
Classic과 Classical

"세계적인 소프라노 조수미의 중국 공연이 취소됐다. 한국정부의 고고도미사일방어체계^{Thaad} 배치 결정을 계기로 점화된 중국의 한한령^{限韓令. 한류 금지령}이 클래식계까지 영향을 미친 것으로 보인다."

〈조수미, 중국공연 결국 취소…클래식계도 한한령 몸살〉 제하의 한국일보 기사다^{2017. 1. 25.} 조수미는 오는 2월 19일부터 중국 광저우 베이징 상하이에서 차례로 공연에 나설 예정이었지만 중국 정부가 비자발급을 거부함으로써 공연이 무산됐다. "그들의 초청으로 2년 전부터 준비한 공연인데 취소 이유조차 밝히지 않았다. 국가 간의 갈등이 순수 문화예술 분야까지 개입되는 상황이라 당혹스럽다"고 조수미는 말했다.

조수미뿐만 아니다. 3월로 공연이 예정되어 있던 한국을 대표하는 피아니스트 백건우의 비자도 거부되었다. 2016년 7월 13일 우리 국방부가 사드 배치 지역을 경북 성주로 확정 발표한 후 중국은 한한령을 앞세워 조직적으로 한류 문화 확산을 금지해 왔다. 한류 배우와 가수의 중국TV 출연 금지, 수지, 김우빈 중국 팬미팅 취소, 한중 전세기 운항 불허 등 노골적으로 한국을 겁박하고 있다.

이렇게 우리나라에 대한 중국의 압력은 전방위적으로 이루어지고 있다. 사드 부지를 제공한 롯데계열사의 안전검사와 세무조사, 한국기업의 전기차 배터리에 대한 보조금 제외조치, 한국산 화장품과 양변기에 대한 무더기 불합격 처분 등 집요하게 보복을 가하고 있다.

중국 정부의 통제로 유커의 방한도 크게 줄었다. 2000년 중국관광객은 44만에 지나지 않았으나 2015년에는 612만 명으로 폭발적인 증가세를 보였고 머지않아 '유커 1,000만 명' 시대가 가시화되고 있는 시점에 한한령이 터져 관련업계를 경악게 하고 있다.

오늘 우리가 문제 삼고자 하는 콩글리시는 클래식Classic이다. 우리는 누구나 클래식 하면 '고전음악'과 동의어로 생각하고 베토벤과 모차르트를 연상한다. 특히 7080세대에게 클래식은 '르네쌍스'와 동의어에 가깝다.

옛날에는 살기 어려웠다. 개인가정에 음향기기를 갖춘다는 것은 거의 불가능하였다. 1961년 필자가 장학금을 받아서 큰맘 먹고 장만했던 유성기가 '독수리표' 전축이었다. 이런 시절 음악학도와 애호가들에게 오아시스 역할을 한 곳이 고전음악감상실 '르네쌍스'였다. 복서 출신 박용찬朴容讚이 1951년 LP판 2천여 장을 갖고 대구 향촌동에 '르네쌍스'의 문을 처음 열었다가 1959년 서울 종로1가 영안빌딩 4층으로 옮겨 왔다. 지휘자 김만복, 임원식, 영화감독 신상옥, 배우 최은희, 그리고 음악도 정경화·정명훈 남매도 이곳의 단골이었다.

클래식이란 무슨 뜻인가? 흔히 고전古典으로 번역되는 이 말은 '옛날에 만들어진 것으로 오랜 시대를 거쳐 지금까지 높은 평가를 받고 있는 예술작품'을 가리킨다. 한 시대를 풍미하는 동시적인 음악을 팝Popular이라고 하고 시대를 초월해서 사랑을 받고 있는 통시적인 작품을 고전이라고 한다. 팝을 횡적橫的이라고 한다면 고전은 종적縱的인 것이라고 할 수 있다.

즉 클래식은 시간에 구애를 받지 않는 항구적인 것Something of lasting worth or with a timeless quality, 그리고 제일의, 최고의 품질, 등급等級, 또는 순위를 가진 것Of the first or highest quality. class, or rank을 뜻한다. 이런 Classic은 Classic car처럼 형용사로 쓰기도 하고 영문학의 Classic처럼 독립된 명사로도 쓰인다. '퓨어실크 바하마 클래식'에서 보듯 주요한, 오래된 등의 어미로 스포츠 행사의 이름에도 붙이고 있다.

영어로 Classic은 고전음악이 아니다. 고전음악은 Classical music이라고 써야 한다. 특정한 문화 양식, 특히 음악, 건축과 관련된 양식적 특징이나 고전적 정통, 곧 고전주의로부터 영감을 받은 작품을 가리킬 때는 'Classical'이라고 말해야 한다.

He plays classical music, as well as rock and jazz그는 록과 재즈는 물론 고전음악도 연주한다.

Classic에 붙는 말로는 Example/Case/Novel/Work/Car 등이 있고 Classical과 함께 쓸 수 있는 단어로는 Music/Ballet/Architecture/Scholar/Period 따위가 있다. 간단히 말하면 Classic은 그 분야의 최고 품질, 혹은 전형적인 사례를 뜻하고, 반면에 Classical은 고전주의적 전통 또는 고대 그리스 로마 문화와 연관된 작품을 지칭하는 용어로 쓴다.

한가하게 클래식 타령만 하고 있을 때가 아니다. 사드를 둘러싼 국내외 상황이 위급한데 외교 명장 서희徐熙는 어디 있는가?

Condition
컨디션 나쁠 때는 기 치료를

"우리 국민들은 제대로 쉬지 못하고 있다. 행복한 삶에는 일을 통한 성취감과 함께 즐거운 휴식이 있어야 한다. 질 좋은 휴식은 근로 생산성도 높일 수 있다. 정부뿐만 아니라 기업과 가정, 개개인 모두가 여가를 잘 활용하는 방법과 지혜를 모아야 한다." 서울신문, 2017. 1. 14

주5일 근무제가 도입된 지 10년이 훌쩍 넘었는데도 오히려 제대로 쉬지 못하는 국민은 늘어나고 휴일 여가시간은 10년 전에 비해 30분이나 줄었다고 한다. 그러니 대통령이야 서류 들여다보랴, 국정을 챙기랴 얼마나 피곤할까. 보도에 따르면 대통령은 세월호 참사 당일 '신체 컨디션'이 좋지 않아서 오전 내내 '서류와 씨름하며' 관

저에 머물렀다고 한다. 김기춘 전 비서실장은 국회 증언에서 "대통령은 관저에 있든 집무실에 있든 계신 곳이 곧 집무실"이라고 말했다. 유비쿼터스Ubiquitous시대에 딱 맞는 답변이다. 언제 어디서나 장소에 상관없이 자유롭게 네트워크에 접속할 수 있는 요즘, 집에 있든 사무실에 있든 집 밖에 있든 일 처리가 가능하기 때문이다.

1984년은 UN이 정한 '세계 커뮤니케이션의 해'였는데, 이때 필자는 연세대에서 국내 최초로 개설한 '뉴 커뮤니케이션'이란 과목의 강의를 하였다. 미래에는 뉴미디어 덕택에 재택근무Telecommuting가 일반화될 것이라고 강조한 바 있는데, 30여 년이 지나서 대통령이 '재택在宅근무'의 선도자가 될 줄은 몰랐다.

신체 컨디션이 좋지 않으면 무슨 조치를 취해야 한다. 영양주사를 맞든지 감초 주사를 맞든지 사람들은 저마다 해결책이 있을 것이다. 주사 아줌마가 등장하더니 뒤이어 기氣 치료 아줌마가 들락거린 일 역시 청와대는 프라이버시 영역이라 주장한다. 태반주사나 미용주사에도 시비를 걸 생각이 없다. 최순실 덕에 국민들의 의료지식은 크게 늘었고, 안면마비에는 봉침蜂針이 좋다는 것까지 알게 되었으니 대통령은 '대체의학代替醫學' 발전에 기여한 게 아닌가. 비선 의사나 최순실 그리고 미용사나 주사 아줌마는 청와대 검문 없이 뒷문으로 몰래 드나들어 보안손님이란 신조어를 낳았다. 국립국어원은 새 용어 정의에 바쁘다.

보안손님: 검문 없이 뒷문으로 청와대를 출입하는 사람

의무동: 청와대 안에 있는 대통령 전용 진료소

의무실: 청와대 근무하는 일반 직원을 대상으로 하는 진료소

이렇게 대통령은 윤택한 국어생활에도 일조하였다. 또한 박 전 대통령은 길라임 주사와 줄기세포 치료에 앞장서서 '첨단尖端의학' 발전에 이바지하였다. 길라임 주사란 무엇인가? 강력한 안티에이징 및 미백, 체중조절 그리고 피로회복에 도움을 주는 3가지 영양 주사를 묶어서 부르는 이름인데, 태반주사, 백옥주사, 슈퍼신데렐라주사다. 또 최순실과 김기춘 등이 차움병원에서 받았다고 알려진 줄기세포 치료는 노화방지 등에 도움을 준다고 하는데, 2016년 6월 체세포 배아 줄기세포 연구를 위해 조건부 허가된 것이다.

이렇듯 패션, 머리, 미용에 유난히 관심이 많은 대통령이 리프팅Lifting을 외면할 리가 없다. 리프팅은 수술 없이 간단한 방법으로 동안童顔을 만드는 '쁘띠 시술'이다. 필러, 보톡스와 함께 리프팅이 여성의 관심을 끈다. '녹는 실'을 이용하여 얼굴, 복부, 팔 등의 늘어진 부위를 탄력 있고 자연스럽게 복원시키는 것이 실 리프팅이다. 과연 박 전 대통령은 '성형成形왕국'의 여왕답다.

우리는 보통 '몸의 건강이나 기분 따위의 상태'를 컨디션이라고 하지만, 영어 Condition은 병이 있거나 치료가 어려운 상태이거나 의학적으로 신체에 문제가 있음을 암시한다. State는 정신적 상태를 가리키지만 Condition은 'The patient is in critical condition^{환자가 위독하다}처럼 '신체상의 문제, 곧 아픈 상태나 병'을 뜻한다. 그러므로 오늘 컨디션이 나쁘다는 표현은 'I don't feel well today', 'I'm not in good shape today' 등으로 말해야 한다.

대통령의 사생활은 제한적이다. 관저에 있었느냐, 집무실에 있었느냐는 중요하지 않다. 세월호의 절체절명 위기상황에서 아무 일도 하지 않았다는 것이 문제일 뿐이다. 밀애설, 성형설 등 온갖 풍문에 맞서 왜 스스로 '실종 7시간'을 떳떳이 밝히지 못하는가? 대통령을 보좌하는 총리, 안보실장, 안전행정부장관, 해양경찰청장은 이 시간에 무얼 하고 있었는가? 이들에게도 엄중한 책임을 물어야 하지 않을까.

Cunning

커닝, 대학의 명예와 양심

한 사람의 일생은 어떻게 보면 시험의 연속이다. 우리나라처럼 고도 경쟁사회에서 시험 점수는 인생의 행로를 결정짓는 분기점이 되고 있다. 각급 학교 교실에서 치러지는 여러 가지 시험은 말할 것도 없고 대입고사, 각종 고시, 취직시험이 개인의 팔자를 결정한다. 아무리 '시험에 들지 말게 해 달라.'고 기도해도 목전에 닥친 시험을 피할 방법은 없다.

만인이 만인의 적이 된 사회에서 인간은 '점수기계'가 되어 가고 대학과 직장과 인생이 서열화되고 있다. 조선시대 과거시험에서도 커닝 사건은 종종 있었다. 다른 사람을 고용해 대리 시험을 보게 한다든가 옆의 사람의 답안지를 베낀다든가 시험지를 바꿔치기 하는 수법이 동원됐다. 발각되면 곤장 100대, 3년간 중노동,

유배 또는 영구 응시자격 박탈 등 엄한 처벌을 받았다. 하지만 취업과 유학에 유리하도록 학점을 후하게 주는 '학점인플레' 현상이 나타난 것은 우리 대학의 오랜 병폐고 시험 시간의 커닝은 물론 과제물의 베끼기와 짜깁기 행위도 생각보다 심각하다.

서울대가 자연대학을 시작으로 명예 규율인 코드Honor code를 도입한다고 밝혔다. 아너 코드란 구성원들이 단체의 명예를 위해 반드시 지켜야 할 기본적인 준칙을 뜻한다. 한국경제, 2017. 2. 14

아너 코드는 시험 부정행위나 논문표절, 데이터 위·변조 등 학문의 정직성을 훼손하는 모든 행위를 하지 않겠다는 일종의 맹세다. 아너 코드의 핵심은 감독 없는 시험이다. 각종 시험 때마다 별별수법이 다 동원돼서 답안지를 보고 베끼는 사례가 적지 않다. 교실 안의 책상이나 벽에 예상 문제의 답을 미리 써놓는다든지 커닝 페이퍼를 준비해 오는 것은 고전적 수법에 속한다.

You're not allowed to look at answers – that's cheating.
답을 보면 안 됩니다. 그건 커닝입니다.

커닝이란 말은 아주 옛날부터 쓰여서 우리말로 뿌리를 내렸지만 '교활하다'는 뜻을 가진 커닝Cunning은 시험의 부정행위를 가리키지 않는다. '시험을 치를 때, 미리 준비해 온 답이나 남의 답지를 감독 몰래 보고 쓰거나 베낌'이라고 우리 사전은 커닝을 풀이해 놓았지만, 이를 표현하는 진짜 영어는 Cheating이다.

The teacher caught a student cheating in the examination 선생님은 커닝하는 학생을 잡아냈다.

물론 치팅은 시험뿐만이 아니라 경마나 게임, 도박 등에서 속이는 것과 같은 사기와 기만행위도 가리킨다. 학생들 사이에서 커닝이란 의미로 Cribbing이란 말도 쓴다. 커닝 페이퍼는 Cheating clip이라고 번역할 수 있을 것이다. 그러나 치팅은 다음과 같은 의미로도 쓰인다.

My daughter-in-law is telling people that she is cheating on my son 며느리가 사람들에게 자신이 바람을 피우고 있다고 떠들고 다닌다. – ⟨Dear Annie⟩ 중

감독 없는 시험을 아너 시스템 Honor system이라고 한다. 우리나라에서 아너 코드를 가장 먼저 도입한 곳은 사관학교다. 육군사관학교는 1984년 이래 육사의 명예와 전통을 지키고 신입생도들의 사관생도로서의 자긍심과 명예심을 고양하기 위하여 매년 명예의식을 갖고 있다. 공사의 경우도 다음과 같은 서약을 하고 있다.

1. 거짓말하지 않는다. 2. 부정행위 하지 않는다. 3. 부당한 취

득을 하지 않는다. 4. 위 사항 위반 행위를 묵인하지 않는다.

미국 대학교의 아카데믹 아너 코드는 1736년 윌리엄&매리 대학에서 처음 시작되었다. 교수진과 학생들이 전적으로 상호 신뢰할 수 있는 학문의 장을 만들기 위해 교칙 준수를 강조하고 윤리성을 확보하며 무감독 시험의 시행을 도입하였다. 윌리엄&매리 대학은 학교와 개인의 생활에 있어서 거짓말하거나 시험 부정행위를 하거나 또는 절도 행위를 함으로 명예를 실추시키는 일이 없도록 할 것임을 서약한다. 한편 "나는 대학의 정직과 책임의 원칙을 준수할 것을 맹세한다." 이건 텍사스 주립대학의 윤리규율이다.

서울대가 이제야 아너 코드를 도입한다니 만시지탄이다. 교수와 학생 사이에 불신의 골이 얼마나 깊었으면 지금까지 명예의 헌장을 외면해 왔을까 부끄러운 일이다. 연구 실험 윤리가 중요한 자연대에 우선적으로 아너 코드를 마련하고 점차 다른 단과대로 확대해 나아갈 계획이라고 하지만 부정행위는 실험조작 외에도 논문표절, 짜깁기, 통계조작 등 어디서나 생길 수 있다. 서울대의 명예와 긍지를 위해 '전면적으로' 그리고 '즉각적으로' 도입하는 것이 옳지 않을까.

Diet
국회를 다이어트로 바꿔라

"누가 이렇게 술을 권했나요?"

"이 사회란 것이 내게 술을 권했다오."

'술 권하는 사회'가 현진건玄鎭健의 시대에만 있었던 게 아닌 모양이다. 하기야 1920년대의 사회 부조리와 모순된 현실은 지금도 계속되고 있으며 많은 젊은이들은 여전히 좌절과 부적응을 겪고 있다. 2017년 1월 20일자 중앙일보는 오늘의 젊은이들을 두고 '실신시대'의 비극으로 표현하였다. 실신은 실업과 신용불량을 줄인 말이다. 경기침체와 정치혼란 속에 술, 담배, 로또 등은 여전히 호황을 누리고 있다.

"정부가 지난해 술, 담배, 도박 등 사회에 부정적 영향을 끼치는 산업에 매긴 일명 '죄악세罪惡稅, Sin tax'가 20조 원에 육박하는 것으로 나타났다."동아일보, 2017. 1. 17

죄악세는 술, 담배, 도박, 경마 등 사회적으로 바람직하지 않은 것들에 부과되는 세금을 말한다. 나라에 따라서는 설탕이나 탄산음료, 또는 마리화나와 코카인 등에도 부과한다. 다른 이름은 악행세다. 이런 죄악세로 거둬들인 우리나라 국고수입이 갈수록 늘어나고 이에 대한 세수의존도가 너무 높아 문제다. 기획재정부와 국세청에 따르면 담뱃세와 주세, 사행산업 세수와 복권 수익금 등으로 지난해 거둬들인 세금 및 기금 수입이 무려 19조 6천억이 넘는다고 한다.

사회가 어지러울수록 술 소비가 늘어난다. 경기가 침체될수록 복권 판매가 늘고 경마장 출입인구가 증가한다. 그래서 술, 담배, 도박을 '불황형不況型 상품'이라고 부른다. 장기 경기침체가 가져온 또 다른 현상은 텔레비전에서 '먹방', '쿡방'의 폭발적 인기다. 이 열풍을 부채질한 것은 '웰빙' 바람과 '혼족'의 증가 그리고 대리만족 효과인 것 같다. 인스턴트 식품이 범람하고 정크 푸드가 넘쳐나는 요즘 오가닉Organic이니 친환경이니 하는 자연식품에 대한 관심이 커졌고 혼족이 늘면서 집밥에 대한 잠재적 욕구가 높아졌다. 〈수요미식회〉, 〈3대 천왕〉, 〈먹거리 X파일〉, 〈맛있는 녀석들〉을 보면서 고독한 혼족들은 위안을 받는다.

그러나 마음껏 먹고 마시고 즐기고 나면 무슨 문제가 생기는가. 비만이다. 특히 고도비만이 사회적 문제가 된다. 고도비만의 위험은 대사증후군이 나타난다는 것이다. 복부비만과 관련해 고혈압, 당뇨병, 고지혈증, 심혈관 및 뇌혈관 질환 등 성인병 증세의 위험이 동시다발적으로 나타나는 상태를 대사증후군이라고 한다.

이제 새로운 결심을 할 차례다. '운동하고 다이어트하자.' 특히 정초正初가 되면 누구나 새로운 다짐을 하게 된다.

"케이크 좀 시식하시겠어요?"Would you like to sample our cake?
"됐어요. 다이어트하고 있어요."No thanks. I'm on a diet.

물론 'I'm counting calories칼로리에 신경 써야 해요'라는 표현도 같은 뜻이다.

오늘 시비의 대상은 다이어트Diet다. 결론부터 말하면 체중을 줄이기 위해 적게 먹고 열심히 운동하는 것을 다이어트라고 하지만, 살 빼기뿐 아니고 체중을 늘리기 위한 식이요법도 다이어트라고 한다. 또 하나, 운동으로 살 빼는 것을 간혹 다이어트라고 하는 사람도 있지만 이건 잘못된 표현이다. 영어 Diet는 음식, 식단, 식이요법, 식생활 등의 뜻을 갖고 있지 '체중 감량'을 의미하지는 않는다. 예컨대 저열량 식사Low-calorie diet라는 말이 있듯 고지방 식사High-fat diet라는 말도 있지 않은가. 다이어트는 살 빼기 위한 식사 외에도 체중을 늘리기 위한 식사, 현상 유지를 위한 식사, 병을 고치기 위한 식이요법 등을 모두 가리킨다.

19세기 영국 빅토리아 여왕 시절 귀족들은 항상 산해진미山海珍味의 좋은 음식을 많이 먹고, 운동은 거의 하지 않아 비만과 성인병이 매우 심각했다. 1863년 장의사 윌리엄 밴팅William Banting이라는 사람이 '비만 퇴치법'를 발표하며 "매일 자기에게 필요한 식량을 정해두고 먹으면 식비를 절약하고 성인병을 예방할 수 있다"고 주창하여 큰 호응을 얻었다. 여기서 다이어트는 '매일 꼭 먹어야 할 음식의 양'을 의미하게 됐다.

덴마크, 스웨덴, 핀란드, 헝가리, 리히텐슈타인, 독일 등 게르만 후예의 나라와 일본에서는 국회를 Diet라고 부른다. Diet의 뿌리가 Day하루, Daily매일, Diary일기와 같듯이 국회가 국민들의 일상생활, 곧 민생民生을 다루는 곳이라는 데서 이런 이름이 생겨났다. 개점휴업 상태인 우리 국회National Assembly도 Diet로 개명을 하면 좀 나아질 수 있을까.

Egg fry

에그 프라이 좋아하세요?

고급식당에 가면 Dining room으로 곧장 들어가지 않고 Bar에 앉아 손님을 기다리게 된다. 여기서는 가벼운 칵테일을 한잔하면서 시간을 보낸다. 때로는 매니저가 와서 "식전주 한잔하셔야지요" 하고 권유한다. 밥 먹기 전에 입맛을 돋우기 위해 마시는 샴페인이나 로제가 식전주다. 고급 호텔의 식당에선 샴페인 한 병 값이 4, 50만 원 하는 경우도 있다. 입맛 돋게 하는 식전주가 입맛을 쓰게 만든다. 이런 Bar에서는 다음과 같은 질문을 많이 받게 될 것이다.

What kind of drink would you like?무슨 음료를 드릴까요?

What do you care for?무엇을 드시겠습니까?

다이닝 룸으로 자리를 옮긴 뒤부터 선택의 고민은 가중된다. 그냥 코스요리를 주문해도 선택지는 간단하지 않다.

1) 뭘 드시겠습니까?
2) 전채前菜는 무엇으로?
3) 샐러드는 무엇으로?
4) 스프는 무엇으로?
5) 메인 요리는 무엇으로?
6) 고기는 얼마나 익힐까요?
7) 겨자 소스나 민트는 필요한지?
8) 메인에 곁들이는 감자는?
   Mashed짓이긴 감자, Baked구운 감자, or French fries튀긴 감자
9) 후식은 무엇으로?

마지막 질문에서 만약 아이스크림을 선택하면 또 묻는다. 딸기, 바닐라, 초콜릿 혹은 그 외의 몇 가지 가운데서 하나를 골라야 한다. 고급 요리의 후식에는 보통 치즈와 브랜디가 나오는데 그 종류도 몇 가지나 된다. 격식을 차려야 하는 비즈니스 만찬 자리에선 좌불안석이 되기 쉽다.

언젠가 벨기에 브뤼셀에 갔다가 언론사 고위인사의 저녁 초대를 받았다. 송아지 요리를 먹었던 기억이 지금도 새로운데, 술이 4가지 등장하였다. 로제Rose: 엷은 핑크빛 와인가 식전주로 나오고 전

채에는 White wine, 메인 요리에는 Red wine 그리고 후식 때 Brandy가 나왔다. 어떻게 보면 대접받기도 쉽지 않은 세상이다.

오늘 주제는 테이블 매너가 아니라 Fry요리다. 고등어를 굽든가 에그 프라이를 할 때 발생하는 초미세먼지가 여성 폐암의 원인이 된다고 해서 집집마다 비상이 걸렸다. 창문을 열어놓으면 별 문제 없다고 하지만 한동안 생선가게가 파리를 날리게 되지 않을까 걱정이다.

아침식사에 빼놓을 수 없는 것이 계란요리다. 계란은 완전식품이다. 계란을 어떻게 요리해 먹는가? 보통은 에그 프라이Egg fry를 선호한다. '프렌치프라이'는 보통명사가 됐지만 '에그 프라이'는 Broken English다. Fried egg라고 해야 한다. 한편 계란을 요리해서 먹는 데도 여러 가지 방법이 있다.

You want them sunny side up or down?
계란 프라이를 양쪽으로 다 익힐까요, 반쪽만 익힐까요?

I like my eggs sunny side up. 한쪽만 익혀 주세요.

How do you like your eggs?달걀요리를 어떻게 할까요?

I'd like mine scrambled. 스크램블로 해주세요.

한쪽만 익히면 Sunny side up, 뒤집어 양쪽을 익히면 Over

뉴스와 콩글리시

easy라고 한다. 그럼 반숙 에그 프라이는 뭐라고 해야 할까? Lightly fried egg다. 보통 삶은 계란Boiled egg과 흰자와 노른자를 서로 섞어 익혀낸 계란 요리Scrambled egg는 미리 준비를 해두지만, 에그 프라이와 오믈렛Omelette 그리고 수란Poached egg은 별도 주문을 해야 한다. 오믈렛의 종류는 Plain, Mushroom, Ham, Cheese, Kidney, Spinach 등 많이 있다. 호텔 식당에서는 오믈렛을 위해 온갖 재료를 미리 준비해놓고 뭘 원하느냐고 묻는다. Everything 또는 Combination이라고 말하면 골고루 넣어서 조리해 준다.

감자 역시 아주 중요한 식재료다. 구워서 먹고 삶아서 먹고 감자 전, 스프, 크로켓, 해시브라운스 등 다양하게 쓰인다. 감자요리 중에서도 가장 인기 있는 게 프렌치프라이French fries다. Fry란 무슨 뜻인가? 'To cook in a pan over direct heat, usually in a hot fat^{뜨거운 기름에 튀긴다}'는 말이다. 다만 복수 Fries는 Fried potatoes^{튀긴 감자}와 같은 뜻이 된다. 영국에서는 튀긴 감자를 뭐라고 부르는가? Chips다. 영국을 대표하는 요리가 바로 Fish and chips 아닌가. 영국, 호주, 남아공, 아일랜드 등에서는 프렌치프라이를 Shoestring fries^{구두끈 프라이}라고 부른다.

왜 감자튀김이 French fries가 되었을까? 1802년 미국 3대 대통령 토마스 제퍼슨이 백악관 만찬에 프랑스식으로 요리한 감자 ^{Potatoes served in the French manner}를 처음 내놨다고 한다. 그 뒤 1856년 어떤 요리책에 French fried potatoes란 표현이 처음 등장하였고 이후 이는 얇게 썬 감자를 끓는 기름에 튀겨서 소금을 쳐 양쪽이 노랗게 익은 감자요리를 가리키게 됐다. 무엇보다 프렌치프라이가 대중음식으로 자리 잡는 데 크게 기여한 것은 McDonald's, Burger King, Wendy's와 같은 Fast food chain이었다.

나는 감자요리 중에서도 Hash browns를 제일 좋아한다. 감자를 채 치듯 썰어서 사각모양으로 혹은 동그랑땡처럼 만들어 버터와 오일을 두른 팬에 갈색으로 구워낸 게 해시 브라운스다. Hash 는 잘게 쓴다는 의미고 Browns는 노랗게 굽는다고 하여 생긴 이름이다. 글로벌시대에 '세계시민'이 되려면 테이블 매너도 갖추어야 하지 않을까?

Golden time
골든타임과 골든아워

　박근혜 전 대통령이 2016년 재임 중 "경제 활성화를 위한 골든 타임이 얼마 남지 않은 상황에서 구조개혁과 경제 활성화를 위한 핵심법안이 국회에서 통과되지 않아 속이 타 들어가는 심정"이라 며 노동개혁 5개 법과 서비스산업발전기본법^{서비스법}, 기업활력제 고특별법^{원샷법} 제정안 중 핵심법안의 연내 처리를 거듭 호소한 바 있다. 대한상의 회장단을 만난 자리에서 피력했던 대통령의 절박 한 심정을 이해하는 사람이 많았을 것이다.

　그러나 골든타임^{Golden time}이란 말이 정말 맞는 표현인가? 골든 타임이란 영어 표현은 있지만 법을 통과시킬 적기^{適期}라는 뜻을 갖 고 있지는 않다. 차라리 Golden opportunity라고 했으면 영어 어 법에는 더 맞았을 것이다.

Economists say that now is the golden time to take measures to stimulate consumption at a time^{경제 전문가들은 지금이 소비를 진작시킬 적기라고 말한다.}

우리는 별 생각 없이 영어기사에서도 콩글리시 Golden time을 마구 쓰고 있다. Golden time이 널리 쓰이기 시작한 것은 2014년 4월 16일 세월호 참사 이후이다. 배가 완전 침몰해서 많은 사람들이 목숨을 잃게 되기 전에 적절한 구호조치를 했으면 아까운 인명의 손실을 줄일 수 있었을 것이다. 당시 많은 미디어가 구조할 수 있는 '골든타임'을 놓쳤다고 질타하였다.

이때의 Golden time은 Golden hour라고 말해야 한다. Golden hour는 원래 의학용어로서 '사고 이후 처음 치료받을 때까지 소요된 시간'을 의미하였다. 외상을 입었다든가 목숨이 위태로울 때 예컨대 Severe trauma, 특히 Internal bleeding, 긴급히 의학적 조치를 취해서 생명을 살릴 수 있는 1시간 이내의 시간을 Golden hour라 이름하였다. 미국 메릴랜드대학 외상센터 소장이었던 카울리^{R Adams Cowley} 박사는 군의관으로 일하면서 이 개념을 처음으로 발전시킨 사람이다. 그는 세계 1차 대전 시 프랑스 군대의 자료에서 Golden hour의 중요성을 발견했다.

"환자에게는 생과 사를 가르는 '황금시간'^{Golden hour}이 있다. 심각한 부상을 입게 되면 60분은 생존하게 된다. 바로 죽지 않고 때로는 3일이나 2주도 견딜 수 있다. 그러나 늦으면 회복할 수 없게 된다."

Cowley 박사의 말이다. 대부분의 의사들은 응급조치가 늦는 것은 바람직하지 않다고 생각하지만 Golden hour에 과학적 근거가 부족하다는 일부 의견도 있다. 한 시간씩이나 기다릴 수 없는 위급상황 역시 얼마든지 있다. 심장이 멈췄을 때 심폐소생술CRP은 발생 후 5분 내에, 늦어도 10분 이내에 행해야 하고 교통사고 시 앰뷸런스는 5분 내에 현장에 도착해야 하고 뇌출혈, 뇌경색의 경우 3시간 내에 병원에 이송돼야 한다. 블레드소Bryan Bledsoe 박사는 위급한 환자를 구하는 데 '요술시간Magical time'이 따로 있는 것은 아니라고 하였다. 한편 사진용어로 Golden hour는 해가 중천에 떠 있을 때와는 달리, 햇빛이 보다 붉고 부드럽게 변하는 일출 또는 일몰 직전의 짧은 시간을 가리킨다.

Golden time은 Golden days, Golden era 그리고 Golden age처럼 황금기나 전성기를 뜻하지, 긴급구호의 최적 시간을 뜻하지는 않는다. 골든타임은 일본을 통해서 수입된 것으로 짐작되지만 정작 일본에서는 엉뚱한 뜻으로 쓰이고 있다. 곧 Golden hours꿈 같이 행복했던 시간와 같은 뜻으로 쓰기도 하며, 텔레비전 편성의 황금 시간대를 말한다. 저녁 7시에서 9시의 Prime time을 일본에서는 Golden hour라고 불러서 외국인이 쓴 책 속에서도 일본 방송을 이야기하는 대목에는 이 표현을 그대로 사용하고 있다. 따라서 '절호의 기회'라면 Golden opportunity라고 해야 하고, '긴박한 사고가 났을 때 인명을 구하기 위한 초반의 중요한 시간'의 뜻으로는 Golden hour를 써야 맞다.

세월호 참사 이후 교회 개혁에도, 세금 징수에도, 소방차 길 터주기에도 골든타임이 있다고 말한다. 이럴진대 국정개혁엔들 왜 골든타임이 없겠는가? 법과 정책이 적시에 마련돼야 청년 실업도 해소하고 일자리 창출도 가능해진다면 Golden time을 놓치지 말아야 한다. 이게 무능한 국회 책임인가, 분열되는 야당 탓인가, 아니면 국회선진화법 때문인가. 궁극적인 모든 책임은 국정의 최고 책임자가 질 수밖에 없다.

Grand open
무지는 용감하다

서울 테헤란로를 지나가다 보면 대우건설 주택전시관 입구에
대문짝만 하게 써 붙인 안내판을 볼 수 있다. "푸르지오 Grand
Open!" 견본주택이 문을 열었으니 와서 구경하라는 뜻임은 누구
나 알 것이다.

가게나 시설이 문을 열 때, 곧 개점이나 개장의 의미로 그랜드
오픈을 흔히 쓰고 있다. Grand를 쓰는 것은 대규모의, 또는 전면
적인, 화려함을 나타내기 위해서인데 뒤에 오는 Open이 문제가
된다. Open의 사전적 뜻은 다음과 같다.

1. 형용사로 열린, 개방된, 넓은, 비어 있는 등의 뜻이 있다.
2. 명사로서 빈터, 광장, 바깥 등을 가리킨다.

3. 동사로서는 열다, 공개하다, 개업하다를 의미한다.

따라서 Open 자체에는 개업, 개장, 개막의 의미가 들어 있지 않다. Grand open은 '넓은 바깥'이나 '큰 뜰'을 의미할 뿐이다. 개장, 개업, 개막의 뜻으로는 Open이 아니라 반드시 Opening이라고 써야 한다. 'Grand opening'이 올바른 표현이다.

골프를 좋아하는 사람들은 오픈이라고 하면 디 오픈The Open을 떠올린다. Open에 정관사 The를 붙여서 명사로 쓴 예인데, 원래 대회 명칭은 디 오픈 챔피언십이지만 줄여서 디 오픈이라고 부른다. British Open으로도 칭하는 이 대회는 세계에서 가장 오래된 골프장인 세인트 앤드루스에서 매년 열리는 세계 최고最古의 대회로 메이저 4개 대회마스터스, PGA챔피언십, US오픈, 디 오픈의 하나다.

도산공원 4거리 호암미술관 길 건너 맞은편에 위치한 BJ빌딩 1층에 '오페라 갤러리'가 있었다. 지난달 라울 뒤피Raul Dufy와 베르나르 뷔페Bernard Buffet전展 개막식에 초대를 받아 참석하였다. Opening ceremony는 대체로 테이프 커팅이것도 엉터리 영어다. Ribbon cutting ceremony라고 해야 한다 뒤에 초청 인사들이 그림을 둘러본 후 간단한 행사가 열리는 식이다. 이날은 뉴코리아필의 콰르테 연주 속에 권기찬 회장의 인사말, 주한 프랑스 대사의 축사, 배우 안성기, 정상명 전 검찰총장의 축사에 이어서 심장내과의 세계적 권위 이종구 박사의 작품 해설이 있었다. 이처럼 그랜드 오프닝이나 오프닝 세

레모니는 시설물이나 행사의 성격에 따라서 파티의 규모와 내용
이 정해진다.

A ceremony to celebrate the start of a public event or the
first time a new building, road, etc. is used<sup>공공 행사의 개막이나 신
축 빌딩, 도로 등의 개통을 축하하는 기념식</sup>.

옥스퍼드 사전은 Opening을 이렇게 설명하고 있다. 예를 들면
주유소나 가게의 개점을 알리는 오프닝에는 풍선과 치어걸<sup>우리는 이
들을 행사모델이라고 부른다</sup>이 등장하고 지나가는 손님들에게 간단한 기
념품을 나눠준다. 좀 규모가 크면 음식, 음악, 경품, 고무풍선, 폭
죽 그 외 안내자료 등을 배부한다. 아주 규모가 큰 행사일 경우
는 Ribbon cutting ceremony에 앞서 보통 기자단 초청행사<sup>Media
previews</sup>를 갖는다.

재미있는 것은 대규모의 행사이거나 복합 시설물의 경우 한꺼번
에 문을 열지 않고 단계적으로, 또는 시험적으로 개장하는 경우도
있다는 것이다. 운영, 절차, 시설을 테스트할 겸 부분적으로 열 때,
이를 'Soft opening' 혹은 'Soft launch'라고 한다. 론치^{Launch}나
론칭은 로켓의 발사^{發射}나 배의 진수^{進水}를 뜻하는데, 광고업계에
서는 신제품의 출시^{出市}를 가리킨다.

골프장의 사례를 보자. 정식 개장을 앞두고 반드시 그린피가 면
제되는 시범 라운드를 시행하고 있다. 초대받은 사람^{입회자}과 입소

문By word of mouth을 듣고 찾아온 손님만 받는다.

소프트 오프닝을 법으로 정해놓은 예도 있다. 영국에서는 새로 스타디움을 건설하면 본격적으로 사용하기에 앞서 수용인원보다 적은 사람들을 초대해서 세 번을 시범 운영토록 규정하고 있다. 운동장의 문제점을 사전에 찾아내는 데에 그 목적이 있다.

집에 사람을 초대하는 것을 Open house라고 한다. 학교나 공공 기관을 방문해서 그곳 업무를 살펴보는 것 역시 오픈 하우스라고 한다. 미국에 살고 있을 때 한 교수가 오픈 하우스를 하였다. 10여 명의 학생들이 초대를 받았는데, 파티 3시간 전부터 부엌을 개방 한다고 알려주었다.

부엌을 빌려준다는 말을 처음에는 잘 이해하지 못하였다. 이는 참석자들이 한 가지씩 음식을 지참해서 오는 모임으로 먹을 것을 사오든가, 아니면 음식 재료를 갖고 와서 교수댁에서 만들라는 취지였다. 소위 파틀락Potluck 파티다.

파틀락은 손님이 각기 지참해서 서로 나눠먹는 음식A meal to which each guest brings food, which is then shared out among guests이다. 요즘 오픈 하우스가 사라졌다. 서로 만나 음식을 나누는 것은 아름답다. 새 봄에 파틀락으로 손님을 맞이해 보자.

Healing

힐링 열풍은 병든 사회의 반증反證

지난 5월 17일 서울 강남역에서 조현병調絃病: Schizophrenia으로 여섯 차례나 입원한 적이 있는 30대 남성이 20대 여성을 살해하는 사건이 발생했다. 경찰은 이번 사건을 조현병 환자인 김 모 씨가 여성들에게 괴롭힘을 당한다는 망상 때문에 저지른 묻지마 범죄Random crime로 결론을 내렸다. 한국경제, 2016. 5. 28

스키조프레니아 - 정신분열증이다. 말, 행동, 감정, 인지 등 여러 분야에서 복합적인 증상이 나타나는 정신질환 이름이다. 이 병에 걸리면 사람의 말소리와 같은 환청이 들리고 이러한 환청이 환자의 행동을 일일이 간섭하거나 욕을 하게 만들고 특정 행동을 유발하게 된다. 또 없는 것이 보이는 환시, 없는 것이 만져지는 환촉 등 신체 착각 증세도 나타난다. 망상은 이해할 수 없는 것을 믿는 증상으로 누가 나를 감시하거나 미행하고 있다고 믿든가 나를 도청하고 있으며 몰래 카메라에 찍히고 있다는 등 정신적 혼란에 빠진다. 심하면 내 밥에 독약을 넣었다고 하는 예도 있다. 지난해 조현병으로 치료받은 환자가 10만 명이 넘었는데 의료계는 실제 환자의 수가 50만 명이 넘을 것으로 추산하고 있다.

지금 우리 사회는 거대한 하나의 정신병동이다. 그 반증의 하나가 힐링Healing 열풍이다. 신문의 기사와 광고에 힐링은 가장 매력적인 소구점訴求点이 되었고, 텔레비전의 히트 프로그램 이름은 〈힐링 캠프〉였다.

〈더 스타 휴는 자연 친환경 힐링 리조트로 골프장 이용혜택까지 누리는 게 특징이다〉
〈몸과 마음을 치유하는 힐링 여행, 명사와 함께하는 한일 크루즈〉
〈아름다운 자연환경과 문화향기까지 더해 한층 풍요로워지는 힐링 여행을 떠나자〉

이와 같이 도처에 힐링이 대세다. 최근 동아일보는 '맑은 공기 마실 수 있는 서울 도심 속의 힐링 공간이 시민들의 인기를 끌고 있다.'며 숲속의 휴식을 '초록 힐링'으로 표현했다. 드디어 힐링도 색조를 띠기 시작했다!국내 4대 힐링 명소, 그곳에 가면. 게다가 Healing food까지 나온다고 하니 입원환자를 위한 치료식인가.

〈첨가물 빼고 영양 더하고… 힐링 푸드, 소비자 입맛 잡았다〉^중 _{앙일보. 2013. 12. 30}

거대한 정신병동에 살고 있는 현대인은 힐링 쇼핑몰에서 장을 보고 힐링 세차를 한 뒤 힐링 여행을 떠나, 힐링 리조트에서 자고 힐링 골프를 치고 힐링 공간에서 힐링 푸드를 먹으면서 힐링 Talk 를 한다. 많은 이들은 힐링 메이트와 힐링 스파를 하면서 힐링 음악을 듣고 힐링 타임도 갖고 싶은 모양이다. 힐링 열풍의 끝판왕은 아무래도 '힐빙'일 것 같다. '힐빙', Healing과 Wellbeing의 합성어다.

"힐빙이란 치유를 통한 건강한 삶을 의미하는데 사회 전반의 문화적 현상으로 자리잡았다."_{한경. 2013. 5. 27}

힐빙, 기발하다!

또한 힐링에는 시간과 장소의 경계가 없다. 〈80세 노인도 20대 청년이 되는 곳: 건강한 땅, 힐링의 섬 하이난〉이란 광고는 세계 장수마을 청마이澄邁를 한번 찾으면 10년이 젊어진다고 유혹하고 있다. 마침내 힐링은 섬과 바다, 관광지와 리조트를 지나 절간까지 접수했다. 월정사는 '힐링하는 수행 공간'이 된 지 오래고 텃밭이나 한옥도 '나만의 힐링 공간'으로 자리매김하였다.

My burns were healed after six months내 화상은 여섯 달 후에 나았다.

His comfort healed my sorrow그가 위로해 주어 내 슬픔이 사라졌다.

이처럼 Heal 역시 병을 고친다는 뜻이지만, Cure와 달리 절상
Cut이나 상처Wound를 낫게 한다는 뜻이 강하다. Healing은 Heal
의 명사형으로 치료, 치유, 회복인데 형용사로도 쓰인다. Healing
art의술, Healing power치유능력가 형용사적 용법의 예다.

서울대에는 '힐링 강의'까지 생긴 모양이다. 〈서울대생 자살 그
만! 교수들 힐링 강의〉 조선일보 기사다2016. 5. 24. 행복이나 생명
같은 다소 철학적인 주제의 신규 강좌가 개설되는 것은 각종 스트
레스 때문에 심리적 고통을 호소하는 서울대생이 2012년 5,550건
에서 지난해 7,122건으로 3년 만에 28% 늘어난 탓이다. 이 중 97
건이 자살과 관련된 것이었다.

최고의 수재들이 모인 서울대조차 정신적으로 건강한 집단은 아
닌 듯싶다. 힐링 강의는 신문이 만들어낸 조어다. 끝없이 넘쳐나
는 힐링 열풍은 정치, 경제, 사회, 문화 모든 면에서 비정상적인
'병든 사회'를 반영해 주는 것은 아닐까.

Meeting
여자는 가까운 데 있는 남자를 사랑해

"장미대선을 앞두고 유력 후보자들 사이에 연일 공방이 계속되고 있다. 다른 한편에서는 퍼스트레이디 후보들의 달콤 쌉쌀한 연애 이야기가 사람들의 입에 오르내린다. 모두 CC 출신인 데다 러브스토리에 삶의 궤적이 그대로 묻어나 있어 세간의 화제를 모으고 있다. 흥미로운 점은 유력 주자로 불리는 사람들 모두가 같은 대학교 선후배 동기로 달콤한 세레나데를 불렀다는 점, 그리고 한결같이 부부의 인연으로 맺어졌다는 사실이다."

2017년 3월 26일자 서울경제 기사다.

동아일보 '횡설수설' 보도에 따르면, 경희대 성악과 74학번 김정숙 씨는 알랭 들롱 닮은 사람이 있다는 친구의 권유로 소개팅에 갔다가 1년 선배 법대생을 만나 사랑에 빠졌다. 암울했던 시절 운동권 남친의 강제징집을 겪으며, 고시 공부 뒷바라지까지 7년간의 러브스토리에 우여곡절도 많았다. 그래도 1981년 결혼에 골인하기까지 가장 두려웠던 것은 집안의 반대가 아니라 이 남자를 다시 못 보게 될까 걱정이었다니 단단히 콩깍지가 씌었던가 보다. 그때의 알랭 들롱 닮은 오빠가 대통령 후보 문재인이다.

차기를 내다보고 있는 안희정 충남지사는 아내 민주원 씨와 고려대 83학번 동기다. 학생운동을 함께한 안 지사 부부가 처음 만난 곳은 의외로 대학 도서관이었다. 가난한 청춘이었지만 수업도 같이 듣고 고려다방에서 300원짜리 커피를 마시면서 미래를 설계하고 학내를 걸으면서 데이트했다고 한다.

여기서 '소개팅'부터 짚어 보자. 우리말 소개紹介에다 미팅Meeting을 갖다 붙여서 만든 신조어다. 순 우리말로는 '선본다'고 말한다. 알지 못하는 사람을 누군가의 소개로 처음 만나게 해주는 일을 '선'이라고 한다. 선은 Meeting과는 직접 상관이 없다. "나 내일 선볼 거야."를 영어로 말하면, 'I'll have a blind date tomorrow.'가 될 것이다.

이처럼 소개팅이나 선보는 것은 미팅이 아니라 블라인드 데이트 Blind date다. 친지나 결혼중매회사의 주선으로 이루어지는 서로 모르는 남녀 간의 만남A meeting between two people who have not met each other before이 바로 블라인드 데이트다.

장미대선의 결승점을 향해 달리고 있던 국민의당 안철수 후보와 아내 김미경 교수도 캠퍼스 커플이었다. 안철수 후보는 서울의대 1년 후배 김미경 씨와 동아리에서 만나 1988년 결혼했다. 제각기 사랑법은 달라도 동지적 유대감이 강한 부부라는 공통점이 있다고 한다. 지금 우리는 역사상 처음으로 캠퍼스 커플 출신 대통령 부인을 보게 될 것 같다.

　캠퍼스 커플Campus couple은 같은 대학에 다니면서 서로 연애하고 있는 한 쌍의 남녀를 지칭하는 말이다. 이것 역시 짝퉁 영어다. "그들은 캠퍼스 커플이다"를 영어로 옮기려면 "They met on the campus." 또는 "They are college sweethearts." 등으로 표현할 수 있다. 또한 캠퍼스 커플을 줄여서 CC출신이라고 쓰는 경우 자칫 컨트리클럽의 약자로 알고 골프장에서 만난 것으로 오해할 수도 있겠다.

　남자, 여자가 데이트를 목적으로 만나는 것을 우리는 미팅이라고 하지만, 미팅은 교제나 연애를 뜻하지 않는다. 미팅은 회의나 회합이란 의미로, 사람들이 무슨 문제를 토의Discuss하든가 결정Decide하기 위한 모임을 뜻한다. 남자가 여자에게 구애를 하려면, "Will you go out with me?나랑 사귈래요?" 하고 물어볼 수 있다. "물론이죠.Sure, I'd love to" 하면 일이 잘 풀릴 것이고 상대방의 반응이 "왜 제가요?Why me?"라든가 "임자 있어요.I'm taken"라고 나오면 매우 힘들게 된다.

"누구 만나는 사람 있어요?"라고 탐색해 보고 싶으면, "Are you seeing anyone else?"라고 질문할 수 있다. 집까지 바래다준 여자에게 "여기 혼자 살아요?Do you live alone here?"라고 물었는데 상대방 답변이 "No, I'm playing house.동거하고 있어요"라고 하면 만사 허사다. 다 큰 남녀가 소꿉장난하고 있으니 동거Live with a partner나 마찬가지다. 연애나 교제의 뜻으로는 Go out, Go steady, Date 등이 적절하다.

그나저나 선남선녀들이 결혼도 하지 않고 아이 낳을 생각도 없으니 '인구절벽'은 나라의 장래를 어둡게 만든다. 지난 10년간 정부는 100조를 썼는데도 출산율은 사상 최저라고 한다. 유력 대통령 후보들의 공약은 기껏 아동수당 10만 원씩을 주겠다고 내세우고 있으니 현실을 몰라도 너무 모른다. 이제 국가가 나서서 아이의 보육과 교육을 책임지지 않는다면, 출산률 해결에 백약이 무슨 소용이랴.

Michelin

미쉐린이냐 미슐랭이냐

"산세바스티안은 단위 면적당 미슐랭 스타가 가장 많은 도시로도 명성이 자자하다. 미슐랭 레스토랑뿐 아니라 구시가의 작은 골목에 늘어선 '파타스 바르Patas bar. 대중식당'를 탐험해 볼 것"Travellers, 2016, 6월호

정식 명칭은 도노스티아–산세바스티안이다. 스페인 북서부 바스크 지방에 위치한 경관이 빼어난 휴양도시다. 핀란드 항공사에서는 미슐랭 스타 셰프의 노르딕 키친을 제공한다고 광고를 내고 있다. 대륙 간 장거리 항공편 비즈니스 클래스를 이용하면 자연주의 건강식으로 주목받는 노르딕 키친을 맛볼 수 있다.

한동안 음악여행이 유행이었다. 이태리 아레나의 오페라 공연

이나 빈의 신년음악회, 잘츠부르크 음악축제 등을 참관하기 위해 현지를 찾아가는 사람들이 적지 않다. 음악뿐 아니라 그림 때문에 스위스 바젤이나 홍콩을 방문하는 이들도 많이 있다. 이제 음악이나 그림 외에도 특별한 음식을 먹기 위해 외국을 찾아가는 호사가들이 늘고 있다. "최근의 외식 트렌드는 극장이나 미술관을 방문하는 것처럼 '체험'의 차원으로 옮겨 가고 있다"고 어떤 전문가는 지적한다.

2016년 11월 7일 미슐랭코리아는 '미슐랭가이드 서울편 2017' 발행과 관련하여 기자회견을 가졌다. 이를 계기로 국민들이 미슐랭에 관심을 갖게 되었고, 국내 요식업계는 한층 업그레이드할 수 있는 계기를 맞게 되었다. 그런데 많은 신문들이 어제는 '미쉐린'이라고 쓰고 오늘은 '미슐랭'이라고 써서 독자를 혼란스럽게 만들고 있다. 한편 그 반대의 예도 있다. 조선일보 2013년 10월 8일 기사는 "별은 못 땄지만…비비고 런던 소호점, 미슐랭 가이드 런던판에 소개"라고 썼지만, 2016년 11월 8일자 A13면 톱기사에서는 "육회비빔밥, 청국장…서민의 한 끼, 미쉐린 별을 따다"로 버젓이 쓰고 있다. 매일경제도 2016년 6월 16일 기사에선 미슐랭이라고 했다가 2016년 11월 8일 기사에서는 미쉐린으로 쓰고 있다. 중앙일보 또한 같은 날짜에서 제목을 뽑을 때는 미쉐린으로 썼지만 본문 안에서는 '미쉐린^{미슐랭}'으로 병기하여 혼란을 가중시키고 있다^{2016.11.8 그리고 11. 12}. 한국경제 12월 10일자는 미슐랭으로 표기했다.

Hungary diners queued up at a small, modest street food stall in Singapore on Friday to get a taste of the restaurant's local delights worthy of a coveted Michelin star. 배고픈 식객들이 모두가 선망하는 미슐랭 별점을 받은 식당의 토속음식을 맛보기 위해 금요일 싱가포르의 한 조그마한 길거리 음식점 앞에 줄 서 있었다. - Korea Herald, 2016. 7. 26

미슐랭은 프랑스 타이어회사다. 이 회사가 매년 주요 식당을 평가해서 별점 등급을 부여하고 있다. '미식가들의 성서'라고 불리는 미슐랭 가이드는 별 한 개★에서부터 시작하여 최상급 식당에는 별 세 개★★★를 준다. 미슐랭 식당 소개서는 '레드 시리즈'라고 하는데 까다롭고 엄격한 미식가들이 식당의 음식 맛, 서비스, 가격, 분위기 따위를 철저히 조사하여 등급을 매긴다. 2017서울편에서 별 3개를 받은 곳은 단 두 군데뿐이다. 곧 신라호텔 한식당 라연과 청담동의 가온이다.

별 3개는 '요리를 맛보기 위해 여행을 떠나도 아깝지 않은 집 Exceptional cuisine, worth a special journey', 별 2개는 '요리를 맛보기 위해 멀리 찾아 갈 만한 집Excellent cooking, worth a detour', 별 1개는 '요리가 특별히 훌륭한 집A very good restaurant in its category'을 뜻한다.

한편 미슐랭 '그린 시리즈'는 여행에 필요한 정보를 제공한다. 주로 명소나 관광지 등 가볼 만한 곳을 소개한다. 한국 편에서는 꼭 가봐야 할 곳 23곳, 추천하는 곳 32곳, 흥미로운 곳 55곳 등

110곳을 소개하고 있다.

미슐랭에 관한 언론 보도를 보면서 자칫 타이어는 미쉐린이고, 맛집 소개는 미슐랭으로 착각하기 쉽다. 오랫동안 프랑스 타이어를 미쉐린으로 불러오던 습관 때문이다. 미슐랭 타이어회사에서 펴낸 식당소개서가 미슐랭 가이드다. Michelin은 프랑스 말이므로 현지 발음을 따라서 미슐랭으로 통일해서 써야 한다.

어쨌거나 아시아에서 네 번째로 미슐랭 한국판이 나오면서 '미슐랭 효과'가 생겨나고 있음은 고무적이다. 별점 받은 식당들의 예약이 폭주하고 있고 맛집 순례를 위해 우리나라를 찾는 외국의 미식가들도 늘어날 것이기 때문이다.

Okay
골프는 신사 게임이다

무더위도 가고 오늘^{2017. 8. 21.}이 입추다. 절기의 변화를 보면 옛 사람들의 지혜가 놀랍다. 오곡백과를 영글게 만드는 라이너 마리아 릴케의 '위대한 여름'이 가고 가을이 다가오면 골퍼들은 마음이 설렌다. '나이샷!' 소리가 귓전에 들리기 때문이다.

골프는 어떤 운동보다도 규칙을 중요시한다. 심판이 없는 골프 시합에서는 플레이어 스스로 심판 노릇을 해야 하기 때문이다. 골프경기는 혼자서 플레이하는 자기와의 싸움이다. 상대방으로부터 심리적 영향을 받기는 하지만 다른 스포츠처럼 맞대결하지 않는다. 그래서 골프를 신사 게임이라고 칭한다. 자신의 양심에 의거해서 스스로 벌타를 주어야 하는 경우도 흔히 있다. 따라서 골프경기에서 비신사적인 행동은 크게 지탄을 받게 된다.

2017년 7월 29일 미국 미주리 주 오거스타 분 밸리 골프클럽에서 2017년 US여자주니어골프 선수권대회 준결승이 열리고 있었다. 에리카 셰퍼드와 엘리자베스 문의 경기였는데, 18홀 매치 플레이 _{전체 스트로크를 계산하지 않고 18홀 가운데 몇 홀을 이겼는가를 갖고 승부를 짓는 경기 방} 식으로 열린 이들의 4강전은 승부를 가리지 못하고 연장전^{Play-off}에 접어들었다. 연장 첫 번째 홀에서 셰퍼드가 먼저 파^{Par}로 홀아웃 하였고 문은 약 1.2미터 버디 퍼트를 남겨놓고 있었다. 이때 문의 버디 퍼트는 홀 왼쪽으로 살짝 비켜 갔고 홀에서 약 15cm 떨어진 곳에 멈췄다. 문은 별 생각 없이 공을 집어 들었지만 셰퍼드는 "나는 그 공에 대해 컨시드를 준 적이 없다"고 항의하였다. 이에 현장으로 경기위원들이 달려오고 확인 끝에 문에게 1벌타가 부과돼서 패배 위기에 몰렸던 셰퍼드가 극적으로 결승에 진출, 다음 날 개최된 결승전에서 우승하였다.

스킨 게임이나 매치 플레이에서 1미터 이내 거리를 남겨둔 퍼트에 대해서는 들어간 것으로 간주하고 오케이를 주게 된다. 그런데 15cm 퍼트를 자기가 눈 감고 있어서 못 봤다고 주장하면서 오케이를 주지 않고 벌타를 받게 한 처사는 비난받아 마땅하다. 설령 우승했더라도 이런 비신사적인 행동을 한 선수에게는 비난이 족쇄처럼 오랫동안 따라다닌다.

유사한 사건은 2년 전에도 일어났다. 2015년 9월 20일 독일 하이델베르크에서 열린 솔하임컵 마지막 날 스웨덴의 수잔 페테르센이 앨리슨 리에게 홀에서 50cm 부근에 붙인 공에 대한 컨시드를 주지 않아 골프 팬들의 비난이 쏟아졌다. 뒤에 페테르센은 "우리 팀이 이기는 것을 스포츠맨십보다 우선해 생각했다. 이보다 더 처참한 슬픈 기분을 느껴 본 적이 없다"고 사과했다.

컨시드Concede를 흔히 우리는 오케이Okay라고 말한다. '오케이지', '오케이 줘!' 늘 쓰는 말이다. 심한 경우 스스로 자기의 볼에 대해 오케이를 주는 이른바 셀프 오케이도 있다. 이런 오케이는 콩글리시다. 컨시드Concede는 시인하다, 인정하다는 뜻인데, 특히 게임이나 선거 등의 패배를 인정할 때 쓴다. 그러므로 골프시합에서 컨시드는 상대방의 짧은 퍼트를 들어간 것으로 인정해 준다는 의미다.

원활한 진행을 위해서 파3 홀에선 앞 팀이 모두 그린에 공을 올리고 나면 뒤 팀에게 사인Sign을 주는 경우가 종종 있다. 이때 쳐도 좋다고 뒤 팀에게 손을 흔드는 행위를 사인이라고 말한다. 하지만 사인 역시 콩글리시다. 손을 흔드니까 사인이 아니라 웨이브Wave라고 한다.

요즘 와서 잘못 쓰고 있는 용어들이 조금씩 고쳐지고 있지만 엉터리 용어는 부지기수다. 첫 홀에서 경기를 시작할 때 많은 사람들이 티업Tee up이라고 말한다. 그러나 티업이 아니라 티어프Tee off라고 해야 한다. 네 사람이 골프를 칠 때 매 홀마다 그 전 홀에 제일 스코어가 좋았던 사람이 첫 번째 티샷을 하게 된다. 한동안 우리는 먼저 치는 사람을 오너Owner로 잘못 알고 있었다. 영어로는 아너Honor가 맞다. 첫 번째 치는 영예榮譽를 갖는 플레이어A player to take the honor to hit first를 줄여 그냥 아너가 됐다.

친구를 만나면 "언제 한번 필드에 같이 나갈까?" 하고 말한다. 그러나 골프장은 필드Field가 아니다. 푸른 들판이 필드지만 스포츠용어로 필드는 야구장의 외야나 육상 경기장Field & Track의 안쪽에 만들어 놓은 넓은 경기장이다. 이곳에서 투포환, 높이뛰기, 멀리뛰기, 창던지기 등의 경기를 한다. "언제 필드에 한번 갈래?"는 "Will you go out with me for a round of golf?"쯤으로 말해야 한다.

이제 완연한 가을 날씨다. A round of golf with me?

Rebate

리베이트는 죄가 없다

"리베이트는 없었어요. 검찰에서 다 밝히겠습니다There was no rebate of any sort. I will clarify everything with the prosecution."

Korea Herald 기사 일부다2016. 6. 24. 국민의당 김수민 의원이 검찰조사를 받으러 가면서 한 말이다. 김 의원의 부인에도 불구하고 왕주현 국민의당 사무부총장은 정치자금법 및 선거법 위반 등의 혐의로 구속됐다. 소위 국민의당 총선 홍보비 리베이트 사건이다.

리베이트Rebate는 우리 사회의 오랜 병폐다. 지금까지 리베이트는 제약회사와 의사, 병원 간의 검은 거래에 자주 등장하였다. "당신이 아플 때 웃는 사람들이 있다"는 부제가 붙은 『대한민국 의료

커넥션』을 쓴 서한기 기자는 영리추구를 위해서는 적극적으로 '없는' 수요도 만들어내는 것이 의료계 실상이라고 지적했다. 의료 공급자가 경제적 동기에 사로잡혀 '공급자 유인 수요Provider induced demand'를 크게 늘리고 있다.

예로 고혈압 환자의 양산을 들 수 있다. 1900년대 초반까지 독일에서는 혈압이 160을 넘어야 고혈압으로 진단하고 치료했다. 이 때 독일의 고혈압 환자는 700만 명이었는데 이후 1974년 제약회사들의 후원을 받는 고혈압퇴치연맹이 나서서 고혈압 진단 기준을 140으로 대폭 낮추도록 권고했다. 이 결과 환자는 3배로 크게 늘었다.

2003년에는 한발 더 나가 미국의 한 의학단체가 느닷없이 '고혈압 전 단계'라는 것을 도입하였다. 혈압이 130이 넘으면 고혈압으로 발전할 가능성이 2배나 높다고 겁을 주어 고혈압 관리 대상에 넣었다. 의료계는 고혈압을 '침묵의 살인자'로 낙인을 찍어 위협적 소구Menace appeal의 수단으로 쓰기 시작했다. 특별한 자각 증상이 없지만 내버려두면 중풍, 심장마비, 만성심부전증, 심장질환, 심근경색, 동맥경화증 등 심각한 합병증에 걸려 죽게 될 수 있다고 공포심을 부추긴다. 멀쩡한 사람도 졸지에 고혈압 환자로 둔갑한다.

때로 재고의약품을 처리하기 위해서 WHO 등이 '가짜 적신호'를 올리기도 한다. 음모로 판명된 근래의 타미플루 비축 권고가 좋은 사례다. 이런 커넥션의 뒤에는 언제나 거대 제약회사Big pharma가

숨어 있다.

리베이트는 원래 나쁜 말이 아니다. 마케팅 용어로 지급한 상품이나 용역의 대금 일부를 그 지불자에게 환불해 주거나 대금의 일부를 줄여주는 상거래의 오랜 관행이다. 판매촉진이나 거래 장려가 리베이트의 목적이다. 한마디로 Rebate는 지불한 금액의 일부 환급A return of part of a payment인데 구매자 입장에서 나쁠 것이 전혀 없다. '착한' 리베이트가 우리나라에 와서, 대금을 부풀려서 허위 계약을 하고 지불한 돈의 일부를 되돌려 받는 횡령이나 삥땅의 뜻으로 변질됐다.

The rebate suspicion has rattled the third largest party headed by entrepreneur-turned politician Rep. Ahn Cheol-soo, who has rose to political prominence with his new and clean politics mantra리베이트 의혹은 새롭고 깨끗한 정치를 기치로 내세워 정계에 화려하게 등장한 기업가 출신 정치인 안철수 의원이 이끄는 제3당을 뒤흔들고 있다.

결국 안은 당 대표에서 물러났다. 여기서 Rebate는 Kickback과 같은 의미로 쓰였다. 킥백은 삥땅이나 가로채기, 뇌물의 의미를 갖고 있다. 부정한 돈이라는 뜻이다. 일부 국회의원들이 보좌관의 급료를 가로채는 짓이나 일부 교수들이 대학원생들에게 지급한 연구비를 되돌려 받는 행위도 Kickback에 해당한다. 음성 거래로 떼먹는 돈은 Rebate가 아니라 Kickback이다. 불법적인 리베이트를 가리키는 영어 표현으로는 Rake-off가 있다. '빼먹는다', '갉아먹는다Rake.'에서 나왔다.

아무리 엄포를 놓아도 의약계의 음성 거래는 끊이질 않는다. 제약회사와 병원 그리고 의사를 대상으로 한 리베이트 관행은 현금은 물론이고 상품권, 골프채, 해외여행 지원, 연구비 뿌리기 등 셀수 없을 정도다. 일부 영업사원은 의사 집으로 빵 배달하기, 자녀 Pickup, 휴대전화 교체, 병원 컴퓨터 수리 등 온갖 허드렛일까지 도맡고 있다.

"의사는 환자에게 의약품을 처방하는 것을 이유로 금전적 이익이나 다른 이득을 취해서는 안 되며 이익에 의해 의사의 판단이 영향을 받아서는 안 된다"고 명시한 세계의사회 윤리선언은 어디로 갔는가? 의사가 개인의 병을 고치는 직업이라면 정치는 나라의 병을 고치는 일이다. '리베이트 의사'가 우리의 건강을 해친다면, '리베이트 정치'는 나라를 멍들게 만든다.

Rounding

골프의 정치학

미국의 역대 대통령들은 골프를 사랑한다. 주말이나 휴가 때 골프장을 찾는 일이 매우 자연스럽고, 외국 정상과의 미팅도 종종 골프장에서 이루어지고 있다. 골프광이었던 아이젠하워 대통령은 재임 중 조지아 오거스타 내셔널 골프장을 12번이나 찾아서 지금도 화제가 되고 있다. 우리의 경우 골프 치는 대통령이 거의 없었다. 박정희와 전두환 대통령이 골프를 즐겼지만 그 뒤 많은 대통령들이 공무원 골프 금지령을 고수하였다. 우리나라에서 골프는 접대 아니면 향응의 대명사였다. 공직자가 골프장에 갈 때 남의 차에 편승해 가고 참가자 명단에 당당하게 제 이름을 쓰지 못하는 나라. 심지어 그린피를 각자 계산한 뒤 식사 때 그린피 넣은 봉투를 주최 측이 되돌려 주는 촌극도 벌어지고 있다. 골프장에 암행감사가

뜨고 특정한 날 골프를 쳤느냐 여부가 논란이 되는 곳이 대한민국
이다.

최근 미국 트럼프 대통령 취임 후 국제관계가 요동치고 있다. 중
동 7개국인들의 미국 입국 금지, 멕시코국경에 장벽 쌓기, 트럼
프의 호주 총리, 멕시코 대통령과의 '막말통화' 등 미국제일주의
America First가 기존의 세계질서를 뒤흔들고 있다. 글로벌 기업들은
앞다투어 미국 내 투자를 약속하고 우방국들은 트럼프와의 정상
회담에 공을 들이고 있다. 다음은 〈아베의 골프 구애… 팜비치 별
장서 트럼프와 라운딩〉 타이틀의 기사다.

"팜비치에서 골프를 (…) 도널드 트럼프 미국 대통령과 아베 신
조 일본총리가 오는 10일 워싱턴에서 정상회담을 연 뒤 다음 날
플로리다에서 골프 라운딩 일정을 조정 중인 것으로 파악됐다."^중
앙일보, 2017. 2. 3

두 정상의 골프회동은 지난달 28일 양자 간의 전화 통화 시 트
럼프가 먼저 제안한 것으로 알려졌다. 트럼프는 통화하면서 아베
가 골프 드라이버를 선물한 데 대해 감사를 표시했다. 이에 아베
가 "언제 함께 라운딩 하자"고 말하자 트럼프는 "2월에 워싱턴은
추워서 골프를 할 수 없다. 11일 팜비치로 옮겨서 하자"고 제안하
였다. 골프 코스를 한 바퀴 도는 데는 4시간쯤 걸리므로 골프회동

뉴스와 콩글리시

은 최소 5, 6시간을 담화하면서 함께 보내는 일이고 그만큼 외교적 성과도 클 수 있다.

많은 사람들이 골프운동을 라운딩Rounding이라고 말한다. 18홀을 한 바퀴 도는 게임이라 라운딩이 그럴싸해 보인다. 그러나 라운딩은 콩글리시다. 중1 수준이면 Round를 다 안다. 라운드의 뜻은 다음과 같다.

1. 형용사로 Round table원탁처럼 "둥글다"는 뜻이다.

2. 동사로 "건물이나 길모퉁이를 돌다", 또는 "무엇을 굽히다"는 뜻이다.

3. 복싱과 레슬링 경기에선 The fight only lasted five rounds그 시합은 다섯 라운드 밖에 가지 못했다처럼 경기 단계를 뜻하고, 골프에선 "완전한 한 경기"A complete game of golf를 가리킨다. 그는 일요일 아침 골프를 쳤다He enjoyed a round of golf on Sunday morning. 한 용례다.

라운딩Rounding은 Round의 동명사형이다. 영어 Round가 골프장을 한 바퀴 도는 것을 의미하는 줄로 오해하고 만들어낸 콩글리시다. 그러나 동사 Round에는 골프 친다는 의미가 들어 있지 않다. 영어 Rounding은 R이나 V를 발음할 때 입술을 둥글게 입안으로 말아주는 행위를 뜻한다. 술꾼들에게 라운드는 동료들에게 한 잔씩 음료를 돌리는 일을 가리킨다. It's my round내가 쏠게. 곧 'It is my turn to pay for the next set of drinks'와 같은 말이다. 'I'll buy this round.'라고 말해도 된다.

골프 마니아 트럼프와 아베의 팜비치 라운드 회동은 두 정상의 개인적인 신뢰를 돈독하게 만들 것으로 외교가는 내다보고 있다. 이번 미일 정상회담에서는 환율과 통상문제 그리고 안보문제가 주요 의제로 다뤄질 것으로 보인다. 트럼프는 지금까지 일본의 엔화약세와 대일 무역 적자 확대에 불만을 표시해 왔다. 반면 아베는 미일 동맹 및 자유무역의 중요성을 강조하고 대미 포괄적인 경제협력 방안을 제시할 것으로 알려졌다.

이렇듯 격동하고 있는 국제환경 속에 우리는 지금 무엇을 하고 있는가? 일찍이 헨더슨Gregory Henderson은 한국 정치를 Vortex소용돌이, 고도로 중앙집권화된 권력을 향해 모든 활동요소들이 휘몰아치는 형국에 빗대어 '소용돌이 정치학'이라고 불렀는데, 반세기가 지난 작금에도 "대한민국은 민주공화국이다!"를 외치고 있으니….

Sponsor

스폰서와 검사

"나라가 어지럽다. 정말 어지럽다. 과거 급제의 미몽에 빠져 수신을 도외시한 '영감님'들이 욕심과 요설로 몰락하는 동안 99%의 국민들은 졸지에 개돼지가 되었다."

어느 변호사가 쓴 〈망징패조亡徵敗兆〉라는 글의 일부다. 오죽했으면 한 60대 노인은 그 "무서운" 검찰청사를 폭파해 버리겠다고 만용을 부렸을까. "한 말씀 더 드리겠다"며 다시 마이크를 잡은 부장검사는 "공자의 제자 중에 유자라는 분이 있다. 유자의 이야기 중에 본립도생本立道生이라는 말이 있다. 법과 원칙, 기본을 세워서 대한민국의 미래를 위한 길을 만드는 게 검찰의 임무라고 생각하고 최선을 다하겠다."고 국회 국감장에서 결연히 말했다.

불과 3년 전 일인데 그는 하루아침에 '스폰서 검사'로 추락하고 만다. 국회의장을 지낸 유력정치인의 사위인 엘리트 부장검사는 금품과 향응을 즐기다 나락으로 떨어진다. 증권범죄 전문의 '여의도 저승사자'라는 별명을 갖고 있었다고 하지만 그의 행적을 보면 무슨 조폭이나 마피아 뺨칠 수준이다. 친구인 전과자로부터 지속적인 술 접대와 뇌물을 받았으며 술집종업원을 내연녀로 두고 정부가 범죄자에게 재정 지원을 하게끔 만들었다

스폰서 부장검사는 금품수수에 대하여 "술집 외상값과 아버지 병원비 때문에" 잠시 돈을 빌렸다가 한 달 뒤에 모두 갚았다고 항변하였다. 더욱 놀라운 것은 피의자인 변호사로부터 4천만 원을 꾸기도 했다고 하니 일반 국민들은 도시 영문을 헤아리기 어렵다. 진경준 검사장의 126억 주식 대박 사건을 계기로 검찰이 '개혁 추진단'을 만들어 지난 8월 31일 1차 검찰개혁방안을 내놓으면서 국민에게 사과한 지 5일 만에 또다시 스폰서 부장검사 사건이 터져 국민은 당혹스럽다.

Among them, 13 prosecutors and judges were punished for receiving kickbacks. Only two faced dismissal, the heaviest punishment.

그들 가운데 검사와 판사 13명이 뇌물죄로 처벌받았다. 단 두 명만이 가장 무거운 처벌인 면직을 당했다. -The Korea Herald, 2016. 9. 8.

뉴스와 콩글리시

지난 2011년부터 5년간 검사 267명이 뇌물, 비리 비행으로 적발되었으나 그중 면직은 단 두 명, 솜방망이 징계였음을 잘 보여준다. 어디 검사뿐인가. 9월 2일 인천지방법원의 현직 부장판사가 화장품업자로부터 1억 7천만 원을 받아 구속됐다. 사법사상 초유의 일이다. 며칠 뒤 대법원장이 나서 대국민 사과를 하기에 이른다. 10년 전에도 사법 수장이 사과했지만 아무것도 달라진 게 없었다. 흔히 판사 검사 변호사를 법조 3륜이라고 부른다. 사회질서와 정의구현, 법치실현을 위한 최후의 보루라는 뜻이다. 그러나 이들은 탐욕과 사리사욕으로 국민의 신뢰를 송두리째 잃어버렸다. 법조 3륜은 '비리 3륜'으로 지탄받고 있다.

Sponsor는 라디오 텔레비전 케이블 방송의 광고주를 가리킨다. 또 Sponsor는 행사나 음악회, 운동경기, 자선사업 등에 돈을 내어 후원하는 사람이나 기업을 지칭한다.

1. One who assumes responsibility as surety for someone or thing후원자, 보증인

2. Godparent대부모

3. A business firm, etc. that pays for a radio or TV program advertising라디오와 TV광고주

* Surety는 보증, 보증인의 뜻

이 스폰서가 우리나라에 와서 공직자나 연예인에게 금품과 향응을 제공하는 사람으로 둔갑했다. 스폰서 검사는 스폰서로부터 금

품과 향응을 받는 '비리검사', '부패검사'와 동의어라 하겠다. 우스
갯소리에 이런 말이 있다. "영어가 한국에 오면 고생한다"고. 좋은
뜻을 가진 스폰서가 한국에 와서 뇌물 또는 뇌물 공여자로 둔갑했
으니 그럴 법도 하다. 1970년 월간지 〈사상계〉에 〈오적五賊〉을 쓴
김지하는 "아직도 이 땅에 오적이 있다"고 했다. 이 시의 한 구절
을 보자.

셋째 놈이 나온다. 고급공무원 나온다/되는 것도 절대 안 돼. 안
될 것도 문제없어. 책상 위엔 서류뭉치, 책상 밑엔 지폐뭉치/높은
놈껜 삽살개요 아랫놈껜 사냥개라. 공금은 잘라 먹고 뇌물은 청해
먹고/ 내가 언제 그랬더냐 흰 구름아 물어보자 요정마담 위아래
로/모두 별 탈 없다더냐.

검찰의 스폰서 문화는 뿌리가 깊다고 조선일보 〈만물상〉은 지적
했다. 금수저들이 독수저를 물고 있다고 변호사 박찬종은 일갈一喝
한 바 있다. 북한의 핵보다 더 무서운 것이 우리 사회에 만연한 부
정부패가 아닐까 싶다.

Wannabe

엄숙주의 조롱한 오빠부대

같은 말인데 정작 그것을 쓸 때 뜻을 잘못 알고 반대로 사용하는 일이 종종 있다.

"세계적인 온라인 여행사 익스피디아Expedia가 지난 3년간 유럽 여행 패턴을 분석한 결과가 흥미롭다. 놀랍게도 3년 내리 1위 방문을 기록한 부동의 1위 워너비 여행국은 이탈리아였다. 2위는 프랑스, 3위는 스페인으로 조사됐고 그 아래로 독일, 영국, 스위스 등 전통적으로 인기 있는 서유럽 국가들 순이었다."매일경제, 2017. 6. 12

이 기사의 제목은 〈한국인 워너비 유럽여행 포인트는 이탈리아〉였다. 매일경제는 한 달 뒤쯤 다시 '뉴스 플러스 여행' 페이지에 〈2년 연속…한국인 워너비 휴가지 1위는 제주〉 제하의 기사를 실었다.

지난여름 수많은 휴가지 가운데 가장 관심을 끈 곳으로 쟁쟁한 동남아 휴가지를 제치고 검색 톱10의 첫머리에 제주도가 올랐다는 내용이다. 제주 다음으로 오키나와, 오사카, 타무닝, 방콕이 뒤를 이었다. 여기서 문제는 워너비Wannabe라는 표현이다. 내용으로 봐서는 가장 가고 싶어 하는 선망의 여행지라는 뜻으로 워너비를 쓰고 있다.

하지만 워너비Wannabe는 물건이나 장소를 가리키는 말이 아니고 어떤 셀렙Celebrity이나 스타를 닮고 싶어 하는 사람을 뜻한다. 따라서 워너비는 선망의 대상이 아니고 그렇게 되고 싶어하는 주체다. 옥스퍼드 사전에 의하면 워너비는 어떤 유명한 사람과 비슷해지고 싶어서 그 사람처럼 행동하고 옷을 입는 사람A person who behaves, dresses, etc., like someone famous because they want to be like them이다.

우리나라의 어떤 사전은 워너비란 '유명인을 동경하는 사람, 유명인을 동경하여 행동이나 복장 등을 그들처럼 하는 사람'으로 풀이하였다. 영어 Want to be를 연음連音으로 발음하면서 생긴 조어다. 1985년 5월 마돈나Madonna를 표지인물로 다룬 기사에서 존 스코John Skow가 마돈나를 흉내 내는 Madonna wannabe줄여서 Madonnabe를 소개하면서 이 말이 널리 유행하였다. 그 뒤 1996년 영국의 팝그룹 스파이스 걸스Spice Girls가 데뷔곡으로 〈워너비〉Wannabe를 들고 나와 크게 히트하면서 워너비는 대중문화 용어로 자리 잡게 됐다. 이와 유사한 표현으로는 팬Fan, 추종자Follower 그리고 포우저Poser, 그루피Groupie 따위가 있다.

우리나라에서도 대중문화 스타들의 열광팬들이 많이 있다. 때로 전국적인 조직망을 갖추고 아이돌 스타가 나타나는 곳에 몰려다닌다. 속칭 오빠부대다. 우리나라에서 본격적인 팬덤 문화는 1980년대 조용필의 워너비들로 구성된 대규모 오빠부대 이후라고 할 수 있고. 그 후 서태지 팬클럽 등 유사한 팬덤^{Fandom, 팬을 집단적으로 부르는 말이다}이 나타났다 사라졌다.

국내에서 팬과 팬클럽 이야기는 아무래도 클리프 리차드의 내한 공연으로 거슬러 올라가야 할 것 같다. 1969년 한국일보는 '디 영 원스^{The Young Ones}'로 세계적인 인기를 끌던 클리프 리차드 내한 공연을 주최하였다. 국내 최초의 외국 스타 내한 공연이었던 탓에 10대, 20대 여성팬들의 인기몰이가 상상을 초월하였다. 그해 10월 16일 서울시민회관^{세종문화회관 자리에 있던 공연장으로 불타 없어졌다}의 입장료는 시내버스 요금이 10원일 때 특A석은 8,000원, D석이 800원이었을만큼 살인적이었다. 뜨거운 공연 열기에 놀라 17일, 18일 이화여대 대강당에서 Cliff Richard & The Shadows의 연장 공연이 이루어졌다.

당시 한국일보 보도에 따르면 공연 중 탄성^{歎聲}, 기성^{奇聲}, 고함^{高喊} 속에 흥분이 지나쳐 기절하는 여학생들이 속출했다고 한다. 이 공연은 아이돌에 대한 워너비들의 열광과 흥분이 표출된 최초의 사건이었고 이 때 결성된 CFC^{Cliff Fan Club}는 대한민국 최초의 팬클럽이었다.

50년 전만 해도 우리사회를 지배하는 가치는 엄숙주의였다. 자연적, 육체적 욕망을 이성으로써 엄격하게 통제하는 것을 선善이라고 믿는 고대 스토아학파나 기독교의 경건주의 그리고 칸트철학의 윤리관 등이 근엄한 태도를 요구하고 있었다. 『나는 야한 여자가 좋다』, 『가자 장미여관으로』 등을 써서 이 엄숙주의를 조롱하며 표현의 자유에 대한 논란을 일으켰던 소설가 마광수 교수가 2017년 9월 세상을 떠났다. 하지만 클리프 워너비들은 마 교수보다 한발 앞서 엄숙주의嚴肅主義에 용감하게 도전한 선구자들이었다.

PART 5

같은 영어, 다른 물건

BUSINESS

Band

사랑은 기적을 낳는다

　사람은 누구나 일상생활 속에서 크고 작은 사고와 사건을 경험하고 있다. 칼을 만지다가 손을 베인다든가, 돌부리에 걸려 넘어진다든가 감기, 두통 등 몸에 이상이 생기는 일은 다반사다. 그래서 호텔이나 학교에는 의무실^{학교에선 양호실이라고 함}이 있고 스포츠센터와 가정에는 구급상자^{First aid kit}가 비치돼 있다.

　얼마 전 청와대 국정농단을 조사하기 위한 청문회에 출석한 간호장교의 근무위치를 두고 말 바꾸기 논란이 일었다. '7시간 행적'을 밝히는 단서로서 간호장교 근무처가 '의무실'이냐, '의무동'이냐에 심문의 초점이 있었다. 국민들의 정보욕구가 클 때 이를 충족시키지 않으면 루머가 돌게 된다. 지금이라도 대통령이 직접 나서서 '7시간 행적'을 밝히면 유언비어는 사라진다.

구급상자에는 소화제, 진통제, 지사제, 해열제, 감기약, 그리고 가벼운 외상을 치료할 수 있는 연고, 과산화수소, 밴드, 파스, 붕대와 거즈, 탈지면, 가위와 핀셋 등 응급처치 용품이 들어있다. 편의점에서도 쉽게 구할 수 있는 약품들이다.

2000년 의약분업이 실시된 뒤 가정상비약 13종을 처방전 없이 편의점에서 팔 수 있게 하였다. 약국 밖에서 팔 수 있는 약을 매약賣藥이라고 한다. 일반 질병에 대한 약방문藥方文에 의하여 미리 조제해 놓고 시중에서 판매할 수 있는 약이 매약이다.

국내 편의점 숫자는 3만 개를 넘었다. 편의점의 증가와 매출에 기여한 것들이 많은데 그중 하나가 약품 코너라고 한다.조선일보, 2016. 12. 21

오늘은 구급상자 속의 '밴드'를 도마 위에 올린다. Band? 그 뜻은 첫째, 음악인 소집단이다. 재즈밴드라고 하듯이 록이나 재즈 같은 대중음악을 연주하는 그룹인데 때로 가수가 포함된다. 둘째, 관악기나 타악기 연주단을 가리킨다. 군악대, 소녀밴드가 좋은 예다. 셋째, 같은 목적을 갖고 뭉친 사람들의 무리다. 카카오톡의 밴드가 그것이다. 넷째, 묶거나 떨어지지 않게 붙이는 플라스틱 혹은 천 쪼가리, 띠 등을 말한다. 다섯째, 무선 주파띠를 가리킨다.

All babies in the hospital have name bands on their wrists
병원의 애기들은 팔목에 이름표를 달고 있다.

칼에 베였다든가 다쳐서 생긴 상처를 서로 붙게 하거나 세균감

염으로부터 보호하기 위하여 고무나 플라스틱제劑 띠에 작은 소독 거즈가 붙어 있어서 보호 비닐을 벗기고 사용하는 일회용 의료용품을 밴드라고 하지만 원래 Band에는 그런 뜻이 없다. 접착밴드는 영어로 '접착 Plaster'그냥 Plaster라고도 함라고도 하는데 대형붕대가 없어도 되는 심각하지 않은 상처를 치료하는 데 쓰는 처치용품이다.

An adhesive bandage, also called a sticking plaster^or simply plaster in British English, is a small medical dressing used for injuries not serious enough to require a full-size bandage.

어떻게 해서 Adhesive bandage^Plastic bandage 또는 Sticking plaster를 밴드라고 부르게 되었을까? 미국 존슨 앤 존슨이 세계 최초로 시판한 반창고가 'Band-Aid'였고 우리나라에서도 '대일밴드'가 초기 시장점유율이 아주 높았다. 그렇게 '밴드'는 상품 이름에서 보통명사가 되었다. 흔히 이 밴드를 반창고絆瘡膏라고 부르는데 정확한 명칭은 아니다. 반창고는 얽어맬 반, 부스럼 창, 기름 고를 뜻하는 한자어로서 원래 상처를 보호하거나 붕대를 고정시키는 데 쓰는 의료보조용품이다. 순우리말로 접착밴드를 '붙임띠'라고도 부른다.

밴드에는 이런 일화가 전해지고 있다. 접착밴드를 발명한 사람은 평범한 월급쟁이 얼 딕슨Earle Dickson인데 그의 아내 조세핀은 조심성이 부족해서 부엌칼에 손을 자주 다치곤 하였다. 딕슨은 늘 아내의 상처에 거즈와 테이프를 붙여 치료해 주었는데 그가 출근한 뒤 다치면 어떻게 할까 걱정이 태산 같았다. 많은 고민 끝에 거즈를 접어서 일정한 크기로 자른 뒤 외과용 테이프를 붙여두면 한 손으로 편하게 사용할 수 있음을 생각해 내게 되었다. 테이프의 접착력과 보존을 위해서 크리놀린Crinoline을 테이프 위에 붙였다.

딕슨이 다니던 회사 존슨 앤 존슨의 존슨 회장이 이 발명품을 보고 Band-Aid란 브랜드로 본격 상용화하였다. 존슨 앤 존슨을 세계적 기업으로 만든 발판이 바로 일회용 접착밴드였고 딕슨은 이 회사의 부회장까지 올라갔다.

"나는 성공하기 위해 발명하지 않았습니다. 단지 사랑하는 아내를 행복하게 해주고 싶었을 뿐입니다."

딕슨의 말이다. 사랑은 기적을 낳는다.

Black box

거대한 감시사회

어느 자동차 회사의 대리점은 구매자에게 파격적인 혜택을 주고 있다. 5년 또는 10만 km 무상보증 업그레이드에 2채널 블랙박스를 증정한다고 광고한다. 아마 사람들은 블랙박스를 자동차용 소형 카메라와 녹화장치를 가리키는 이름으로 알고 있을 것이다. 이름도 기발해서 다본다, 또는 아니리버, 아이머큐리, 아이로드 등 아이Eye가 붙어 있는 제품이 많이 나와 있다. 블랙박스가 교통사고를 처리할 때 중요한 증거자료로 활용되자 지금은 차량 필수품으로 자리 잡았다.

지금 우리가 살고 있는 사회는 어떻게 보면 하나의 거대한 감시사회라고 할 수 있다. 편의점에 들어가면 눈에 보이지 않는 카메라가 우리를 감시하고 있다. 은행에 들어가도, 공공시설에 들어가도 카메라는 쉴 새 없이 돌아간다. 폐쇄회로TV는 공원이나 아파트 주변, 골목 안까지도 방범이라는 이름으로 사람들의 일거수일투족을 감시하고 있다.

YTN뉴스에는 〈블랙박스TV〉라고 이름 붙인 뉴스 꼭지가 있다. 시청자가 제보한 각종 사건사고 현장을 한데 모아서 내보낸다. 채택된 아이템에 대해서는 건당 5천 원의 문화상품권을 제공한다. 유사한 프로그램으로는 SBS텔레비전 모닝와이드 3부의 〈블랙박스로 본 세상〉과 일요일 밤에 방영되는 〈맨 인 블랙박스〉가 있다.

프로슈머Prosumer시대가 실감난다. 곧 뉴스의 소비자인 시청자가 프로그램 제작에 실제 참여함으로써 오늘날 시청자는 소비자 겸 제작자의 역할을 충실히 해내고 있다. 신문도 블랙박스의 내용을 기사화한다. 조선은 〈사건 블랙박스〉라는 제목으로 17톤 화물차가 끼어든 경차를 12번이나 들이받는 차폭車暴이야기를 다루었다 2017. 2. 7. 차폭이란 난폭, 보복운전 등으로 다른 운전자의 생명을 위협하는 도로의 무법자를 지칭하는 용어다.

블랙박스는 '만인에 의한 만인의 감시'를 일상화하고 있다. 2017년 5월 27일자 한국경제신문 보도에 따르면, 얌체운전자를 잡는 블랙박스 제보가 크게 늘어나고 있다. 교통위반과 관련한 공익신고가 2011년에는 10만 건에 미치지 못했는데 지난해에는 110만 건 가까이 늘어나서 5년 사이에 10배가 증가한 것으로 나타났다. 공익신고는 경찰이 설치해 놓은 폐쇄회로TV나 일반 이동식 카메라를 통해 일반시민이 순수하게 자발적으로 제보한 건수를 가리킨다. 교통 위반은 신고해 봐야 아무 보상이 없다. 그런데도 왜 신고 건수가 늘어나고 있을까.

첫째, 운전자들의 준법정신이 크게 높아진 탓이다. 둘째, 2016년 한 해에 팔린 블랙박스가 200만 대를 넘어섰다. 더욱이 전후방 모두 찍을 수 있고 카메라 기능이 향상돼 화면이 선명해진 데에서도 이유를 찾을 수 있다. 셋째, 보복 운전 대신에 경찰에 고발하는 경향이 늘어났다.

원래 블랙박스Black box는 비행기에 장착되어 있는 항법 기록 장치를 가리킨다. 조종사의 모든 통화 내용도 이 속에 기록된다. 블랙박스는 비행기 사고 시 그 원인을 분석하는 데 유용한 자료다. 조종사의 목소리뿐 아니라 조종석 내의 모든 소리 – 경고음, 엔진소리, 실속경고, 착륙장치 작동소리까지 기록되기 때문이다. 왜 블랙이냐고? 박스가 '검은 색'이어서 이런 이름이 붙어 있는 게 아니고 내부의 작동을 볼 수 없다는 데서Black, 캄캄한 이런 이름을 붙였다. 어둠을 밝히는 데에 도움을 주는 장치Box라는 의미다.

우리는 원래의 뜻과는 전혀 상관없는 말로 블랙박스를 쓰고 있다. 같은 이름이지만 전혀 다른 물건이다. '자동차용 소형 녹화 카메라'는 블랙박스가 아니고 대시보드 카메라Dashboard camera다. 이를 줄여서 대시캠Dashcam이라고 한다.

대시보드란 자동차 운전석 앞에 붙어 있는 각종 제어장치가 달린 넓고 긴 부분을 가리킨다. 대시보드 위에 카메라를 붙여놓기 때문에 이런 명칭이 생겼다. 대시캠은 초기에는 주로 택시에 장착되어 있었던 탓에 택시캠Taxicam이라고도 불린다. 대시캠은 아시아, 유럽의 많은 나라에서 널리 사용되고 있지만 일부 국가에서는 아예 불법이든가 혹은 녹화물 이용에 엄격한 제한이 따른다. 예컨대 오스트리아는 대시캠 사용을 법으로 금하고 스위스는 자료 보호 원칙에 따라서 공공장소에서 사용하는 것을 금하고 있다. 독일에서는 사용은 허용하지만 녹화물을 소셜 미디어에 올리는 일은 프라이버시 침해로 본다. 룩셈부르크에서는 대시캠 소지가 불법은 아니지만 도로상에 있는 자동차를 찍는다든가 공공장소에서 촬영은 불법으로 돼 있다.

Carrier

군함 갖고 어떻게 비행기 타나

"제 옷은 제가 벗을게요." 뭐 별것도 아닌 이 한마디가 국민의 가슴에 왜 그리 와 닿을까.

문재인 대통령의 국가 운영방식이 매사 낮은 곳으로 임하고 있다. 청와대 뜰에서 참모들과 커피를 마시면서 산책하는 모습, 낮은 수준의 경호, 일반 시민들과 셀카 찍기, 주요 인사 직접 발표하기, 손수 커피 타기, 그리고 수보회의_{수석비서관과 보좌관 합동회의}에서 웃옷 벗고 격의 없이 토론하는 모습들이 국민 마음속에 감동을 자아냈다. 눈먼 돈 없애고 공사_{公私}비용을 구분해서 쓰겠다고 천명한 대목도 박수 받아 마땅하다. 아마도 적자생존의 어전회의만 보던 국민들에게 자유롭고 민주적인 의사결정 과정은 신선하다 못해 충격적이었다.

이런 판국에 일부 정치인들은 아직도 과거의 꿈속에서 헤어나지 못하고 있다. 2017년 5월 23일 바른정당 아무개 의원은 일본 여행 뒤 김포공항으로 입국하면서 기다리고 있던 보좌관의 얼굴도 쳐다보지 않고 한 손으로 캐리어를 밀어줘서 '세계적인' 화제의 인물이 됐다. 이 비디오 클립은 삽시간에 방송, 신문, 소셜 미디어를 통해서 전 세계로 퍼져나갔다. 아무개, 노 룩 패스No-look pass, 그리고 캐리어 세 단어가 검색 엔진을 달구었다.

온 세상을 들끓게 한 이 해프닝을 두고 조선일보2017. 5. 27.의 한 기사는 다음과 같이 한껏 비틀어 보도했다. 첫째, 아무개는 몸소 컬링Curling의 시범을 해 보임으로써 평창동계올림픽 홍보에 기여하였다. 컬링이 무슨 스포츠인지 찾아 봤다. 얼음판 위에서 두 팀이 무겁고 납작한 돌들을 목표물을 향해 미끄러뜨리는 경기로서, 각각 4명의 선수로 구성된다. 둘째, 아무개는 다 죽어 가는 바른정당을 널리 알리는 데 일조하였다. 그러지 않아도 존립이 위태로운 정당에 이처럼 군림하는 자세가 과연 보탬이 될 수 있을지 걱정이 앞서지만. 셋째, 아무개는 자신이 들고 다니는 특정 캐리어 판촉에 결정타를 날렸다. 무슨 가방이냐, 값이 얼마냐, 어디서 살 수 있느냐 호사가들이 극성이었다. 어쨌거나 가방장수는 특수를 만났을 것 같다.

여기서 잠깐! 캐리어Carrier가 무엇인가? 우리나라 신문이나 인터넷에선 별 생각 없이 '기내용 소형 가방'이란 뜻으로 캐리어란 말을 쓰지만, 천만의 말씀이다. 영어로 캐리어는 군함A military ship 이나 항공모함An aircraft carrier을 가리킨다. 또한 캐리어는 KT나 SK텔레콤 같은 전신전화회사를 의미한다. 관련 외신 기사에서 Carrier라는 표현을 찾아볼 수 없음은 당연하다. 그냥 짐Luggage아니면 여행용 가방Suitcase, 또는 봇짐Swag으로 나와 있지, 캐리어란 말은 눈 씻고 찾아봐도 없다.

그렇다면 기내機內에 반입할 수 있는 작은 가방은 뭐라고 해야 할까? 캐리온Carry-on이다. Carry-on bag을 줄여서 그냥 캐리온이라고 한다. Carry-on case라고 해도 된다. 비행기 안에 들고 탈 수 있는 작은 가방A small bag or case that you carry onto a plane with you. 바로 캐리온이다.

내친김에 가방 공부를 좀 더 해보자. 소형 여행용 가방은 수트케이스Suitcase, 대형은 트렁크Trunk라고 한다. 서류가방은 브리프케이스Briefcase, 007가방은 아타셰케이스Attache case다. 여행할 때 등에 지고 다니는 가방은 백팩Backpack, 어깨에 메고 다니는 학생용 책가방은 새철Satchel이라고 부른다. 바퀴가 달려 있어 밀고 다니는 가방은 Spinner luggage인데, 러기지Luggage와 배기지Baggage는 같은 말이다.

가방 밀어주기 사건이 우리 사회에 미친 파장은 생각보다 너무 컸다. 영국의 '디 인디펜던트The Independent'는 여행용 가방의 노 룩 패스를 한국사회에 만연하고 있는 '갑질'의 한 단면으로 보았다.

No-look pass란 글자 그대로 농구 경기에서 한 선수가 볼 받을 선수를 쳐다보지 않고 공을 패스하는 것을 가리킨다. 안 보고 던지는 기술A blind passing technique이다. 이 신문은 우월적 지위를 갖고 있는 중년남성A middle-aged man의 선민의식, 특권의식, 그리고 권력 남용을 꼬집고 있다. 한 정치인의 봇짐이 한국 권력층의 민낯The bare face of the Korean elite을 잘 보여준다고 지적하면서, 한국의 개저씨 Gaejessi의 방자한 행태를 비판하였다개하고 연관된 개저씨를 영국신문은 발음 나는 대로 영어로 표기했다. 한국적 고질병이라 할 수 있는 갑질도 이에 딱 맞는 영어표현이 없음으로 아예 Gapjil이라고 썼다.

앞으로 재벌Chaebol에 이어서 갑질Gapjil, 개저씨Gaejessi, 전관예우, 헬조선 등이 옥스퍼드 영어사전에 올라갈 날도 멀지 않은 듯싶다. 언어에도 국격이 있을 텐데….

Cider

정치도 사이다처럼

오뉴월 여름철도 아닌데 사이다가 인기를 끌고 있다. '사이다 발언'으로 유명한 정치인 노회찬은 서민들의 가슴을 시원하게 만들고 어떤 저축은행은 '사이다 대출'을 출시해서 영세 사업자들의 가슴을 뻥 뚫어주고 있다. 모바일 중저금리 대출의 이름을 사이다로 지은 덕에 재미를 보고 있다.

게다가 요즘 '사이다 드라마'가 대세다. 가진 자들의 '갑질'이 끊이질 않으니 '을'의 저항이나 반전이 국민들의 큰 호응을 받는 모양이다. 〈시그널〉, 〈돌아와요 아저씨〉, 〈동네변호사 조들호〉, 〈육씨남정기〉 등이 그것인데, '고구마' 같은 답답한 현실 속에서 주인공들의 맹활약이 꽉 막힌 국민들의 가슴을 '사이다'처럼 통쾌하게 해준다고 해서 이런 이름이 붙었나 보다.

뉴스와 콩글리시

일요일 밤 8시 30분에 방송되던 JTBC 〈차이나는 도올〉은 장안의 화제였다. 중국에 대한 해박한 지식을 전하면서 '헬조선'의 현실을 진단하는 도올의 '사이다 강연'은 N포 세대에게 청량제가 되고 있다.

오래전 연세대 김영석 교수^{현 부총장}와 함께 조사연구차 영국을 여행한 일이 있다. 우리는 시간을 내서 몇 개의 성^{Castle}을 둘러보는 1일 투어에 나섰다. 자유시간 중에 성 안에 있는 매점에 들러 더위를 식힐 겸 사이다를 한 병 주문하였는데 맛이 이상했다. "It didn't taste like cider." 영국의 사이다는 우리가 말하는 기포성 청량음료가 아니었다. 한 병을 다 마시고 나니 취기가 올랐다. 아차, 내가 마신 사이다는 사과술이었다.

탄산수에 당분과 향료를 넣어 만든 음료수가 사이다이다. 시원하고 달콤하다. 과거 킨사이다, 칠성사이다는 국민음료였다. 사이다는 원래 '사과즙을 발효시켜서 만든 술'을 일컫는 말인데 일본사람들이 탄산음료에 사과 향을 섞어서 만들었다고 사이다라고 이름을 지었다. 이러한 사이다는 1905년 일본에서 처음으로 우리나라에 들어왔는데 '금강사이다'와 '미쓰야 사이다'가 그것이다.

사이다에는 두 가지가 있다. 발효시키지 않은, 사과를 짜낸 달콤한 즙은 Soft cider 또는 Sweet cider라고 하고 알코올이 든 사과주는 Hard cider라고 한다^{일반적으로 그냥 사이다라고 하면 사과주를 가리킨다}.

Cider in Japan and Korea refers to a soft drink similar to

Sprite or lemonade. A popular drink in China is called 'Apple Vinegar', which is apple juice사이다는 일본과 한국에서 스프라이트나 레모네이드와 유사한 청량음료를 가리킨다. 중국에서 인기 있는 음료는 '사과식초'라고 불리는 사과 주스다.

사이다의 알코올 도수는 영국의 경우 1.2%에서 8.5% 수준인데 유럽 다른 나라의 경우 3.5%에서 12%로 훨씬 더 높다. 사이다는 포도가 생산되지 않는 영국의 West County지역과 프랑스 Normandy와 Brittany지역이 주산지이긴 하나 유럽과 북미 대륙 전역에서 생산된다. 영국은 사이다 최대 생산국인 만큼 1인당 소비도 세계 최고다.

프랑스에서는 사이다를 시드르Cidre라고 하는데 대부분이 기포성Sparkling 제품이다. 고급 시드르는 샴페인 스타일의 병에 넣었다가 유리잔보다는 도자기잔Ceramic bowl에 따라 마신다.

사이다가 사과주라는 것을 알게 되었다. 그렇다면 우리 식의 사이다는 영어로 무엇일까? 이와 비슷한 맛을 가진 음료로는 Seven-up, Sprite, Mountain Dew, Schweppes슈웹스 등 여러 가지 있다. 모두 특정 회사의 상표 이름이다. 공통적인 이름은 Soft drink, Cold drink, Lemonade, Carbonated drink, Soda water 또는 Pop, 아니면 Soda pop이다. Pop은 톡 쏘는 맛에서 생긴 이름이다. 물론 넓은 의미로는 Refreshing drink,

Refreshment라고도 할 수 있을 것이다.

우리나라에서 사이다는 한여름 더위를 식히기 위하여, 또는 피자나 햄버거 같은 기름진 음식을 먹을 때 즐겨 마시지만 또 다른 용도로도 널리 쓰인다. 막사이다가 그것이다. 많은 사람들이 막걸리에 사이다를 타서 마시는 것을 좋아한다.

Mak-cider is a drink which Korean traditional rice wine makgeolli is mixed with lemon soda, which is called 'cider' in Korean. It was particularly popular in the '60s and '70s막사이다는 한국의 전통주 막걸리에 한국인들이 사이다라고 부르는 레몬소다를 탄 음료다. 60년대와 70년대에 특히 인기였다.

Korea Herald에 실렸던 기사다. 막사이다 애호가의 한 사람은 박정희 대통령이었는데 밀짚모자 쓰고 논두렁에 앉아 막걸리 잔을 들고 파안대소하던 모습은 지금도 많은 국민의 뇌리 속에 남아 있다. 어제 20대 국회의원을 뽑는 총선이 끝났다. '사이다 정치'를 기대해도 좋을까?

Diary

수첩공주와 Dictatorship

　김영란법의 여파는 수능떡까지 된서리를 맞게 하였다. 오늘 전국적으로 일제히 수능고사가 치러진다. 실용성을 추구하는 사회 분위기에 청탁금지법까지 맞물려 수험생 격려 문화가 바뀌었다.

　"합격 떡, 합격 엿은 9월 28일 시행된 청탁금지법으로 치명타를 입었다. 법 위반의 소지가 있다는 우려 때문에 단체 주문이 줄었기 때문이다."동아일보, 2016.11. 16

　이베이코리아의 분석에 따르면 떡이나 엿의 빈자리를 공산품이 메우고 있는데 다이어리와 방석은 각각 880%, 296% 증가하였다. 핫팩과 손난로도 153%가 늘었다고 한다. Diary, 오늘은 '다이어리'에 대하여 시비코자 한다.

연말이 되면 여기저기서 들어오는 선물이 캘린더와 다이어리다. 옛날 시골에서는 한 장짜리 달력이 아주 소중한 물건이었다. 한눈에 볼 수 있는 이 달력을 벽에다 붙여놓고 농사일과 집안의 대소사를 챙겼다. 한 장짜리 달력의 한가운데에는 그 지역 출신 국회의원이나 다음 선거에 나올 정치지망생의 얼굴이 들어가 있었다. 캘린더와 함께 거래처나 주요 인사들에게 연말 선물로 나누어 주는 것이 다이어리다. 포켓용 소책자로 된 것과 책상용 신국판 사이즈가 대부분이다.

1) 한 장 한 장 넘기면서 날짜별로 간단한 메모를 할 수 있도록 종이를 묶어놓은 것, 흔히 사무용으로 이용한다.
2) 그날그날 겪은 일이나 생각, 느낌 따위를 적는 장부.

사전은 다이어리를 이렇게 정의하고 있다. 다이어리는 월별 달력, 일주일 단위의 메모, 주소록 등으로 구분되어 있다. 또한 그와 관련된 간단한 메모도 함께 기재할 수 있다. 영어 Diary는 '안네 프랑크의 일기'를 떠올리게 하지만 오래전부터 우리나라에서는 일기장이 아니라 메모하기 좋은 포켓용 수첩이나 비망록을 가리키는 말로 쓰여 왔다.

For ordinary desk jockeys, a planner is a must-have.

On most workdays, I keep a small planner with me at all times. It is useful to me in many ways.

평범한 사무직 종사자들에게 다이어리는 필수품이다. 대부분 근무일에 나는 작은 다이어리를 갖고 다닌다. 이것은 여러모로 유용하다.

이처럼 우리가 말하는 다이어리는 Diary가 아니라 Planner이다. 플래너는 Notebook, Reminder book, 또는 Pocket notebook과 같은 뜻이다. Schedule book도 우리의 다이어리에 해당한다.

박근혜 전 대통령을 '수첩공주'라고 불렀다. 메모를 하는 것은 좋은 습관이지만 너무 메모에 집착하면 문제가 될 수 있다. 회의 석상에서 말씀을 받아쓰지 않을 때 "머리가 그렇게 좋으세요?"라고 말하면서 레이저 광선을 쏜다면 그것은 독재자의 모습이다. Dictator독재자는 '받아쓰게 하는 자'라는 의미 아닌가.

박 대통령과 오바마 대통령이 만났을 때, 오바마가 뭔가를 말했다. 이제 박 대통령이 말해야 할 차례인데, 박은 고개를 숙인 채 수첩에 뭔가를 열심히 적고 있었다. 이때 비서관이 "대통령님!" 하고 긴급히 부른다. 하지만 뭔가를 열심히 메모하던 박은 오바마가 무슨 말을 했는지 몰라 당황한 기색이 역력했다.

Poor President Park doesn't even remember what the

other question was^{딱하게도 박 대통령은 상대방 질문이 뭔지 기억도 못 하네요}.

오바마의 코멘트에 국민들이 부끄럽다.

재임 4년 동안 우리는 박 대통령이 정부 책임자와 국정을 논하는 모습을 본 일이 없다. 수석비서관회의나 국무회의를 주재하는 장면을 보면 준비된 원고를 읽고 나면 그만이다. 마치 유신시대의 '유시諭示'를 연상시킨다. 게다가 청와대 참모회의를 뉴스에 공개하는 일에 의아심이 적지 않았다. 청와대 참모들은 대통령을 보좌하는 Aide에 지나지 않는데 이들을 언론에 공개해서 국무회의를 무력화시키는 연유를 알 수 없었다. 어찌됐건 프롬프터를 이렇게 사랑한 대통령은 역대 아무도 없었을 것이다. Prompter는 원래 연기자나 프로그램 진행자가 대사를 읽고 연기할 수 있도록 고안된 장치인데, 연설이나 회의 시 보고 읽는 데 활용되고 있다.

다이어리는 매우 유용하다. 그러나 다이어리는 콩글리시다. Oxford사전은 다이어리를 Personal organizer^{물론 Organiser라고 해도 된다}라고 알려준다.

A small file with loose sheets of papers in which you write down information, addresses, what you have arranged to do, etc.^{정보, 주소, 해야 할 일 등을 기록해두는 종이 묶음 책자}.

기록은 소중한 것이지만 충성심을 보이기 위해 그냥 적기만 한다면 무슨 소용이겠는가!

Hair roll
미녀와 추녀

"피청구인 대통령 박근혜를 파면한다."

2017년 3월 10일 오전 11시 21분 이정미 헌재소장 대행이 선언하였다. 대통령의 탄핵이 확정되는 순간, TV 앞에서 숨죽이고 역사적 광경을 지켜보던 우리 국민들은 일제히 환호하였다.

"(…) 대국민 담화에서 진상 규명에 최대한 협조하겠다고 하였으나 정작 검찰과 특별검사의 조사에 응하지 않았고 청와대에 대한 압수 수색은 거부하였습니다. (…) 일련의 언행을 보면 법 위법 행위가 반복되지 않도록 할 헌법수호의 의지가 드러나지 않습니다. (…) 피청구인을 파면함으로써 얻는 헌법수호의 이익이 압도적으로 크다 할 것입니다."

　이렇게 결론을 내린 선고 요지는 많은 국민들의 공감을 사고도
남는다. 어떤 이는 우리글의 아름다움을 이처럼 가슴 뭉클하도록
느껴 본 일이 없다고도 하였다. 박 대통령의 탄핵은 단순히 유신
공주의 퇴장이 아니라 박정희로 상징되는 제왕적 대통령제의 종
언으로 보고 있다.

　"국민들이 다시 한번 한국을 세계역사 속에 기록했다. 1919년
3월 1일의 시위는 1943년 12월 열강 지도자들의 카이로 선언에
'노예상태로 있는 한국을 독립시킨다.'는 조항을 넣을 수 있도록
했고, 1960년 4.19혁명은 전후의 어려운 상황 속에서도 갈망했던
민주정부를 이끌어냈다. 1979년 YH 노동자들과 부산, 마산 시민
들은 유신의 종말을 이끌어냈고, 1980년 광주에서 시작된 시민들
의 힘은 1987년 민주 항쟁의 씨앗이 되었다."

　서울대 박태균 교수의 말이다. 그로부터 30년이 지나 촛불을 든
시민들은 평화적으로 다시 한번 민주주의를 쟁취하였다. 법에 기
초하여 평화적으로 민주주의를 재정립한 사례는 세계 현대사에서
지금까지 어떤 나라도 기록하지 못했던 쾌거라고 그는 평가하였다.
　2017년 3월 13일 법관 생활 30년을 마무리하고 퇴임한 이정미
헌재소장 대행은 박근혜 전 대통령 탄핵 심판 선고일인 10일 뒷머

리에 분홍색 헤어 롤 2개를 단 채 출근해서 화제가 되었다. 이 대행은 이날 평소보다 1시간 이른 7시 50분쯤 출근했다. 짙은 남색 정장 차림으로 관용차에서 내린 이 권한대행 뒷머리에는 분홍색 물체 2개가 매달려 있었다.

센스 빠른 기자들이 이를 놓칠 리 없다. 카메라 플래시 속에 이 대행이 취재진에게 가볍게 목례했을 때 이 값싼 플라스틱 물체는 보석처럼 빛났다. 분홍빛 헤어 롤 두 개가 역사의 심판정에서 이 대행의 고뇌와 영광에 방점傍点을 찍은 셈이다.

헤어 롤Hair roll이 무엇인지 여자들은 다 안다. 그러나 Hair roll 이 틀린 표현이라는 것을 아는 사람은 많지 않다.

'Hair roller justice' gains attention헤어 롤을 단 재판관 주목받다.

이것은 코리아타임스의 기사 제목이다. 'Lee Jung-mi has rollers in her hair'이정미 재판관이 헤어 롤을 달고 있다에서 보듯 헤어 롤은 헤어 롤러Hair roller라고 써야 한다. 롤Roll은 원통이나 둥근 상태를 가리키지 머리에 볼륨을 넣는 도구Roller가 아니다. 헤어 롤러는 헤어 컬러Hair curler라고도 한다.

AP통신은 "사람들은 헤어 롤 해프닝을 이 대행이 판결을 위해 얼마나 헌신했는지 보여 주는 신호로 받아들였다"고 전했다. 헤어

뉴스와 콩글리시

롤 신드롬이라 할 만하다. "사람들은 헤어 롤 두 개를 달고 출근하는 모습이 전파를 타고 삽시간에 퍼져 나가자 밤새 고뇌하고 긴장했을 이 대행의 모습을 봤다"고 칭송과 경의를 아끼지 않았다_{중앙일보, 2017. 3. 13}.

이를 본 코미디언 김미화는 오늘 유행이라 하여 이를 패러디해서 SNS에 올렸고, 집회 참가자 사이에도 따라 하기가 잇따랐다. 홍상지 기자는 "나는 이 권한대행의 작은 실수에 경의를 표하고 싶다. 미용사가 정성 들여 꾸민 헤어스타일보다 그의 소박한 모습이 훨씬 아름다웠다"고 썼다. 누구는 미용사 부르느라 세월호 구조의 골든타임을 놓쳤고, 이를 심판하는 재판관은 새로운 역사를 쓰기 위해 밤을 지새운 탓에 헤어 롤을 달고 출근하였다. 다음은 동아일보 김순덕 칼럼의 일부다.

"박정희 신화를 못 잊어 독재자의 딸을 여왕으로 뽑은 것은 국민이었다. 그가 헌재를 부정함으로써 일말의 안타까움도 갖지 않을 수 있게 됐다. 박근혜와 함께 한 시대가 갔다. 이제 여왕, 아니 왕 같은 대통령은 다시 이 땅에 나타나지 못할 것이다."

Handphone

핸드폰과 벽돌폰

    지하철을 타면 온통 고개 숙인 사람들뿐이다. 책이나 신문을 읽는 사람은 '천연기념물'이 된 것 같고 사람과 사람 간의 정겨운 대화는 사라진 지 오래다. 현대인들은 자나 깨나 스마트폰만 주무르는 엄지족Thumb tribe으로 바뀌었고 이동하면서 비즈니스, 게임, 학습, 금융, 놀이 등 온갖 일을 처리하는 디지털 유목민Digital nomad이 되었다. 모두 스마트폰 덕택이다.

    새 봄을 맞아 신상 폰이 쏟아지고 있다. 2016년 봄 스마트폰 대전大戰에는 갤럭시S7, LG X캠과 X스크린, 화웨이P9, 아이폰SE 등이 출시돼 불꽃 튀는 경쟁을 벌이고 있다.

Samsung and LG, the nation's top two smartphone-makers, are feeling the pinch of enhanced competition on their home turf, a market that used to be called a 'tomb' for foreign handset-makers.

국내 2대 스마트폰 제조사인 삼성과 LG는 외국 제조사들의 '무덤'으로 불리는 안방시장에서 증대되는 경쟁으로 위기를 맞고 있다.

Korea Herald의 보도다.

사실 중국의 화웨이P9의 경우 맥스, 라이트, 스페셜 등 다양한 버전을 내놓고 착한 가격에 선택의 폭을 넓히고 있다.

2016년 3월 11일 갤럭시S7은 전 세계 50개국에서 동시에 출시됐다. 더 강력해진 삼성페이크레디트 카드 대신 결제할 수 있는 장치를 갖추었으며 은행 자동화기기에서 입출금도 가능해졌다. '지금이 모바일 업계의 중요한 변곡점'인바 다양한 제품과 콘텐츠, 서비스를 통해서 시장을 선도해 나가겠다는 것이 삼성의 결의다. 조선일보. 2016. 3. 12

Using a mobile phone might increase the risk of developing certain types of brain tumors and consumers should consider ways of reducing their exposure, World Health Organization cancer experts said.

휴대폰 사용이 특정 뇌종양의 발병을 증가시킬 수 있으므로 소비자들은 전자파 노출을 줄이는 방안을 강구해야 한다고 세계보건기구의 암 전문가들은 말했다.

지난해 12월 미국 캘리포니아 샌버너디노에서 무슬림 부부가 총기를 난사해 14명이 숨진 사건이 발생했다. 이 사건을 둘러싸고 아이폰의 정보잠금장치를 풀려고 하는 미 연방정부와 이에 반대하는 애플 사이에 치열한 싸움이 벌어졌다. FBI의 보안 해제 요구는 안보를 앞세운 조치였고 애플의 거부는 사생활 보호가 명분이었다.

신문기사에 따라서, 사람에 따라서 왜 휴대폰의 이름이 이렇게 제각각인지 한번 정리해보자. 휴대폰, 핸드폰, 스마트폰, 모바일폰, 아이폰, 신상폰, 알뜰폰, 셀폰, 저가폰, 이동전화, 무선전화, Handset…심지어 Pocket Phone를 쓰는 사람도 있다.

원래 휴대폰은 '벽돌폰'이었다. 우리나라에 무선이동통신이 도입된 것은 1984년이었는데 이때의 전화기가 얼마나 컸으면 벽돌만 하다고 해서 이런 이름이 붙었다. 이동통신은 Cell과 밀접한 관련이 있다. Cell이라고 불리는 작은 지역에 저출력 송신기를 이용할 수 있게 돼 붙박이전화가 떠돌이전화로 바뀌게 된다. Cellular radio의 이용은 이동 중에 건 전화를 Cell에서 Cell로 자동 전환시켜 준다. 그래서 이동전화의 처음 명칭은 Cellular mobile telephone이었다. 그 뒤 부르기 편하도록 Cellular telephone이 되었고 이를 더 줄여서 지금은 Cellphone이라고 한다.

점차 기술이 발전하면서 셀폰은 컴퓨팅 운영체계를 갖춰 인터넷을 검색하거나 여러 응용 프로그램을 내려받아 쓸 수 있게 되었다. 마침내 Smart똑똑한에 Phone전화를 합쳐 스마트폰이 됐다. 아이폰은 애플의 브랜드 이름이고 휴대폰은 모바일폰의 번역어로 기능을 고려해서 붙인 이름이다.

핸드폰Hand phone은 그럴듯해 보이지만 영어에 없는 표현이다. 세계 최초의 스마트폰인 아이폰은 2007년 애플이 개발하였다. 이로써 21세기 새로운 산업 생태계의 문이 열렸다. 제1차 산업혁명이 제임스 와트의 증기기관 발명으로 '철로 위'에서 이루어졌다고 한다면, 제2차 산업혁명은 내연기관의 발명으로 '도로 위'에서 이루어졌고 이제 제3차 산업혁명은 스마트폰과 스마트미디어에 의해 '사이버 공간'에서 시작되었다.

이렇게 기계기술 문명은 크게 앞서가는데 이를 운용하는 사람들의 의식, 윤리, 가치, 교육, 제도는 이를 뒤쫓아 가지 못하고 있다. 하드웨어와 소프트웨어 사이에 괴리가 날로 커져서 큰 사회문제가 되고 있다. 이 문화지체Cultural lag현상을 극복하기 위해 우리는 무엇을 해야 하는가.

Paprika

한심^{寒心}한 한식^{韓食}세계화

한국의 농식품 홍보 사업이 콩글리시 때문에 국제적으로 망신을 당하고 있다. 좀 시간이 지난 이야기이긴 하나 농수산식품공사^{aT} 국정감사에서 "정부가 만든 한국 농식품 홍보물이 어색한 영어 표현 때문에 외국인들의 조롱을 받고 있다"는 지적이 나왔다. 문제가 된 표현은 글로벌 K-Food 프로젝트의 홍보물에 쓰인 '굉장한 미역^{Fabulous seaweed}', '고요한 유자차^{Calm citrontea}', '로맨틱한 버섯^{Romantic mushroom}', '기분 좋은 파프리카^{Pleasant paprika}' 등이다. ^{한국경제,} ^{2013. 10. 18}

이런 표현이 국내에서도 무슨 말인지 통하지 않는데 외국인을 대상으로 황당한 형용사를 마구잡이로 갖다 붙여서 웃음거리가 되었다고 한다. K-Food 프로젝트란 박근혜 정부 때 농축산식품

Paprika

한심[寒心]한 한식[韓食]세계화

한국의 농식품 홍보 사업이 콩글리시 때문에 국제적으로 망신을 당하고 있다. 좀 시간이 지난 이야기이긴 하나 농수산식품공사[aT] 국정감사에서 "정부가 만든 한국 농식품 홍보물이 어색한 영어 표현 때문에 외국인들의 조롱을 받고 있다"는 지적이 나왔다. 문제가 된 표현은 글로벌 K-Food 프로젝트의 홍보물에 쓰인 '굉장한 미역[Fabulous seaweed]', '고요한 유자차[Calm citrontea]', '로맨틱한 버섯[Romantic mushroom]', '기분 좋은 파프리카[Pleasant paprika]' 등이다. 한국경제, 2013. 10. 18

이런 표현이 국내에서도 무슨 말인지 통하지 않는데 외국인을 대상으로 황당한 형용사를 마구잡이로 갖다 붙여서 웃음거리가 되었다고 한다. K-Food 프로젝트란 박근혜 정부 때 농축산식품

부와 그 산하 공기업 aT농수산식품공사가 한국 농식품 수출 확대를 꾀하기 위해 마련한 것으로 154억 원의 예산을 투입한 대형 프로젝트였다. 홍보 동영상을 본 외국인들은 형용사를 무작위로 뽑아서 음식 이름에 제멋대로 붙여 놓은 것 같다는 반응을 보였다. 동영상 제작과 방영, 자료 배포에 65억 원을 썼다고 하는데 정부와 공기업이 이렇게 얼이 빠져 있었다니 믿기지 않는다.

한국경제의 보도에 따르면 영어 표현 못지않게 농식품 브랜드 정책 역시 갈팡질팡이어서 한식韓食세계화는 허울뿐인 듯싶다. 예컨대 홍보 동영상에서는 고추장을 'Red pepper paste'라고 소개하고 있는데, 정작 aT가 운영하고 있는 한식 세계화의 공식 홈페이지에는 'Gochujang'으로 나와 있어서 혼란을 자초하고 있다. 게다가 유자는 'Citron'으로, 팽이버섯은 'Mushroom'으로 뭉뚱그려 표기한 것 역시 우리 식품의 고유성을 부각시키지 못한 실책이라는 비판이 나왔다.

특히 벨 페퍼Bell pepper그림을 그려 놓고 파프리카Paprika라고 이름을 붙인 것도 농식품 전문가의 무지無知에서 나온 결과다. 우리가 파프리카라고 부르는 야채는 영어로는 벨 페퍼라고 해야 한다. 영어로 파프리카Paprika는 페퍼고추류로 만들어지며 요리에 양념으로 쓰는 붉은 가루A red powder made from a type of pepper, used in cooking as a spice다. 우리가 파프리카라고 부르는 채소와는 전혀 관계가 없는 고춧가루의 일종이다.

생生으로 또는 조리해서 채소로 먹는 적색, 초록색, 혹은 노란 색의 속이 빈 열매A hollow fruit, usually red, green, or yellow, eaten as vegetable, either raw or cooked는 파프리카가 아니고, 벨 페퍼다. 단맛이 나기 때문에 Sweet pepper라고도 한다. 고추과 식물치고는 유일하게 맵지 않은 특징을 갖고 있다. 마치 종鐘처럼 둥근 모양인 탓에 이런 이름이 생겼다. 일부 나라에서는 존 머리Jon's Head라고 부른다고 하는데 아마도 존이란 사람의 머리가 유난히 컸던 모양이다.

미국 슈퍼마켓에 가면 가지를 Egg plant라고 표기해 놨다. 미국의 가지는 우리나라 것처럼 길쭉하지 않고 아주 둥글게 생겼는데 그 모양이 흡사 계란 같아서 계란 식물Egg plant이라고 이름하였다.

고추의 원산지는 멕시코와 중남미인데 벨 페퍼는 1493년 스페인으로 건너가서 유럽 전역과 아프리카와 아시아로 퍼졌다. 오늘날 주생산지는 멕시코, 인도네시아, 중국이다. 같은 식물도 나라에 따라서 명칭이 서로 다른데 우리는 파프리카라고 부르는 Bell pepper를 미국 중서부에서는 망고Mango라고 하고 스위스에서는 페페로니Peperoni, 프랑스와 네덜란드에선 피망Piment이라 칭한다. 우리나라에서는 파프리카와 구별하여 초록색의 벨 페퍼만을 피망이라고 하여 서로 구별하고 있으나, 대부분의 나라에선 같은 류類의 채소로 여긴다.

우리는 붉은색, 초록색, 노란색을 벨 페퍼의 대표적인 색깔로 알고 있지만 이 세 가지 외에도 오렌지 색, 갈색, 흰색, 라벤더 색, 자주색 등 다양한 색이 있다. 벨 페퍼는 습기와 추위, 더위에 민감하여 주로 그린하우스에서 재배하고 있는데 이상적인 재배에 적합한 최적의 기온은 섭씨 21도에서 29도 사이다.

Placard

촛불이 횃불로 타오르다

마침내 촛불이 횃불로 타오르고 있다. 지난 3일 박 대통령 탄핵을 요구하는 제6차 촛불집회에는 단군 이래 최대 인파라고 할 수 있는 232만 명이 서울을 위시한 전국 주요 도시에 운집하였고, 416개의 횃불이 청와대를 향해서 행진하였다. 횃불 행진에는 300명이 넘는 생명을 앗아간 4월 16일 세월호 참사에 대한 강력한 항의의 뜻도 담겨 있다. 정직하고 진솔하지 못한 대통령의 담화 시리즈에 성난 국민들의 함성은 청와대 100미터 앞에서 계속되었고, 그들의 구호는 "하야하라" – "탄핵하라" – "체포하라" – "구속하라"로 강도를 높이고 있다.

There were 416 torches to symbolize the date of the Sewol

ferry disaster, which left more than 300 people missing or
dead on April 16, 2014. 416개의 횃불은 2014년 4월 16일 300명 이상이 실종
또는 사망한 세월호 참사를 상징하는 것이었다. — Korea Herald, 2016.12. 4.

나라가 누란지위累卵之危다. 알을 포개 놓은 듯한 매우 위태로운
형세인데 여야의 각 정파는 각기 다른 셈법으로 혼란을 부추기고
있다. 상주-의성을 지역구로 둔 김종태 의원은 대통령의 퇴진을
요구하는 평화적 시위를 "좌파 세력이 조직적으로 선동하는 집회
이며, 좌파와 언론의 선동으로 이 지경이 됐다"고 주장하였다. 그
는 또 박 대통령을 옹호하면서 "그만한 흠집이 없는 사람이 어디
있느냐"고 반문하였다. "야당으로서는 시쳇말로 약이 좀 오를 수
있다고 생각한다." 대통령의 3차 담화를 놓고 어느 라디오 인터뷰
에서 이렇게 말한 사람은 홍문종 의원이었다. 여당의 원내총무는
촛불시위를 홍위병이 이끄는 문화혁명이라고 매도하였다. 이 와
중에 청와대 정연국 대변인은 "미디어가 각종 의혹을 제기해서 사
회혼란을 야기하고 있다"고 항변하였다.

정치인들만이 아니다. 맹목적인 추종자들이 경거망동하고 있다.
어느 여가수는 지난 29일 트위터에 박근혜 퇴진 운동을 두고 "빨
갱이들이 날뛰는 사탄의 세력"이라고 폄하하였다. 작가 이문열은
"100만 명이 나왔다고, 4,500만 명 중에 3%가 한군데 모여 있다
고, 추운 겨울밤에 밤새 몰려다녔다고 바로 탄핵이나 하야가 '국민
의 뜻'이라고 대치할 수 있느냐"고 힐난하면서 촛불 시위를 북한

의 "아리랑축전"에 비유해서 국민의 분노를 사기도 하였다.

아리랑축전이 무엇인가. 북한 당국이 10만 명 이상을 동원해서 일사불란하게 춤을 추며 북한의 혁명사를 소개하고 집권세력을 정당화하는 데 이용하는 대규모 관제官制 퍼레이드 아닌가. 또 사라졌던 윤창중 전 청와대 대변인은 박사모의 맞불 집회에 나타나서 "박근혜를 지키지 못하면 대한민국이 무너진다."고 하여 빈축을 산 바 있다.

시위집회는 현대판 아고라다. 시위에는 두 가지 요소가 등장한다. 하나는 주의주장을 쓴 팻말이나 플래카드이고 다른 하나는 함께 외치는 구호다.

Protesters carried a banner reading "Arrest Park Guen-hye"시위꾼들은 "박근혜 체포하라"고 쓴 대형 구호천을 들고 있었다.

대형 천이나 판때기에 구호를 적어 양쪽 끝에서 두 사람이 잡고 행진할 때 사용하는 것을 Banner라고 한다. 시위 시 손에 든 것을 Picket이라고 알고 있지만 엉터리 영어다. Picket은 '공장이나 빌딩 입구에 서서 항의하는 일단의 사람들'을 가리키지, 손팻말을 뜻하지 않는다. Picketing은 그런 행동을 말한다. 정리하면 다음과 같다.

1) 공공장소에 걸어놓거나 손잡이가 붙어 있어 데모 때 들고 행진하는 것은 플래
   카드Placard
2) 행진 시 둘이서 양쪽 끝을 잡는 구호가 적힌 대형 천은 배너Banner
3) Picket은 손팻말이 아니고 공장 입구의 시위꾼을 가리킨다

지금 나라의 위기는 보수와 진보의 문제가 아니다. 또한 여당과 야당의 정쟁의 문제도 아니다. 원칙과 신뢰를 약속한 대통령이 반칙을 일삼고 국민을 배신한 데 대한 단죄斷罪의 문제다. 대통령이 즉각 하야하든가 퇴진하면 '헌정이 중단'된다고 하는 주장에 국민은 동의할 수 없다. '질서 있는 퇴진'을 위해 전권을 내려놓고 4월에 가서 물러나야 한다는 의견도 정파적 득실을 염두에 둔 시간표일 뿐이다. 직권남용, 공무상 비밀누설, 제3자 뇌물수수 등 국정농단에 법치주의를 훼손하고, 세월호 7시간 실종사건으로 국민의 생명을 지키지 못한 대통령이라면 즉각 퇴진하는 것이 옳다. 광장의 혁명이 이제 정치적 막장드라마의 막을 끌어내리고 있다.

Plastic
플라스틱과 비닐

주경철 교수가 쓴 『대항해시대』를 보면 중세시대 열악한 상황에서 장기간의 원양 항해를 떠나는 선박은 '떠다니는 묘지'와 같았다. 극단적인 경우라고는 하지만 마젤란 선단의 경우 270명의 선원이 함께 출발했으나 마지막 생존자는 16명에 지나지 않았다.

다른 여러 가지 이유도 있었겠지만 가장 큰 이유는 비타민C의 부족에서 오는 괴혈병 때문이었다. 그 밖에 류머티즘, 발진티푸스, 황열병, 궤양, 피부병에도 시달렸지만 오랜 선상생활에서 신선한 야채를 먹을 수 없는 것은 가장 큰 고통이었다. 15세기 대항해시대가 열리면서 먼 거리 원정에서 선원들의 절반이 목숨을 잃었고 심지어 사망자가 75%에 이르는 경우도 흔히 있었다.

쿡 선장은 이에 대한 대응책으로 비타민C의 보고인 '소금에 절인 양배추'를 3천 kg 넘게 싣고 항해를 떠났다. 당시로선 혁명적인 발상이었다. 비타민C의 보급원인 야채는 절체 절명의 식품이었다.

과일이나 야채는 제철에 나는 것이 제일 좋다고 말한다. 그러나 농업의 역사를 보면 농산품을 '제때에 출하하지 않기' 위한 연구와 시도가 수없이 많았다. 어떻게 하면 제철보다 한발 앞서 수확할까, 아니면 철이 한참 지나고 뒤늦게 생산해 낼 수 있을까 노력해 왔다. 전자를 촉성재배, 후자를 억제재배라고 한다.

이 두 가지 방법을 획기적으로 해결한 것이 비닐하우스Vinyl house다. 비닐하우스의 최대 장점은 생산 시기를 조절하고 생산성을 높이는 데 있다. 과일이나 채소 재배 외에도 열대과일과 화훼류 및 기타 특용작물의 재배가 가능해졌다. 요즘은 ICT를 농업생산에 접목한 스마트 팜Smart farm이 등장하여 새로운 농업혁명을 예고하고 있다.

이러한 비닐하우스는 6.25전쟁 이후 점차 보급되기 시작하여 지금은 전국 어디서나 볼 수 있는 표준적인 원예시설이 됐다. 영미인들은 이 비닐하우스를 뭐라고 부를까? 식물을 재배, 관리하는 시설은 Greenhouse온실이고, 외벽이나 지붕을 유리로 만든 경우 Glasshouse유리 집라고 말한다.

우리는 얇은 플라스틱 재질이면 무조건 비닐이라고 생각한다. 비닐 백, 비닐봉지, 비닐장판이 생활어가 됐다. 대체로 고체형 합성수지는 플라스틱으로 알고 있고, 종이나 천 같이 포장재로 쓰이는 것은 비닐이라고 잘못 알고 있다.

"Plastic or paper?비닐봉지에 넣을까요, 종이봉지에 넣을까요?"

세이프웨이Safeway, 안드로니코스Andronico's와 같은 미국의 대형 슈퍼마켓에 가면 계산대Cashier옆에 Bagger백에 물건 넣어주는 사람라고 하는 보조직원이 있다. 산 물건을 백에 넣기 전에 항상 물어보는 말이 이것이다.

플라스틱의 종류에는 10여 가지가 있다. 투명도가 높고 단열성이 좋으며 가볍고 맛과 냄새가 없는 것이 폴리에틸렌 테레프탈레이트Polyethylene Terephthallate, 곧 PET이다. 흔히 페트병이라고 하는 음료수병을 가리킨다. 비닐은 폴리염화비닐리텐으로 육류를 비롯한 식품포장에 주로 쓰는 플라스틱의 한 종류이다. 플라스틱은 공업용, 의료용 그리고 나일론, 인조가죽, 스티로폼, 기모 등과 같은 생활용품으로도 널리 쓰인다.

새해 1월 19일 AFP통신에 따르면 매년 800억에서 1,200억 달러에 달하는 플라스틱 포장재의 95%가 단 한 차례 사용한 뒤 버려진다고 한다. 그리고 2050년이 되면 바닷속에는 물고기보다 플라스틱 쓰레기가 더 많게 된다고 경고했다. 엘런 매카서 재단과 맥킨지 경영환경센터의 보고서에 의하면 매년 최소 800만 톤의 플라스틱이 바다에 버려지고 있다. 이는 1분마다 쓰레기를 가득 실은 트럭 한 대를 바다에 던지는 것과 같다. 이미 바닷속에 버려진 플라스틱은 1억 5천만 톤에 달한다.

플라스틱은 가볍고 절연성이 뛰어나고 녹이나 부식이 없으며, 단열성이 좋은 데다 착색이 자유롭고 자성磁性을 띠지 않아 공업용과 소비재로 많이 쓰인다. 금속, 나무, 유리, 기타 다른 물질을 대신하고 있다. 편리한 만큼 심각한 문제도 생기고 있다. 자연환경을 오염시키는 주범이라는 것이다. 플라스틱 옹호론자들은 말한다. 만약 플라스틱이 없었다면 나무, 돌, 흙 등의 수요가 크게 늘어 자연파괴는 더욱 심각해졌을 거라고. 플라스틱은 더 얇고 더 가볍고 더 강하게 진화하고 있다. 편리한 만큼 올바르게 쓰는 지혜가 아쉽다.

Sand bag

샌드백 신세가 된 롯데

참 무능한 정부다. 중국의 사드 보복이 무차별적으로, 전방위적으로 벌어지고 있는데도 두 손 놓고 있으니 무기력하고 한편 비겁한 정부가 아닐 수 없다. 어떤 이는 중국의 사드 보복 조치는 프로급인데 우리 정부의 대응은 아마추어라고 비판한다.

"최근 한국 외교는 사면초가다. 국제사회는 어느 때보다 각자도생各自圖生의 시대다. 경제에는 자유무역주의가 쇠퇴하고 신중상주의Neo mercantilism시대가 전개되고 있다. 이데올로기나 가치동맹을 떠나 세계 각국이 자국의 이익을 최우선으로 하는 시대다."동아일보, 2017. 3. 27

황병태 전 중국 대사의 말이다.

중국의 사드 보복은 치밀하고 조직적이다. 중국인들의 한국 단체 관광을 막았고 한류 금지에 이어 베이징국제영화제에서 한국 영화 상영을 불허하였다. 이달 16일부터 23일까지 베이징에서 열리는 제7회 베이징국제영화제에 일부 한국영화가 초청받았으나 중국당국의 제지로 상영되지 못할 전망이다. 작년에는 이민호, 김우빈 등 우리 스타들이 대거 참석하여 영화제의 분위기를 고조시켰던 것과는 사뭇 대조적이다. 중국의 사드 보복은 한한령限韓令에 이어 영화 분야까지 확대되었다. 배우 하정우가 중국의 출연제의를 받고 여배우 장쯔이와 함께 찍기로 했던 〈가면〉도 무산되었으며 지난해 한국영화는 단 한 편도 중국에서 상영되지 못했다.

이처럼 중국의 사드 보복으로 인한 우리의 경제적 피해가 눈덩이처럼 커지고 있지만 우리 정부는 4개월째 '검토 중'이라니, 아무리 권한대행 체제라고 해도 '이게 정부냐'는 비판을 면할 수 없게 됐다. 골병이 들어가고 있는 많은 기업 가운데 유독 롯데그룹은 성주골프장을 사드 부지로 제공했다 하여 중국 내에서 융단폭격을 맞고 있다. 매일경제는 〈사면초가 롯데〉라는 기획기사를 두 차례 실었다2017. 3. 28. 29. 〈정부의 사드 용지 요구, 누가 거절할 수 있나 (…) 샌드백 롯데〉가 첫날의 제목이다. 중국의 롯데 때리기는 전례를 찾아 볼 수 없을 만큼 무자비하다.

이 때문에 신문은 샌드백Sand bag이란 표현을 쓰고 있다. 소방점검, 영업중단, 비자발급 거부, 공장가동 중단, 벌금부과, 불매운동, 시설파괴 등 중국의 전방위 압력에다가, 국내적으로는 검찰 수사, 최순실게이트 연루, 총수의 출국금지, 정부의 대중국 저자세, 시민단체의 사드철회 압력 등 시련의 계절이 계속되고 있다.

내우외환 속에 앞뒤로 당하고 있는 상황을 샌드백Sand bag에 비유하고 있다. 샌드백이라고 하면 많은 사람들은 복싱 연습 장면을 떠올린다. 그 탓에 동네북 같은 처지를 샌드백 신세라고 흔히 말한다. 샌드백은 글자 그대로 모래주머니다. 홍수에 대비해서 방죽에 쌓아둔다든가, 폭설이 내렸을 때 도로에 살포하기 위해 준비해 놓은 모래주머니다.

복싱선수가 연습 상대로 삼는 '무거운 가죽 백'은 샌드백이 아니라 영어로는 '펀치 볼Punch ball' 또는 '펀칭 백Punching bag'이라고 한다. 펀치 볼은 스프링Spring에 묶어놓은 무거운 가죽 볼A heavy leather ball이고 펀칭 백은 줄Rope로 매달아놓은 무거운 가죽 백A heavy leather bag으로, 둘 다 복서의 연습용 도구다.

우리가 동네북 신세를 비유해서 말할 때는 샌드백이 아니고 펀칭 백Punching bag이라고 해야 한다. 이와 유사한 표현으로 도어매트Doormat가 있다. 현관에 놓여 있는 발깔개가 도어매트이다. 도어매트는 이 사람 저 사람 밟고 다닌다. 여기서 여러 사람에게 얻어터진다, 또는 짓밟힌다는 뜻이 생겨났다.

우리는 중국에 대해서 너무 모른다. 전승절 기념식에 가서 단상에 나란히 서 있었다고 중국이 우리의 우군은 아니다. 롯데의 사드 잔혹사를 보면 중국은 소아적小兒的 대국이다. 자국의 이익을 위해서는 막무가내식 제재를 가하는 중국에 대해 지금껏 우리 정부가 한 일이라고는 주중대사가 항의 편지 한 장을 달랑 보낸 것 뿐이라니, 가히 무정부상태가 아닌가! 노르웨이, 몽골, 홍콩, 대만 등의 사례에서 우리는 무슨 교훈을 얻었는가.

　중국만 바라보는 비즈니스를 벗어나야 한다. 한류가 그렇고, 관광이 그렇고, 면세점이 그러하다. 시장의 다변화를 강구하고 외교적 힘을 키워야 한다. 중국의 졸렬한 조치를 국제사회가 강력하게 성토할 수 있도록 우리의 외교역량을 발휘해야 할 때다.

PART 6

우리가 만든
콩글리시

BUSINESS

Alba
알바들의 저녁 있는 삶

고려대학교의 새로운 장학금 제도가 큰 호응을 얻고 있다.

"2015년 2학기부터 학점만으로 선발했던 성적우수장학금이 사라지고 꼭 필요한 학생들에게 혜택과 장학금이 갈 수 있도록 크게 바뀌었다. 이름하여 '정의장학금'이다. 생활비와 학비를 벌기 위해 아르바이트를 병행하느라 학업에 열중하지 못하는 학생들에게 우선적으로 장학금을 지급하는 제도다. 자유, 정의, 진리장학금으로 이름한 이 제도에 따라서 생활장학금, 기숙사장학금, 면학장학금 등을 지원하고 있다."대학홍보자료에서

지금까지 대부분 대학들은 성적우수자들에게 우선적으로 장학

금을 배정해 왔다. 집안 사정이 어려워서 가정교사나 편의점 아르바이트로 학비를 벌어야 하는 아르바이트 학생A working student에게는 불공정한 게임이었다. 소위 SKY대학의 장학금 수혜자는 70% 이상이 넉넉한 가정의 학생들이었다.

가정형편이 어려운 학생들에게 우선적으로 장학금을 지원한다는 것은 교육의 기회균등을 실현한다는 점에서 매우 바람직하다. 설령 아르바이트를 하려고 해도 현실은 그리 녹록지 않기 때문이다.

"서울 고려대 앞 편의점에서 6개월째 아르바이트알바를 하고 있는 대학생 김 모26씨는 최근 점주로부터 이달 말까지만 일하고 나가 달라는 통보를 받았다. 편의점을 찾는 중국 유학생이 점점 늘어나자, 사장은 중국어 소통이 가능한 유학생 알바로 교체할 예정이다."조선, 2017. 1. 11

편의점 업주 사이에선 중국 유학생이 많이 사는 원룸촌에 자리를 잡고 유학생 알바를 들이면 상점 매출이 두 배로 뛴다는 소문이 돌고 있다. 중국 유학생들은 도시락이나 삼각 김밥, 바나나 맛 우유 등 중국인들에게 인기가 큰 음식을 편의점에서 주로 사는데 말이 통하는 유학생 알바가 있는 편의점을 선호한다는 것이다.

거의 우리말로 정착한 아르바이트, 또는 알바는 독일어 Arbeit 일, Work에서 유래하였다. 영어에 없는 이 말이 어떤 경로로 우리나라에 귀화했는지는 불분명하다. 1920년대부터 여러 면에서 독일을 많이 본받던 일본을 통해서 수입된 것으로 추정된다. 그나마 한동안 아르바이트로 쓰더니 어느새 알바로 줄어들었다. Arbeit 가 줄어서 다시 Alba로 변형되었다. 시간제 일자리를 전문적으로 알선하는 사이트에 알바천국, 알바몬이 있는데 Albamon이라 버젓이 쓰고 있다. 메이저 신문에서조차 아르바이트^{알바}로 병기해서 혼란을 가중시킨다.

그녀는 아르바이트 자리를 찾고 있어요_{She's looking for a part-time job.}처럼 아르바이트는 Part-time job이고 아르바이트생은 Part-timer, 혹은 Part-time worker라고 한다. 경우에 따라서는 Job on the side, 또는 Second job이라고 할 수 있다. Part-time의 반대는 물론 Full-time이다.

동아일보_{2017. 2. 4.}는 '나쁜 알바 실태'를 커버스토리로 다룬 바 있는데 노동착취, 성희롱과 폭행, 인권유린 등 파렴치 고용주가 아직도 적지 않다. 어느 떡 공장이 간호학과 여학생을 알바로 쓰면서 사전 양해 없이 18시간 30분을 일하게 해 실신 직전에 이르도록 했다고도 전했다.

회사 경영이념이 '나눔과 바름'인 이랜드는 애슐리, 자연별곡 등 21개 외식 브랜드를 운영하면서 근로자 4만 4,360여 명의 임금과 수당 등 83억 7,200만 원을 제때 지급하지 않아서 충격을 주었다._{조선. 2016. 12. 31}

이러고 보면 알바지옥이 따로 없다.

아르바이트를 Moonlight라고도 한다. 일과가 끝나고 달빛 아래 몰래 Second job을 하고 세금은 잘라 먹는다는 의미를 함축한다. 알바들은 시급을 받는다. 2017년도 우리나라 시급은 6,470원이다. 매년 말 노사정勞使政과 학계인사로 구성되는 최저임금위원회가 다음 해의 최저임금을 정하는데, 노동계는 1만 원을 주장하지만 고용주의 부담을 고려해서 '밀당'을 하게 된다. 때마침 한국경제신문 2017.2. 25.은 1만 원 인상을 놓고 찬반 맞짱 토론 기사를 싣고 있다.

대체로 우리나라 시급은 OECD 국가의 중간 수준이고 상위에 속하는 프랑스, 벨기에, 호주에 비하면 거의 절반에 가깝다. 최저임금제는 1938년 미국의 프랭클린 루즈벨트 대통령이 '노동자들이 먹고살 만한 최소의 임금'을 지급해야 한다는 취지로 도입하였다. 당시 시간당 25센트였다. 시급 6,470원은 한 달 법정 최대 허용 시간인 209시간 일할 때 받는 월 총액이 135만 원 수준임을 뜻한다. 이건 정규직regular worker보다 훨씬 많이 일했을 경우이고 대부분의 알바들은 이에 훨씬 미치지 못한다. 알바들의 '저녁 있는 삶'을 위해서는 시급時給인상이 보다 무엇보다 시급時急한 것 같다. 2018년부터는 13%나 올려서 사회적 파장이 컸다

All stop
블랙리스트와 올스톱

"블랙리스트를 작성한 적도, 작성하라고 지시한 적도 없고, 지금까지 블랙리스트를 본 적도 없습니다."

청와대-문체부-문화예술진흥위원회가 엮인 블랙리스트를 둘러싸고 문화예술계가 몸살을 앓고 있다. 프랑스 주재 대사도 불러들이고 해외 문화원장도 소환 조사를 했건만 모든 혐의자들의 공통분모는 '모르쇠'다. 청와대 교육문화수석을 지낸 사람 셋이 조사를 받았고, 문체부 전현직 장차관은 국회와 특검에 불려 다니다 위증僞證으로 고발되는 지경에 이르렀다.

"특검은 블랙리스트 작성을 위한 정보 수집 과정에서 국가정보

원의 인적人的정보가 동원된 단서를 잡고 관계자 소환을 서두르고 있어서 국가정보원의 민간인 사찰 논란이 재점화될 가능성도 있다."^{동아일보, 2016. 12. 28}

총체적 난국이다. 국정이 올스톱되고 있다.

〈공공기관장 인사 올스톱, 임기 끝난 22명 자리만 지켜〉^{한국일보,} ^{2016. 12. 16}

〈뒷짐 진 정부⋯5대산업 구조조정 올스톱〉^{조선, 2016. 11. 25}

〈국가원수, 군통수권 등 헌법이 부여한 권한 올스톱〉^{서울신문, 2016. 12. 10}

올스톱All stop은 정부와 공공기관만의 문제가 아니다. 기업이나 사회의 기능까지 올스톱 시키고 있다.

"연매출이 120조에 이르는 재계 3위의 그룹 SK는 일상적인 경영활동 외에는 모든 것이 올스톱됐다."^{머니투데이, 2014. 3. 1}

"16년 만에 처음으로 여소야대가 현실화하면서 그동안 정부와 새누리당이 추진해온 경기부양책이 사실상 올스톱됐다."^{문화일보,} ^{2016. 4. 14}

블랙리스트는 영어권에서 많이 쓰는 말이지만 올스톱이란 말은 영어에 없는 표현이다. 올스톱All stop, 매우 편리한 말이다. 전면 중지되든가, 마비 또는 중단된 상황을 두고 이 말을 쓰고 있다. 그렇다면 올스톱을 영어로는 뭐라고 해야 할까? 상황에 따라서 적절한 표현을 찾아 써야 한다.

파업으로 산업이 올스톱 되었다The strike paralyzed the industry.

전쟁이 격화된 탓에 헌법이 올스톱 됐다
The constitution was suspended as the fighting grew worse.

눈보라 때문에 기차가 올스톱 됐다
The trains came to a standstill in the snowstorm.

올스톱과 함께 자주 쓰는 말이 원스톱One stop이다. Stop은 멈춤, 정지, 유숙留宿, 정거장 등을 뜻하므로 원스톱은 한 번의 발걸음으로 여러 가지 일을 모두 처리할 수 있을 때 쓴다.

〈부동산중개-이사-관리, 연말부터 원스톱 서비스〉동아, 2016. 2. 4
〈출생신고만 하면 양육수당 등 관련 공공 서비스 원스톱 제공〉문화일
보, 2016. 1. 16

원스톱은 One-stop shop 또는 One-stop shopping mall이 원조다. 한 번 가서 필요한 물건을 모두 살 수 있는 가게나 쇼핑센터를 가리킨다. 미국의 대도시 교외에는 대개 큰 규모의 쇼핑센터가 있다. 주방용품, 침구 등을 파는 Home depot, 사무용품을 파

는 Office depot는 물론이고 백화점, 아울렛, 대형 슈퍼마켓, 옷가게, 식당들이 몰려 있어 한 번 가면 필요한 것을 모두 살 수 있다.

박근혜 정부의 블랙리스트에 이름이 올라 있는 문화예술인 은 9천 4백 73명이나 된다고 한다. 세월호 시국선언을 한 문인 754명, 문재인 후보 지지선언을 한 인사 6,517명, 박원순 지지선 언 인사 1,608명 등 반체제-반정부 인사가 다수 포함돼 있다. 시 인 고은, 도종환, 소설가 김홍신, 가수 이승환, 전인권, 배우 송강호, 하지원, 백윤식 등도 이름을 올렸다. 문화융성위원회를 만들고 창 조경제를 국정 목표로 내세운 정부로서는 반문화적이고 비창조적 인 반달리즘Vandalism을 자행한 꼴이 되었다. 반달리즘이란 고의로 또는 무지로 문화예술을 파괴하는 행위를 일컫는 말이다.

블랙리스트Blacklist의 역사는 꽤 오래되었다. 영국 왕 찰스2세는 1660년 즉위하자 아버지 찰스1세를 사형시키는 데 가담한 판사 등 58명을 블랙리스트에 올렸는데 이 가운데 13명을 처형하고 25명을 종 신형에 처했다. 블랙리스트의 또 다른 이름은 살생부殺生簿다. 제거 대 상이나 기피 인물의 이름을 기록한 장부가 살생부다. 살생부에 '죽일 사람' 외에 '살릴 사람' 이름을 함께 기록한 예도 있으나 통상 배려해야 할 명단은 따로 만든다. 영어로는 화이트리스트Whitelist라고 하는데, 왕 조시대에는 공신록功臣錄이라 불렀다. 요즘은 캠프에 몸담았거나 인수 위에서 활동한 사람들이 공신록에 이름을 올린다. 블랙리스트는 문화 의 다양성을 해친다. 자유로운 영혼 안에서 문화융성은 꽃필 수 있 게 된다.

Autobike

이제 골프보다 오토바이

구정을 맞아 가장 바빴던 이들이 오토바이 배달원이 아닌가 싶다. 오늘은 오토바이 이야기를 해보자.

일본 스즈키가 세계 최초로 수소연료전지 오토바이의 상용화에 나선다. 고압의 소형 수소탱크를 단 120CC급 오토바이를 곧 선보일 예정이라고 한다. '연료전지 오토바이'는 수소와 공기 중 산소를 반응시켜서 발생하는 전기로 모터를 움직이게 하는 장치를 갖고 있다. 배기가스가 없고 물만 배출하므로 차세대 친환경 교통수단으로 주목받고 있다_{한국경제 보도다}.

주말에 교외로 나들이를 나가면 가죽 재킷에 긴 장화, 색안경에 헬멧을 쓴 오토바이 부대의 행렬을 쉽게 볼 수 있다. 오토바이의 매력은 일상日常의 일탈逸脫이다. 자동차, 비행기, 배, 기차, 지하철 등 많은 교통수단 가운데 오토바이는 통근수단이자 생계수단이고 스포츠와 레저의 꽃이기도 하다. 편리함, 실용성, 기동성에다 무한질주의 자유를 가져다준다. '이유 없는 반항'에서 제임스 딘의 표상은 오토바이로 각인돼 있다.

오토바이 하면 떠오르는 나라는 베트남이다. 베트남을 처음 여행하는 사람은 떼 지어 달리는 오토바이 물결에 놀라게 된다. 호치민시에 가면 오토바이 소음과 자동차 경적으로 도시 전체가 진동하는 것처럼 느껴진다. 사실 그렇다. 엄청나게 많은 오토바이 수에 놀라고 무질서함에 당혹스럽고, 마구 달리는 혼란 속에 질서가 존재하고 있는 듯하여 또 한 번 놀라게 된다.

인도를 여행하다 보면 버스 뒤에 "Horn, please경적을 울리세요"라고 써놓은 경우를 본다. 한편 베트남에서는 '삐리 빵 빵'은 '나가신다, 주의해라'는 뜻이고, '삐라 삐라'는 '내가 지금 추월한다.'는 의미다. 그나마 2008년 이래 헬멧 착용을 의무화해서 안전을 도모하고 있다. 월남 여자는 태어나면서부터 오토바이를 탄다는 말이 있다. 그만큼 오토바이가 생활화돼 있다. 그곳에서 오토바이는 출퇴근수단이자 운송수단이고 데이트족의 필수품이기도 하다. 재미있는 것은 오토바이 뒤에 탄 여자의 자세를 보면 두 사람의 관계를 쉽게 알 수 있다고 한다.

우리가 말하는 오토바이는 앞뒤로 있는 두 바퀴에 원동기를 장

뉴스와 콩글리시

치하여 그 동력으로 바퀴가 돌아가게 만든 자전거다. 도로교통법은 이륜자동차라고 부르는데 오토바이 또한 영어 아닌 영어다.

자전거가 영어로 Bicycle, Bike, Cycle임은 누구나 잘 안다. 자전거에 원동기가 붙어 있으니 오토바이는 Motorbicycle, Motorbike, Motorcycle이 된다. Motor 대신 Auto를 쓸 수도 있으니 오토바이는 아마도 Autobike오토바이크가 발음하기 쉽게 오토바이로 전음轉音돼서 생긴 이름 같다.

Sadly, Song died at the age of 20 in a motorcycle accident near his home슬프게도 송은 20세에 집 근처에서 오토바이 사고로 죽었다.

Motorcycle은 오토바이로 번역해야 우리말답다.

한때 오토바이는 폭주족과 동의어였다. 엄청난 속력으로 마구 달리는 폭주족을 바이커Biker라고 하더니, 요즘 취미로 타는 사람은 라이더Rider라고 부른다. '골프 다음은 모터사이클'이 대세인 듯 오토바이는 배달용에서 레저용으로 격상되었다. 오토바이의 종류도 다양하다.

- **고성능 오토바이**A high-performance motor cycle: 슈퍼바이크Superbike라고 하는데 웬만한 자동차보다 훨씬 비싸다.
- **스쿠터**Scooter: 경차에 해당하는 소형 오토바이로 가까운 거리 이

동에 편리하다.

- **네이키드**Naked: 오토바이의 가장 기본 형태로 Naked가 뜻하듯 외장 없이 엔진이 드러나 있다. 스포츠용으로도 쓸 수 있는 팔방미인형 오토바이.

- **레이서 레플리카**Racer replica: 경기용 바이크를 복제한 형태로 레플리카, 또는 R카라고도 불리는데 화려하고 가볍고 빠르다.

- **투어러**Tourer: 넉넉한 배기량으로 장거리 여행에 적합하다.

- **크루저**Cruiser: 거대한 차체에 큰 배기량을 가진 미들급 스포츠 바이크. 미국에서 인기가 많아 '아메리칸 바이크'라는 별칭을 갖고 있다.

- **언더본**Underbone: 차 값이 싸고 유지관리비가 적게 들어 세계인의 사랑을 받고 있는 '국민 바이크', 우리나라 배달용은 거의 이것이다.

그리고 끝으로 오프로드Offroad가 있다. 글자 그대로 비포장도로용 오토바이다.

모든 문명의 이기利器는 언제라도 흉기凶器가 될 수 있다. 무한질주에 목숨을 거는 것은 어리석다.

CM song

징글 벨과 씨엠 송

흰 눈 사이로 썰매를 타고/달리는 기분 상쾌도 하다/ 종이 울려서 장단 맞추니/ 흥겨워서 소리 높여 노래 부르자

매년 이때쯤 곳곳에서 들려오는 크리스마스 캐럴이 '징글 벨Jingle Bells'이다. 원래 1857년 가을에 추수감사절의 행사에서 주일학교 합창단이 부르기 위해 미국인 제임스 피어폰트James Lord Pierpont가 작사 작곡한 노래였는데 지금은 누구나 즐겨 부르는 크리스마스 노래가 되었다. 원래 제목은 '한 마리 말이 끄는 썰매'였고 나중에 징글 벨로 바뀌었다.

이 노래의 인기에 힘입어 1957년에는 바비 헬름스Bobby Helms가 부른 '징글 벨 락Jingle Bell Rock'이 발매되었다. 락의 작곡자인 조 빌

Joeph Beal과 짐 부드James Boothe는 각기 홍보전문가와 카피라이터였다. 징글 벨 락은 물론 징글 벨을 변형한 것인데 영화 〈나 홀로 집에 2〉 등에 삽입되어 큰 인기를 얻었고 지금도 크리스마스 시즌 중 라디오방송국에서 가장 많이 틀고 있는 캐럴이 되었다. 징글 벨은 안무를 위한 '차차차 징글 벨'과 '동요 징글 벨'로도 영역을 넓혔다.

Jingle이란 무슨 뜻일까

1. A sound like small bells ringing that is made when metal objects are shaken together금속 물체들을 서로 흔들 때 나는 작은 종소리.

2. A short song or tune that is easyto remember and is used in advertising on radio or television기억하기 쉽게 만든 짧은 노래나 가락, 그리고 라디오와 텔레비전 광고에 쓰이는 짧은 노래와 가락. –Oxford Dictionary–

Jingle은 방울종이 서로 부딪쳐서 나는 소리나 짧은 노래를 가리킨다. 방송국에서 ID국명고지: 프로그램이 끝나고 방송국의 위치, 출력, 호출부호 등을 짧게 알리는 일가 나갈 때 "라디오는 내 친구", 혹은 "여러분의 MBC" 하고 내보내는 짧은 멜로디도 Jingle이다.

오늘 필자가 지적하고 싶은 것은 우리식 영어 CM song이 실제로는 Jingle이라는 점이다. 물론 CM송을 영어로 Singing commercial이라고 쓰기도 한다. 씨엠송을 모르는 사람은 없다. 라디오 TV 케이블 방송의 '노래하는 광고'를 가리킨다.

우리나라 최초의 씨엠송은 1961년 MBC 부산라디오의 전파를 탔던 "진로 한잔하고, 캬!" 하던 두꺼비 소주 광고였다.

Advertisers often use jingles – short songs that are easy to remember^{광고주들은 때로 기억하기 쉬운 짧은 노래 – '노래하는 광고'를 이용한다}.

CM이란 말도 영어에 없다. 우리나라 매스컴 책에는 CM을 Commercial message의 약자라고 써놨지만 올바른 설명이 아니다. 방송광고는 커머셜^{Commercial}이다. 똑같은 광고지만 신문과 잡지의 광고는 커머셜이 아니고 Advertisement다. 한편 Advertising은 광고의 일반적 영어 명칭이고 때로는 광고를 전문적으로 연구하는 '광고학'이나 '광고업'을 뜻한다. 광고대행사를 AD agency, 곧 Advertising agency라고 하지 않는가.

요즘 창조경제 문화융성을 빌미로 국정농단을 자행한 주요 인물의 한 사람인 차 아무개 덕으로 'CF감독'이 세간의 관심을 끌고 있다. 씨에프^{CF}는 TV나 영화 광고다. CF감독은 TV광고를 만드는 사람이다. CF는 Commercial film의 줄임말이다. 이것 역시 한국식 영어다.

아주 옛적에는 광고영화를 영화 찍듯이 필름으로 만들었다. 그래서 누군가가 텔레비전 광고를 CF라고 부르기 시작했고 요즘처럼 Video로 찍는 시대에도 TV광고는 여전히 CF로 불린다. 필름이든 비디오든 텔레비전 광고는 그냥 TV commercial이라고 해야 한다.

지난 주 코바코는 '2016 소비자가 뽑은 최고의 광고모델'을 선정하였다. 송중기, 설현, 김연아, 수지, 송혜교 순으로 인기 있는 광고모델이었다. 광고모델의 '모델'도 잘못 쓴 영어다. 광고모델이든 CF모델이든 광고에 출연하는 이들은 Model이 아니라 '광고 연기자Actor 또는 Performer'다.

광고는 기업의 윤활유다. 광고 없이 판매 없다. 그러나 우리나라 광고 시장은 값비싼 유명 탤런트나 배우에 대한 의존도가 너무 높다. 6개월간 방송되는 30초짜리 커머셜 한 편에 5억, 10억씩 하는 배우를 경쟁적으로 기용하는 나라는 그리 많지 않다. 게다가 기만, 허위, 과장 광고도 부지기수다. 예컨대 미백美白크림이나 항노화Anti-aging크림이 그렇게 많지만 정말 백인처럼 변한 여성은 지금껏 하나도 없었고, 밤낮으로 Wrinkle 제거 크림을 발라도 가는 세월을 어쩌지 못한다. 이제 유명 연예인의 인기에 편승해서 매출을 올리려는 얄팍한 상술보다는 크리에이티브에 정면 승부를 거는 기업가 정신Entrepreneurship이 필요하다.

Creative Korea

Creative Korea에 Creativity가 없다

"반 풍수 집안 망친다."는 속담을 아는가. 선무당이 사람 잡는다 A little learning is a dangerous thing도 비슷한 뜻이다. 하지만 선무당만 사람 잡지 않고 전문가들도 일을 종종 망친다. 짝퉁 시비에 휘말린 새 국가브랜드 Creative Korea 이야기다.

The government has proclaimed 'Creative Korea' as the nation's new slogan. This, like many of its predecessors, is another brainchild of the stupidity of the Korean bureaucracy.

정부는 '크리에이티브 코리아'를 새 국가 슬로건으로 공표하였다. 이것 역시 그전의 것과 마찬가지로 멍청한 한국관료들이 만들어낸 또 하나의 작품이다. - 코리아헤럴드

2016. 7. 8.

Creative Korea창의 한국. 정부가 이걸 새 국가 슬로건으로 발표하자 '표절이다', '아니다' 논란이 뜨겁다.

Is 'Creative Korea' plagiarized?'크리에이티브 코리아'는 표절인가?

Creative France와 똑같은 데다 2도 색상까지 어지간히 닮았다. 표절이라고 비판이 잇따르자 문화부가 내놓은 해명이 걸작이다.

The ministry said that it had already used the colors in many government slogans and campaigns, and that the word 'creative' was not something to be used 'exclusively' by a certain government.
이 색은 많은 나라가 정부 슬로건과 캠페인에 이미 쓰고 있으며 크리에이티브란 말은 특정 정부의 전유물이 될 수 없는 것이라고 문화부는 설명했다.

그렇다면 누구나 쓰는 흔해빠진 것을 국가브랜드로 삼았단 말인가! 여론조사를 통해 대한민국의 핵심가치를 '창의' '열정' '화합'으로 정했다고 한다. 우리나라 국민의 유전자DNA에 내재된 창의의 가치를 재발견해서 세계 속의 대한민국 브랜드 이미지로 높이는 데 이 슬로건의 의의가 있다고 한다. 꿈보다 해몽이다!

첫째, 왜 38억 원이나 들여서 만든 Creative Korea가 혹된 비판을 받고 있는가? 국가 이미지 빌딩과 외국 관광객 유치를 위해서는 일관된 캠페인이 필요한데 새 브랜드의 채택은 혼란을 가중시킨다.

과거 서양인들은 우리나라를 Hermit kingdom은둔의 나라, Land of morning calm조용한 아침의 나라으로 부르기도 했고 헨더슨 같은 정치학자는 우리 정치를 빗대어 Vortex소용돌이라고 한 바 있다. 이 영향 탓인지, 2002 월드컵을 앞두고 정한 슬로건이 Dynamic Korea역동적인 한국였다. 그 뒤 2006년 한국관광공사가 관광 진흥을 위한 캠페인 구호로 Korea, Sparkling을 내걸었다. 하지만 '다이내믹 코리아'는 난투극 벌이는 국회를 연상하기 쉽고, '코리아 스파클링'은 부글부글 끓는 온천탕을 떠올리게 만든다.

둘째, 새 슬로건이 관광객 유치에 도움이 될 수 있을까? 지금까지의 뜬금없는 슬로건들은 국격을 높이기는커녕 조롱거리가 되기도 했다. 예를 들면 Korea, Be Inspired한국이여, 힘내라 그리고 Imagine Your Korea네 한국을 상상해 봐라는 구호를 보고 우리나라를 찾아온 사람이 몇 명이나 있을까.

셋째, 크리에이티브에 무슨 참신성이 있는가? 코리아를 상징하는가? 밀라노의 패션이나 디자인, 파리의 예술, 스위스의 시계처럼 정말 세계가 인정하는 독창성이 우리에게 얼마나 있는가? 존 버튼은 그의 칼럼에서 뼈아픈 지적을 하였다.

Moreover, the word 'creativity' is not particularly distinctive when it comes to describing Korea in comparison with other nations더욱이 창의성이란 말은 다른 나라와 비교해서 한국을 묘사할 때 변별력이 전혀 없다.

물론 한글Its own writing script과 거북선The world's first armored ship 그리고 금속인쇄술The world's moveable type은 높이 평가할 수 있어도, 캠페인 비디오에 등장하는 반도체나 스마트폰이 한국의 독창성을 대표할 수는 없다.

어떤 사람들은 무슨 세계가 놀랄 만한 혁신적인 제품World-beating innovative products을 내놓은 일이 있느냐, 아니면 노벨의학상이나 경제학상 하나 받은 적 있느냐고 반문한다.

It's most successful products have been copied from elsewhere한국의 성공한 제품의 대부분은 어디선가 베낀 것들이다.

이 말에 100% 동의하기는 어렵지만 Creative는 낡고 진부한 데다 애매모호하고 외국인이 보는 한국의 이미지와 전혀 걸맞지 않는다.

넷째, 영어 슬로건을 정하는 일을 국내 여론조사로 하는 것이 타당한 일인가? 캠페인 대상이 되는 외국인들의 의견을 반영했어야 한다. 이웃나라 슬로건을 보면 마음에 와 닿는다. 일본관광청

의 브랜드는 Japan. Endless Discovery일본. 끝없는 발견이고 중국
은 China Like Never Before전에 없던 중국이다. Malaysia, Truly
Asia말레이시아, 진짜 아시아도 얼마나 좋은가!

결국 Creative Korea는 박근혜 정부의 경제 지표인 창조경제
Creative economy를 염두에 두고 급조된 슬로건이었다. 부정확한 슬
로건Inaccurate slogan은 반反창의적인 관리들Uncreative officials의 머릿속
에서 나온다. 독창성 없이 지나치게 추상적인 이 슬로건은 결국
정권과 함께 사라지게 되었다.

Gold Miss

인생은 아름답다

공영방송이든 상업방송이든 방송은 기본적으로 공익에 이바지해야 한다. 방송법은 보도 교양 오락 프로그램을 균형 있게 편성할 것을 요구하고 있다. 방송사 운영자금은 광고든 수신료든 국민의 호주머니에서 나온다. 방송의 영향력은 여전히 막강하고 전파는 무소부재, 누구에게나 자유롭게 도달하고 있으며 시청취자들의 소중한 시간을 빼앗아 가고 있다. 그 탓에 활자매체에 비해 보다 더 엄격한 윤리성이 요구된다.

방송사가 공익성을 구현하는 수단으로 공익광고, 즉 PSApublic service announcement에 많은 시간을 할애하고 있다. 비상업적인 광고를 공익광고라고 하는데 우리나라에서는 공익광고조차 OOO과 함께 했습니다, XXX제공입나다 등을 넣어서 제작비와 전파료를 제

3자가 부담토록 하고 있다. 자연보호나 헌혈, 산불조심 등과 같이 국민안전이나 공공복리에 기여하는 캠페인광고의 기회를 비영리 단체에게 무상으로 제공할 때 진정한 PSA라고 하겠다.

1970년대 초라고 기억한다. MBC는 전국주부클럽연합회와 대한가족계획협회와 공동으로 퀴즈 캠페인을 대대적으로 벌였다. "올해는 ○○하는 해"의 ○○를 맞추라는 퀴즈를 라디오와 TV통해서 내고 입상자를 추첨하는 행사를 쇼로 구성해서 방송한 일이 있다. 정답은 뭘까? 피임이었다. 1960년대 들어서면서 우리 정부는 산아제한을 국가의 주요시책으로 정하고 범국민적 운동을 전개하였다. 시골 아낙네들을 모아놓고는 피임 계몽교육을 실시하였고 예비군 훈련장에서는 정관수술을 시행하고 훈련 면제 등 혜택을 주었다.

당시 캠페인 구호는 살벌하기 짝이 없었다. "덮어 놓고 낳다 보면 거지꼴을 못 면한다". 또는 "많이 낳아 고생 말고 적게 낳아 잘 키우자"식이었다. 1960년대 우리나라 한 가정의 자녀 수는 평균 5명이었고 50년대의 출산율은 6.3명이나 되었다. 전통적인 농경 사회에서 노동력 확보는 매우 중요하였다. 그래서 항간에는 '저 먹을 것 지가 가져온다' 혹은 '산 입에 거미줄 치랴' 하는 낙관론이 지배하고 있었다.

"아들 딸 구별 말고 둘만 낳아 잘 기르자"고 외치던 70년대에 와서 출산율은 4.53으로 크게 낮아졌다. 1974년은 "임신 안 하는 해"로 정하였고 75년은 "남성이 더 피임하는 해"로 식구 줄이는 데 총력을 기울였다. 80년대 들어 와서는 "둘도 많다", "하나씩만 낳아도 삼천리는 초만원", "이제는 한 자녀 시대입니다"고 외치더니 한 발 더 나아가 "잘 키운 딸 하나 열 아들 부럽지 않다"로 발전하였다. 캠페인은 효과가 있어 80년대 출산율은 2.83으로 뚝 떨어졌다.

90년대는 역사상 가장 풍요로움을 느끼던 시절이었다. 삶의 질에 관심이 커지고 프라이버시와 개인의 자유, 그리고 복지에 눈을 뜨기 시작했다. 1994년 산아제한 정책은폐지 되고 저출산이 사회적 문제로 대두되기 시작하였다.

그러더니 어느새 인구절벽이 눈 앞에 닥쳤다. 올해로 14살 이하 어린이 보다 65세 노인 인구가 더 많은 나라가 되었다. 혼밥, 혼술에 혼놀족은 늘어가고 황혼 이혼은 생각보다 심각하다. 후유증으로 황혼 파산에 고독사가 줄을 잇는다. 욜로YOLO족은 늘어가고 있다. 결혼의 가치가 변하는데 여성의 경제력이 크게 신장되었고 개인의 삶과 행복이 모든 것에 우선한다는 가치관You only live once, 생은 오로지 한번이다을 가진 젊은이들을 누구도 말릴 수 없게 되었다.

경제계도 '1인 이코노미'가 새로운 트렌드가 되었다. 1인 이코노미를 한국경제는 '솔로 이코노미'라고 이름하였고, 전형적인 골드 미스Gold Miss 이야기를 소개하고 있다2016. 1. 21. 골드 미스 정수영 씨는 최신 트렌드를 놓치지 않으려고 케이블 패션 채널을 틈틈이 시청한다. 즐겨입는 옷은 분홍색 펜슬 스커트. 최근 아이돌 걸그룹 사이에 유행한다는 '투톤 염색'머리도 했다. 주황색 초록색 등 형형색색 물든 그의 머리스타일은 누가 봐도 핫하다. 결혼을 필수라고 생각하지 않는다. 경제력 갖춘 이런 여성이 골드 미스 혹은 골드세대다. 곧 고학력 고소득의 30, 40대 미혼 여성을 골드 미스라 칭하는데 1990년대부터 꾸준히 늘고 있다.

"우리 애인은 올드 미스"라고 했던 노랫말 같이 옛날 올드 미스 Old Miss는 결혼할 생각이 있음에도 혼처를 정하지 못한 나이든 처녀를 가리키는 말이었다. 그러나 골드 미스는 결혼할 생각이 아예 없고 경제력을 갖춘 나이든 여성이다. 골드황금를 가진 올드 미스란 뜻이다. 올드든 골드든 모두 콩글리시다. 삶이 자유로운 골드 미스는 우울한 실버세대와 달리 야구장에도 출동하고한경, 2017. 9. 2., 여가, 의료, 쇼핑, 여행, 미용에 많은 소비를 하고 있다.

미스Miss는 미혼여성의 이름 앞에 붙이는 호칭이다. 또 Miss Korea처럼 미인대회의 우승자를 부를 때 사용한다. 미스라는 말 그 자체에는 여성이나 처녀라는 의미가 들어 있지 않다. 어찌됐든 La vie est belle인생은 아름답다.

Gostop
고스톱과 트럼프

"정월 송학에 백학이 울고, 이월 매조에 꾀꼬리 운다."

며칠 있으면 민족 최대의 명절 설이다. 가족이 한자리에 모이면 집집마다 고스톱 판이 벌어진다. 사전에는 고스톱을 다음과 같이 정의하고 있다.

"The game is commonly used as a light form of gambling. Though the game can be played without money being involved, the game is considered more entertaining with the gambling aspect included."

흔히 가벼운 돈내기 형식으로 고스톱을 친다. 비록 돈을 걸지 않더라도 도박의 측면이 있어 게임은 한층 재미있다.

 고스톱을 치는 중에 미국 대통령 Trump 얘기도 등장하기 십상
이다. 그래서 우리나라 놀이의 대표선수 고스톱과 미국의 국기 포
커에 쓰는 Trump 카드 이야기를 해볼까 한다Trump 대통령과 Trump카
드는 물론 아무 상관이 없다.

 Daum에서 고스톱을 검색해 보니 눈에 먼저 들어오는 문구가
있다. "주의: 도박에 관한 내용이 포함된 문서입니다." 첫 페이지
에 나와 있는 경고문이다. 도박은 '노름, 돈내기'다. 어느 사회나
금기어가 있다. 과거 '용공'의 딱지가 붙으면 패가망신하듯이 아무
리 좋은 정책도 도박으로 낙인찍고, 사행심을 조장한다고 말하면
한 발짝도 나아갈 수 없었다.

 사람들이 좋아하는 게임 중 하나가 카드놀이다. 화투는 심심풀이,
재수 떼기, 운수 보기 등 가벼운 오락으로 널리 애용돼 왔다. 한
조사 결과를 보면 한국인 4.7%가 도박중독증에 걸렸다고 한다.
호주가 7%, 미국이 4%라니 우리 사회도 심각한 수준에 이르렀다.
정부가 경마, 경륜, 경정에 이어 정선 카지노까지 운영하고 있는
데다, 복권위원회는 즉석복권, 연금복권을 주도적으로 발행하고
있으니 따지고 보면 모두 정부 탓이다.

 오늘날 복권과 카지노는 전 지구촌적 붐을 이루고 있는데 그 이
유는 무엇일까? 첫째, 사람들은 게임에 돈이나 재물을 거는 내기

를 좋아한다. 주사위, 골패, 마작, 화투, '트럼프' 놀이가 식을 줄 모른다. 둘째, 많은 나라가 재원 확보를 위해 카지노를 허용하고 복권 발행을 늘리고 있다. 셋째, 외국 관광객 유치를 위해 경쟁적으로 카지노 시설을 짓고 있다. 싱가포르는 Marina Bay Sands 하나로 관광객 유치와 GDP 증대에 대박을 쳤다. 말레이시아의 카지노 복합 리조트 Genting은 이미 1960년대부터 개발이 시작됐다. 뒤늦게 우리 정부는 외국인 전용 카지노가 있는 복합리조트 두 곳을 선정할 예정이라고 한다.

고스톱은 아주 재미있고 독창적인 게임이다. 화투 한 벌만 있으면 장소불문, 시간불문, 남녀노소 즐길 수 있다한 벌을 영국은 Pack, 미국은 Deck, 일반적으로는 Set이라고 함. 화투놀이 가운데서도 고스톱이 으뜸이고 가족모임에서 고스톱은 윷놀이, 장기, 바둑을 압도한다. 포커가 미국의 National game이듯 고스톱은 한국의 국민적 놀이가 된 지 오래다. 그런데 왜 고스톱을 도박으로 치부할까?

화투는 19세기 말 스페인과 포르투갈의 카르타Carta에 기원이 있다. 카르타가 일본으로 건너가서 하나후타花札로 변형되었고 이후 하나후타가 우리 땅에 유입돼 오늘날과 같은 화투로 자리 잡았다. 또 14~5세기 유럽에서 생긴 트럼프가 그 뒤 아시아 지역에 퍼져 하나후타와 화투가 되었다는 주장도 있다. 그렇다면 '동양화'와 '서양화'는 뿌리가 같다. 많은 사람들이 아직도 서양화를 트럼프라고 부르지만 그것은 아마도 제작회사 이름이나 상표에서 유래한 듯싶다. 서양화 카드의 보통명사는 Playing card^{놀이 딱지}다.

고스톱은 4명이 할 수도 있지만, 보통 2, 3명이 게임을 한다. 둘이 하는 '맞고'와 4명이 참가했다가 한 명이 빠지는 '광팔이' 등 여러 규칙이 있는데 일정 점수를 먼저 얻은 사람이 게임을 계속 진행할지 중단할지 결정권을 갖는다. 계속하려면 'Go'를, 중단하려면 'Stop'을 외친다. 여기서 Go-stop이란 명칭이 생겼다.

미국 네바다주립대학에는 Gaming degree 과정이 20여 년 전에 개설됐다. 우리도 고스톱 게임을 과학적, 학문적으로 연구할 필요가 있다. 좋은 콘텐츠는 우리 주변에 얼마든지 있다. 가장 한국적인 것이야말로 가장 세계적인 것이 될 수 있다.

'사행공화국'이 낳는 사회적 병폐는 줄여 나아가야 하겠지만, 그렇다고 헌법에 보장된 개인의 행복추구권을 제약해서는 안 된다. 이제 인식의 전환이 필요하다. 고스톱은 Gambling이 아니라 Game이다.

Hell Joseon

청년들에게 희망을!

"낙망은 청년의 죽음이요, 청년이 죽으면 민족이 죽는다."

독립 운동가이자 휴머니스트 도산島山 안창호의 말이다. 서울 강남구에 위치한 도산공원 안에는 도산의 기념관과 묘소 그리고 동상이 우뚝 서 있고 산책로 곳곳에는 도산의 어록語錄이 비석에 새겨져 있어 사람들의 눈길을 끈다.

아침 동아일보의 기사를 보고 깜짝 놀랐다. '이생망'이라는 신조어가 기사의 제목이다. '이번 생은 망했다'를 줄인 말이다2017. 7. 26. 매년 30만 쌍이 결혼하고 있는데 임대주택 공급은 4만 채뿐이니 요즘 청춘들은 결혼을 미루거나 출산을 포기하고 있다는 내용이다.

뉴스와 콩글리시

이건 N포 세대의 한 단면일 뿐이다. 한때는 삼포세대라고 했다. 젊은이들이 결혼, 출산, 내 집 마련을 포기했다는 뜻이다. 불안정한 일자리와 취업난 그리고 집값과 생활비가 큰 부담이 돼서 아예 결혼하지 않는다. 이어서 한동안 사포세대가 유행이었다. 결혼, 출산, 집 외에 꿈조차 포기했다는 자조自嘲가 깔려있었다. 그다음이 오포세대였다. 직업도 포기했다고 한다. 한 발 더 나아가 인간관계와 연애도 포기했다고 하여 육포세대. 칠포세대란 말이 등장하더니 마침내 모든 것을 포기한 N포세대가 나타났다. 아무리 '노오력'해도 기회를 얻을 수 없다면 젊은이들은 낙망할 것이고, 이는 심각한 사회문제가 되어 국가적 위기를 조성하게 된다.

헬조선Hell Joseon은 이런 사회현상을 한마디로 함축하고 있다. 지옥Hell과 조선朝鮮을 합성한 콩글리시가 헬조선인데, '지옥과 같은 대한민국The country as a hell-like place'을 가리킨다.

요즘 뉴스를 보면 젊은이들의 이런 인식을 탓할 수 없을 만큼 사회가 미쳐 돌아가고 있다. '미스터 피자'의 갑질에 대한 사회적 원성이 가라앉기도 전에 무슨 '두 마리 치킨' 대표가 성추행으로 잡혀가고, '종소리'로 유명한 어느 제약회사 회장님은 폭언을 입에 달고 다니다 망신하였다. 위안부 할머니의 장례식장을 찾아간 여당 국회의원 두 분은 엄숙한 빈소에서 환한 미소에 엄지 척 인증샷을 찍어 개인 블로그에 올리지를 않나, 국민의당 이 모 여성의원은 학교식당에서 일하는 비정규직 조리사들을 '밥하는 아줌마',

'미친년들'로 비하하여 흙수저Dirt spoon들의 공분을 샀다. 이 여성의
원은 또다시 알바비費를 떼여도 주인을 고발하지 않는 것이 '공동
체의식'이 아니냐고 말해 우리를 황당하게 만들었다. 한때 국회의
원을 '10만 선량選良'이라고 불렀는데, 이쯤 되면 선량은커녕 불량
不良들이라고 불러야 할 것이다.

이뿐이던가. 지난해 교육부의 고위 관리가 국민들은 개돼지와
같아서 밥만 잘 먹게 해주면 된다A senior official of the education ministry,
last year, compared people to 'dogs and pigs' for which the government's only job is
feeding them.고 폭언을 하여 나라가 발칵 뒤집혔다. 올해는 어느 도
의원이 나서서 국민을 쥐떼에 비유하여 공직자들의 정신상태를
의심케 하였다. '국민들이 레밍 쥐떼 같다People are like lemmings' – The Korea
Times, 2017. 7. 22. 덕분에 요즘 우리 국민들은 '짐승' 공부에 바쁘다. 참
고로 이 영자신문의 사설 제목은 〈쥐새끼 같은 공복들〉'Ratty' public
servants이다.

이 땅의 젊은이들을 절망에 빠지게 만드는 일은 이 밖에도 셀 수
없을 만큼 도처에 널려 있다. 열정페이, 무급인턴, 88만 원 세대,
전관예우, 흙수저, 갑질… 기회균등과 공정경쟁이 사라진 사회가
헬조선의 핵심이라고 할 수 있다.

Hell Joseon is a satirical South Korean term that criticizes
the current socioeconomic state of Korea헬조선은 한국의 사회경제적

헬조선은 직업난이 가중되고 사회 계층이동의 기회가 박탈된 암울한 한국사회를 비판하는 별칭Nickname으로 쓰이고 있다.

그런데 하필이면 왜 헬 한국이나 헬 대한민국이 아니고 헬 조선인가? 조선시대의 피폐했던 민중의 삶을 염두에 두고 지어낸 용어다. 당시 세금과 노역에 시달리던 백성들은 가뭄과 흉년, 전쟁 그리고 탐관오리들의 노략질에 초근목피草根木皮로 연명하고 있었다. 지금의 우리사회가 마치 조선시대로 시계를 되돌린 듯 민초民草들의 삶은 옛날과 똑같이 팍팍하다는 뜻에서 헬조선이 되었다.

"우리 청년은 태산 같은 큰일을 준비합시다. 낙심 말고 겁내지 말고 용감하고 담대하게 나아갑시다."

도산의 말이다.

I. Seoul. U

콩글리시 브랜드가 도시 이미지를 망친다

세계 어느 나라든 주요 도시에 가면 외국인을 위한 시내관광 버스를 운행하고 있다. 2시간, 4시간 코스를 정해놓고 운행하는 예도 있고 일정 간격을 두고 버스를 운행하여 자유롭게 명소를 둘러보도록 하는 곳도 있다. 손님이 표를 한번 사면 자기가 가보고 싶은 곳에 내려서 구경하고 그다음에 오는 버스를 타고 다른 장소로 이동하도록 하는 예도 많이 있다. 이런 식으로 자유롭게 탔다가 다시 그다음 버스를 탈 수 있게 운영하는 순환 버스를 Hop-on, Hop-off bus라고 한다.

서울에도 관광객을 위한 시티 투어 버스를 서울 타이거 버스가 운영하고 있다. 평일에는 30분마다, 그리고 주말과 공휴일에는

뉴스와 콩글리시

25분마다 주요 관광지를 돌고 있다. 도심, 고궁을 도는 코스와 야경 투어 등 5가지 코스가 소개된 브로슈어를 보았다. 5코스 중 3코스에는 세빛섬이 포함돼 있는데 그 영어표기가 아리송하다. '어라운드 강남 투어 코스'에는 Sevit Some으로, '야경 2층 버스 코스'와 '서울파노라마 코스'에는 Somesevit으로 표기되어 있다. 어느 쪽이든 외국인이 알 수 없다는 점에서는 똑같다.

필자도 궁금해서 찾아봤다. 반포 한강변에 있는 복합 문화 공간으로 색다른 수변水邊 문화를 즐길 수 있는 랜드마크라고 한다. 컨벤션, 전시, 공연, 수상 뷔페식당이 있는 상업시설이다. 강가에 있어 밤에 보면 불빛이 아름답다. 시티 투어 안내책자에는 '가로수길 북'은 Garosu-Gil Noth, '세븐럭 카지노'는 Seven Ruck Casino로 나와 있다. 글로벌 시대에 우리들의 민낯이다.

수도 서울 곳곳을 다니다 보면 영어 표기에 오역, 오기, 탈자가 적지 않게 눈에 띈다. 제일 걸작은 '아이 서울 유'I. Seoul. U가 아닌가 싶다. 한동안 서울의 도시 브랜드는 하이 서울Hi, Seoul이었다. 누가 누구를 부르는지 모르지만 말도 안 되는 영어표현이었다. 2015년 10월 서울시민들이 참여해서 선정하고 이듬해 시의회 조례 개정으로 채택된 새 서울브랜드가 I. Seoul. U였다. 시민이 참여해서 결정한 것이라고 당국은 자랑하지만, 고도의 전문성과 판단이 필요한 사안을 다수결로 결정하는 것이 옳은지 반문하지 않을 수 없다.

시 당국은 이 대견한 브랜드가 외국에서 상까지 탔다고 자랑이다. 무슨 상을 어디서 탔는지 알 수 없지만 수상실적이 이런 엉터리 콩글리시 브랜드를 정당화할 수는 없다. 여기에 한술 더 떠 서울 시는 이상한 변종을 양산하여 웃음거리가 되고 있다. 아이서울유 가 시민들에게 친숙한 브랜드가 됐다는 판단 아래 국실 별로 추진 하고 있는 각종 정책을 알리기 위해 마구잡이 브랜드를 만들어 내 고 있다. 음식 관련 부서는 'I. Food. U', 청년 정책을 관장하는 부 서에서는 'I. 청년. U' 그리고 건설 담당 부서는 'I. Build. U' 도시 철도공사는 'I. Metro. U'라는 해괴한 이름을 내세운다.

'국내는 물론 세계적으로 사례를 찾아볼 수 없는 파격적인 실험' 이라고 내세우지만 "도시홍보를 실험으로 해도 좋은가", "언어파 괴다", "아무도 알 수 없는 말장난" 등의 비판을 면키 어렵다. 하 지만 서울시는 한 발짝 더 나아가 'I. 고마워. U', 'I. 사랑해. U', 'I. 환영. U', 'I. 좋아해. U' 등등을 쏟아냈다. "나와 너 사이에 서 울이 있음을, 서로 공존하는 서울의 의미, 열정과 여유를 상징하 는 붉은색과 푸른색의 닷dot으로 표현 (…) 세계적이면서 대한민국 의 대표 도시임을 상징"한다고 토를 달았지만, 꿈보다 해몽이다.

왜 이렇게 복잡하고 허황된 브랜드를 고집하고 있을까? 홍콩의 브랜드는 Hong Kong - Asia's World City다. 쇼핑, 관광, 미식, 전시, 회의 등 홍콩의 국제적인 이미지를 잘 나타내고 있다. Incredible India, Amazing Thailand 등과 같은 브랜드에는 놀랍고 신비한 자국의 이미지가 녹아 있다. 한편 미국 시카고는 바람의 도시Windy City이고 하와이는 알로하 주Aloha State, 플로리다는 햇볕 쏟아지는 주Sunshine State다.

오랫동안 우리나라는 조용한 아침의 나라Land of morning calm로 불리었는데, 조용한 은둔의 나라가 어느 날 갑자기 요동치는 나라 Dynamic Korea로 바뀌더니 지금은 국가 슬로건조차 사라졌다. 한때는 Korea, sparkling이라고도 했는데, 온천지대도 아니고 역대 정권이 국제적인 웃음거리를 자초하고 있다.

어디 서울만의 문제인가. 전국 도시가 대동소이하다. 'Hot Yeongyang', 'Aha! 순천', 'Viva 보령', 'Wow! 시흥', 'A+ 안양', 'Just 상주', 'It's Daejeon' 이걸 보고 어떤 도시 이미지가 떠오르는가? 관광객이 찾아오겠는가? 기후, 역사, 산물, 문화, 지리, 인물 가운데 매력 있는 특징이 단 하나도 드러나지 않는다. 도시의 슬로건은 축약된 중요 정보다.

Italy towel
이태리타월과 터키탕

이태리에는 이태리타월이 없다. 2017년 네티즌들이 뽑은 대한민국을 빛낸 발명품 베스트 10에 놀랍게도 이태리타월이 들어 있다. 그것도 6위에 랭크돼 있어서 사람들을 놀라게 하였다. 이태리타월은 목욕할 때 비누칠을 해서 몸을 미는 까칠까칠한 작은 수건이다. 때밀이 전용 수건이다. 지금 생각하면 하찮은 발명품인 때수건이 특정인에게는 '떼돈'을 벌게 해주고, 한때는 관광입국에 일조했다니 재미있다.

우리나라 사람들은 목욕할 때 몸의 때를 미는 것을 좋아한다. 일반 가정집에 샤워시설이 없었던 시절, 목욕을 하려면 공중목욕탕에 가야만 했다. 입욕비가 비쌌던 탓에 자주 갈 형편은 못 되었고 오랜만에 간 만큼 묵은 때를 벗겨내야 했으니 사람들은 수건을 말아서 살갗을 밀거나 수건 안에 돌을 넣어서 때를 밀어냈다. 이때 부산에서 직물공장을 운영하던 김필곤이라는 분이 이탈리아에서 수입한 '비스코스 레이온' 원단의 까칠한 표면을 보고 때를 미는 데 사용하면 좋겠다는 착상을 하게 되었다.

처음 비스코스 원단을 수입한 그는 이것을 어디에 써야 할지 고민이 많았다. 밤새 고민한 다음 날 목욕탕에 갔다가 이 천으로 때밀이 수건을 만들면 좋겠다는 생각이 떠올랐다. 그는 곧바로 친척과 이웃들에게 한 장씩 나누어 주고 사용해 보도록 하였다. 좋은 평가가 나왔다. 곧바로 특허를 내고 상품화하였더니 시중의 반응이 폭발적이었다. 사각형의 주머니 모양으로 만들어 장갑처럼 손에 낄 수 있게 만든 이태리타월은 시쳇말로 대박이었다.

이 작은 수건은 순식간에 한국인의 목욕문화를 완전히 바꾸는 '영물'이 되었고 이태리타월은 때밀이 수건의 대명사가 되었다 유사 제품으로 '불란서 타월'이 나왔지만 이태리를 꺾지는 못했다. 이태리타월의 거친 질감은 한국인의 목욕 습관에 알맞은 것이었다. 1962년 특허청에 실용신안권을 등록한 김필곤은 원래 부산 수정동에서 놋그릇 장수를 하던 사람이었는데 이태리타월로 큰돈을 벌어 아리랑관광호텔 등을 운영하였다.

한때 때밀이 관광객들이 우리나라를 많이 찾아왔다. 한 해 15만 명이나 되는 외국인들이 때밀이 관광을 왔다는 기록도 있다. 이

중 약 80%는 일본인이었다. 이들은 무슨 신기한 물건인 양 때밀이 수건을 기념품으로 가져가기도 했다. 샤워만 하는 외국인들이 한국에 와서 뜨거운 물에 몸을 불린 후 타월로 때를 벗겨내는 '한국식 목욕법'을 처음 경험하고 감탄사를 연발하였다.

1988년 올림픽을 전후하여 때밀이 여행이 소문이 나자, '에세틱Aesthetic 관광'이란 이름으로 상품화되었다. 유명 호텔들은 하루 100여 명씩 손님을 받았고 입욕료에는 때밀이, 마사지 등이 포함돼 있었다. 한 번 때를 밀어본 손님은 그 시원한 맛을 잊지 못해 한국을 다시 찾기도 했다고. 1999년에는 요술때밀이장갑이 등장해서 때밀이 마니아 사이에 파란을 일으켰는데, 에르메스에 빗대어 '때르메스'로 불리기도 하였다.

목욕과 관련해서 억울한 나라가 하나 더 있다. 터키다. 옛날에 터키탕이라는 게 있었다. 증기탕이 터키식 목욕법인 줄 오해했던 데서 이런 이름이 붙었다. 그러나 터키에는 터키탕이 없다.

옛날 서울의 라이온스호텔이 터키탕으로 유명했었다. 개별로 된 증기시설 안에 옷을 벗고 들어가 한참 있다가 나와서 여급의 도움을 받아서 샤워를 하는 목욕법인데, 주로 손님 접대에 이용되었다. 과거 터키 정부는 '이상한' 목욕방식에 남의 나라 이름을 사용하지 말라고 우리 정부에 항의한 바 있었다. 그 뒤 터키탕은 증기탕으로 개명되었지만 이제 거의 사라지고 없다.

물론 이태리타월은 콩글리시다. 서양에서는 이런 수건을 쓰지 않기 때문이다. 이와 비슷한 것으로 루퍼Loofah가 있다. 열대 과일 말린 것으로 만든 기다란 목욕용 스펀지다. 한마디로 목욕용 수세미다. 목욕 수건이란 뜻으로 워시클로스Washcloth를 쓰기도 한다.

나라 이름이 들어간 것 치고 좋은 이미지를 가진 경우는 드물다. 예컨대 매독梅毒을 프랑스병이라고 부른다든지 독일 신문이 영국 노동자의 비능률성을 지적하여 영국병이라 칭한 것이 좋은 예다. 우리가 늘 쓰고 있는 홍콩독감이 자국민들에게는 그리 유쾌한 이름이 아니다.

Killer content
킬러의 계절

바야흐로 킬러Killer의 계절이다. 이한구 공천관리위원장이 우선 추천지역 확대와 야당 '킬러' 공천을 예고하면서 인물들의 전략적 재배치가 현실화되고 있다^{동아일보. 2016. 3. 8.} 자기 당의 후보가 상대적으로 취약한 지역에 거물급 후보를 내세워서 상대방의 유력한 후보자를 패퇴시키려 할 때 회심의 카드로 추천한 인물을 킬러라고 부른다.

인공지능AI이 관심을 끌면서 킬러 로봇Killer robot도 논란이 되고 있다. 인공지능과 자율능력을 갖춘 킬러 로봇을 만들어 인명을 살상하는 전쟁에 써도 좋겠느냐 하는 윤리적 논쟁이 뜨겁다. 앞으로의 전쟁은 인간을 대신하는 로봇전투병들 간의 싸움이 될지도 모른다.

킬러 디자인^{Killer design}이란 말도 등장했다. 특정 제품군에서 제품 트렌드를 창조하는 동시에 한 기업을 대표할 만한 **빼어난** 디자인을 가리킨다. 소비자가 제품 디자인을 보고 어느 회사 제품인지 금방 알 수 있다면 킬러 디자인이라 불러도 좋다.

미디어 관련 언론보도를 보면 연일 킬러 콘텐트^{Killer content}라는 용어가 등장하고 있다. Killer라니, 섬뜩한 용어 아닌가. 살인자, 도살자를 떠올리게 한다. 얼핏 생각하면 '살인마를 주인공으로 삼는 범죄물'로 오해를 살 법하다. 서울 중구 청계천로 문화창조벤처단지 개소식 뉴스를 보면 킬러 콘텐트 생산기지로서 포부가 넘쳐난다. '창의적이고 역량 있는 인재들의 집합소로 콘텐츠를 융복합시켜 킬러 콘텐츠를 만들어낼 것'이라고 밝히고 있다_{흔히 우리는 복수형으로 콘텐츠라고 쓰고 있지만 단수형 콘텐트로 표기하는 것이 더 합당하다}. 이 단지의 개소식에는 대통령도 참석해서 "오늘은 문화창작인들의 꿈과 희망을 실질적으로 실현시켜줄 소중한 공간이 탄생하는 의미 있는 날"이라고 지적하고 "365일 멈추지 않는 경제 재도약의 심장이 되기를 기대한다"고 말했다._{2015. 12. 29}

박근혜 정부의 국정지표가 창조경제이고 그 기저에 문화융성이 자리하고 있어서, 파급효과가 큰 킬러 콘텐트 창작을 특별히 독려해 왔다. 얼마나 킬러 콘텐트에 목을 매었으면 'Big killer content'라는 용어까지 생겨났을까. 킬러 콘텐트가 한 장르 안에서 우수한 콘텐츠를 의미한다면, 빅 킬러 콘텐트는 장르와 장르가 융합한 콘텐트를 가리키는 신조어다. 이 단지는 문화기업들이 각기 다른 장르를 엮어 복합 콘텐트를 만들어 내도록 지원하는 것을 목표로 삼고 있다.

이렇듯 킬러 콘텐트는 한 분야를 제압하는, 파급효과가 큰 작품을 뜻한다. 〈겨울연가〉와 〈대장금〉 같은 드라마가 한류를 선도하였고 싸이의 강남스타일이 K-pop의 기폭제였음은 누구나 알고 있다. 한 편의 드라마가 영화, 소설, 만화, 뮤지컬 등 새끼치기 Spin-off하는 현상을 두고 One source, multiuse한 작품 복합 활용라고 말한다.

킬러는 글자 그대로 대량학살 현장Killing field이나 암살자, 잔혹한 IS대원을 연상시킨다. 우리만 즐겨 쓰는 킬러 콘텐트는 어디서 나온 말일까? 다른 콘텐트를 '압도하는, 죽일' 정도의 영화, 게임, 프로그램, 웹툰, 뮤지컬, 캐릭터, 비디오, 만화 등을 지칭한다. 영어권에서는 킬러 콘텐트라는 표현을 거의 쓰지 않고 대신에 블록버스터Blockbuster라는 말을 쓴다. 막대한 돈을 들여서 만든 거작 영화나 초대형 베스트셀러를 가리키는 용어다.

원래 블록버스터는 폭탄 이름에서 유래했다. 도시의 한 블록을 파괴할 만큼 큰 위력을 가진 4톤 내지 8톤쯤 되는 초대형 폭탄이 블록버스터였다. 즉 도시의 한 구획Block을 날려버릴Bust 정도의 위력을 가진 폭탄이란 의미에서, 경쟁상대를 초토화시킬, 대자본과 슈퍼스타를 투입해서 단시간에 관객을 모으려는 대작 영화나 크게 히트한 텔레비전 프로그램을 Blockbuster라고 부르게 되었다.

1945년 2월 13일 밤 영국 공군은 바로크 문화의 본산 독일의 드레스덴을 공습하였다. 800대의 폭격기가 두 차례에 걸쳐 인구 65만 명의 아름다운 중세 도시에 4천 톤의 폭탄을 퍼부었다. 융단 폭격Carpet bombing이란 말도 이때 생겨났다.

이렇게 킬러나 블록버스터나 둘 다 사람을 죽인다는 점에서는 별 차이가 없다. Killer technology가 획기적인 신기술을 뜻하듯 속어로 Killer는 '죽여주는, 끝내주는, 근사한' 의미도 갖고 있으니 킬러 콘텐트가 아주 엉터리 영어만은 아닌 듯싶다.

어떻게 해야 킬러 콘텐트가 쏟아져 나올까? 지원하되 간섭하지 말아야 한다. 멍석을 펴주되 자유롭게 춤출 수 있게 해야 한다. 아울러 '실패의 자유'가 허용돼야 한다.

Mofia

그리스로 가는 길

문재인 대통령은 지난 22일 "정권 뜻에 맞추는 영혼 없는 공직자가 돼선 안 된다."면서 각 부처 공무원들에게 개혁을 이끄는 주체가 될 것을 당부했다. ^{한국일보, 2017. 8. 23}

대통령은 첫 업무보고를 받는 자리에서 공직자는 국민과 함께 깨어 있는 존재가 되어 국민을 위해 봉사해야지 정권에 충성하는 사람이 아니라고 말했다. 구구절절 옳은 말씀이다. 그러나 뒤집어 보면 지금의 정부 정책이나 개혁방향 그리고 적폐청산에 앞장서라는 촉구로 들리기도 한다.

공무원 개개인은 독립된 기관이 아니라 거대한 정부 조직의 작은 나사에 지나지 않는다. 하이어라키^{Hierarchy}를 이루고 있는 관료

체계 속에서 상명하복_{上命下服}하지 않으면 누구도 살아남을 수 없다.

    지금 온 나라가 살충제 계란 파문으로 몸살을 앓고 있다. 이름도 생소한 다섯 가지 살충제 외에도 맹독성 DDT까지 검출되었다고 해서 국민들 사이에 계란공포증이 확산되고 있다. 이 와중에 식약처장이라는 사람은 '짜증'과 '질책'도 구별 못 해 항간의 웃음거리가 되었고 오락가락 판정에, 안전성 검사는 농_農피아_{농식품부 관리와} _{마피아를 합쳐서 만든} 콩글리시들이 맡고 있어서 허술하기 짝이 없다.

    뉴스를 보면 국민의 불안은 더 확산되고 있다. 당국이 나서서 해명하는 모습은 국민의 신뢰를 얻기에는 진실성이 크게 부족하였다. '한 번에 섭취해도 괜찮은 양'이라고 하면서, 1~2세는 24.1개, 3~6세는 37.5개, 20~64세는 126.9개라고 발표하였다. 얼핏 보면 매우 과학적인 것처럼 보이지만 구체적인 숫자의 제시가 허황돼서 어처구니가 없다.

    예컨대 피리다벤은 태어나서 죽을 때까지 매일 555개를 먹어도 괜찮고 에톡사졸은 매일 4,000개씩 드셔도 무방하다는 식의 '섣부른 결론'을 발표하였다. 자, 어떤 패널을 대상으로 매일 수십 개씩 계란을 먹여서 실험을 했는가? 그 근거는 아무 데도 없다_{네덜란드에} _{서 유해하다는데 우리는 무해하다고 판정을 내리기도 했다}. 게다가 하루도 거르지 않고 계란을 몇십 개, 몇백 개 먹는 사람이 세상 어디에 있는가?

    농약의 대부분은 인간이 새롭게 만들어 낸 화학 물질이다. 긴 시간을 두고 그것이 인체에 무슨 영향을 주는지 완벽하게 검정된 결과는 없다. 또한 이런 물질들이 체내에 흡수되어 다른 물질과 결합해서 무슨 작용을 일으키는지 아무도 모르고 있다. 화장품에 쓰는 미세한 플라스틱 가루가 북극에 사는 곰의 몸속에서 발견되었다는 사실은 무엇을 의미하는가.

정부로부터 친환경농산물 인증기관으로 지정된 민간업체 64곳을 조사해보니, 이 중 5곳의 대표를 농식품부 퇴직자들이 맡고 있고, 또 임직원으로 취업한 사례는 인증기관의 반 이상을 차지하고 있었다. 2014년 농식품부의 자료에 따르면 73개 친환경 인증업체 중 35곳에 농식품부 퇴직공무원 85명이 취업한 것으로 밝혀졌다. 특히 인증업체 사이에 슈퍼갑^甲으로 불리는 국립농산물관리원 출신이 63명이었고, 농피아가 취업한 업체가 전국 인증 물량의 70%를 싹쓸이하는 것으로 드러났다.

관官피아_{정부 관리와 마피아의 합성, 특히 재정금융예산 출신의 관리 (Finance)를 마피아(Mafia)에 빗대어 Mofia라고 한다} 의 폐해는 농식품부만의 문제가 아니다. 거의 모든 부처가 현직에 있을 때 규제를 양산해 놓고 퇴직하면 산하기관에 가서 2모작을 하고 있다. 산하기관에서 물러나면 감독하던 민간기업으로 가든가, 로펌에 가서 자기가 일하던 관청을 상대로 로비스트가 된다. 인생 3모작을 하고 있는 공무원들의 정년은 사실상 70세라고 한다. 공무원 사회에서는 부부가 다 공무원이면 '움직이는 중소기업'이라고 부러움을 사고 있다.

관피아의 먹이사슬은 갑을관계가 연쇄적으로 이어진 피라미드 구조를 형성하고 있다. 최정점에는 중앙정부 고위 퇴직관료들이 서 있다. 이들은 규모가 큰 공공기관, 민간협회, 금융회사 CEO를 차지한다. 위에서부터 순차적으로 자리를 나눠먹는 먹이사슬 구조는 국민이 잘 알지 못하는 각종 조합, 공단, 협회까지 이어진다.중앙, 2014. 4. 29

좋은 취지가 없는 것은 아니나 상장법인의 '사외이사' 제도와 한국과학재단의 '초빙교수' 제도 역시 퇴직 고위 관료들의 일자리 창출에 숨은 뜻이 있었다.

지금 정부는 일자리 창출이란 명목으로 공무원을 11만 7천 명 더 늘리겠다고 한다. 소방, 사회복지, 경찰 등 예외가 없는 건 아니지만 '작은 정부, 깨끗한 정부'만이 '그리스로 가는 길'을 막게 될 것이다.

Mupera

뮤지컬도 아니고 오페라도 아니고

　바야흐로 융합의 시대다. 음악계는 크로스오버가 대세인 양 일상화되었고 방송 프로그램은 장르 파괴가 곳곳에서 일어나고 있다. 오페라면 오페라고 뮤지컬이면 뮤지컬이지 뮤페라Mupera는 무엇인가? 한술 더 떠 '샌드 아트 뮤페라'까지 등장한 것을 보면 비비고 이후 예술 문화의 비빔밥이 큰 유행인 듯싶다.

　사실 팝페라Popera는 가수 임형주 덕에 널리 알려지게 되었고오페라를 팝 노래하듯 부른다고 해서 이런 명칭이 붙었다, 몇 년 전부터는 뮤지컬의 본고장 뉴욕의 브로드웨이에선 무비컬Movical이 대세라고 하니 딜레탕트Dilettante, 아마추어 수준의 애호가로서는 정말 혼란스럽다.

　뮤지컬은 원래 순수 창작물보다는 기존의 작품을 토대로 제작된 작품이 압도적으로 많다. 특히 지금 공연 중인 〈아메리칸 사이코〉, 〈스쿨 오브 락〉, 〈파인딩 네버랜드〉, 〈킹킹부츠〉, 〈알라딘〉, 〈미녀와 야수〉, 〈라이온 킹〉 등 모두가 영화를 바탕으로 만든 뮤지컬인데 이런 작품을 무비컬로 부른다.

나는 1983년 뉴욕에서 당시 센세이셔널했던 뮤지컬 〈오 캘컷터〉O Calcutta 와 〈오 헤어〉O Hair를 처음 구경했다. 〈오 캘컷터〉의 첫머리에서는 남녀 4명씩 한 줄로 무대에 서서 노래하다가 별안간 소리를 지르며 걸치고 있던 겉옷을 벗어 던지고 나체가 된다. 쇼킹 그대로였다. 이런 선정성 때문에 당시 이 작품은 뉴욕주에선 공연이 가능했지만, 뉴저지주에서는 공연할 수 없었다. 1960년대 〈사운드 오브 뮤직〉, 〈남태평양〉 등 영화를 통해서 뮤지컬이 우리에게 처음 소개되었고 이때 우리는 뮤지컬을 음악영화쯤으로 이해하였다.

뮤지컬의 주 무대는 브로드웨이지만 출생지는 영국 런던이었다. 왕후장상의 자제들이 로마, 파리로 장기 유학을 떠나던 '그랜드 투어' 시대의 영국은 이태리, 프랑스, 독일 등의 오페라를 수입해서 공연하는 문화예술의 후진국이었다. 이런 문화적 콤플렉스를 극복하기 위해서 고안해낸 것이 19세기 말 뮤지컬이었다. 경제적, 정치적으로는 세계 최강을 자랑하고 있었지만 셰익스피어 말고는 내세울 것이 없는 영국이었다. 이 때 등장한 것이 'Musical farce'였다. 파스는 소극笑劇이라는 뜻인데, 뒤에 뮤지컬 코미디로 발전하였고 희극과 춤, 노래와 미녀들이 무대를 가득 메운 뮤지컬 코미디가 미국으로 건너가서 새로운 한 양식으로 뿌리를 내리게 됐다. 부르기 쉽게 이름도 단순화되어 뮤지컬로 자리 잡았다.

Musical is a play or a movie in which part or all of the story is told songs and often dancing뮤지컬은 이야기의 일부 또는 전부가 노래와 흔히 춤으로 이루어진 극이나 영화다.

Opera is a dramatic work in which all or most of the words are sung to music, works of this type as an art form or entertainment오페라는 대부분의 대사를 노래에 맞춰 부르는 예술 형식 혹은 오락물 유형의 작품이다.

이것만으로 오페라와 뮤지컬의 구별이 잘 드러나지 않는다. Opera는 작품을 가리키는 라틴어 Opus의 복수형으로 문학적 대사, 연극적 구성과 연기, 무대미술, 화려한 의상, 무용 등의 요소가 한데 어우러진 종합 예술이다. 이태리 피렌체에서 학자, 문인, 음악가, 화가 등 지식인들이 모여서 고대 그리스 비극을 어떻게 부활시킬 것인가 머리를 짜낸 결과로서 오페라가 생겨났다고 한다. 그러면 오페라와 뮤지컬의 구체적인 차이에는 무엇이 있을까?

첫째, 뮤지컬은 연극적演劇的 요소가 더 많고 오페라는 음악적音樂的 요소가 훨씬 강하다. 오페라 출연자는 '오페라 가수'라고 부르며, 뮤지컬에 등장하면 '뮤지컬 배우'라고 부르는 것은 이런 이유 때문이다. 따라서 오페라는 아리아 중창, 합창이 매우 중요하다.

둘째, 뮤지컬 공연에서는 마이크를 사용하고 있으나 오페라에서는 마이크를 쓰지 않는다. 오페라의 가수는 잘 훈련된 전통적인 성악가들이고 뮤지컬 배우는 관객들에게 정확한 가사 전달을 위해 마이크를 필수적으로 사용해야 한다. 뮤지컬은 배우가 끊임없이 관객과 호흡하면서 관객을 향해서 노래해야 하는 Presentational theatre인 탓에 노래의 상대는 극 중의 배우가 아니라 항상 관객이 된다.

셋째, 오페라 공연에는 반드시 오케스트라가 생으로 음악을 연주한다. 반면 뮤지컬의 경우 소규모 악단이 함께하는 예가 없지 않지만 대체로 녹음된 음악Recorded music을 사용한다.

넷째, 춤은 오페라보다는 뮤지컬에서 보다 중요한 요소다. 특수조명, 전자 악기의 활용과 함께 현란한 춤은 뮤지컬의 한 특성이기도 하다. 또한 뮤지컬은 현대적이고 상업적이고 향락적이며 오락적이다.

다섯째, 다루는 소재에 있어서 뮤지컬과 오페라는 큰 차이가 있다. 오페라는 탄생된 지 오래인만큼 역사적 사건, 신화, 전설 따위를 많이 다루는 데 비해서 뮤지컬은 간혹 문학적 작품을 다루기도 하지만 주로 일상日常에서 소재를 찾는다.

여섯째, 뮤지컬은 경쾌하고 젊고 가볍고 대중적이고 모던한 특징이 있지만, 오페라는 화려한 무대의상과 오케스트라를 동원하고 노련한 성악가들의 출연 등으로 제작비가 비싼 만큼 고급스럽고 귀족적이며 클래식한 이미지가 강하다.

일곱째, 코미디적인 내용의 오페라가 있기는 해도 대부분의 오페라는 장중미莊重美가 넘치는 비극인 데 반해, 뮤지컬은 오페레타를 본떠 시작되었고 초기 명칭에 Farce나 Comedy라는 말이 붙어 있었던 데서 엿볼 수 있듯 희극적喜劇的 스토리를 담고 있다.

서로 다른 두 종류 이상의 것을 섞어 새롭게 만드는 일을 퓨전Fusion이라고 하고 음악에서는 재즈나 록, 그 밖의 음악을 혼합한 형태를 일러 크로스오버Crossover라고 한다. 그러나 뮤지컬과 오페라를 혼합한 음악 장르라는 의미로 쓰는 뮤페라는 아무리 콩글리시라고 해도 너무 나간 느낌이다.

'코리아뮤페라컴퍼니', 공연단체 이름이다. 라보엠, 아이다 등 전통적인 오페라 작품을 뮤지컬로 공연하는 것을 목표로 삼고 있다. 더욱 놀라운 것은 국민대학교에는 디지털 뮤페라학과라는 게 생겼다. 4차 산업을 선점하기 위해 디지털 기술과 순수예술을 융합하는 공연예술의 주인공이 돼보라고 젊은이들을 유혹한다.

주로 오페라의 아리아나 이중창을 팝처럼 부르던 팝페라영어로는 Operatic pop가 진일보하여 오페라를 통째로 뮤지컬로 만드는 뮤페라의 실험이 시작되었다. 과연 이 모험이 성공할 수 있을까? 두 장르는 사촌 간이지만 마니아층은 전혀 다른 세계에 살고 있다. 뮤페라는 오페라의 뮤지컬 접목이라고 할 수 있지만 순수 오페라 애호가들로부터는 외면 받을 위험이 있다.

Navi

인생의 '내비'는 없나

먼저 옛날이야기 두 토막.

20여 년 전 필자는 미국 UC버클리에 방문학자 자격으로 1년 가 있었다. 서울에서 친지가 샌프란시스코로 여행을 오면 레이크 타호를 지나 리노Reno에 가서 1박 하고, 다음 날 티오가 패스를 지나 요세미티Yosemite 국립공원으로 들어간다. 공원 안의 운치 있는 호텔에서 하룻밤을 더 묵은 뒤운이 좋으면 흑곰을 구경한다 머시드Merced를 거쳐 샌프란시스코로 돌아오는 일정이다. 운전 중 이야기하느라 도로표지판을 깜박 놓치면 2, 30분 걸려서 가던 길로 되돌아와야 한다. 낮 시간이면 다행이지만 밤이 되면 동서남북 구별이 어렵다. 지도와 도로표지판에 의존해서 여행하던 옛날이야기다.

한편 지난해에는 1월 한 주일 일정으로 오키나와를 여행하였다.

자유여행을 하면 렌터카는 훌륭한 여행안내원이다. 내비게이션 덕이다. 흔히 줄여서 내비라고 불리는 이 길 안내 장치는 현대판 나침반이다. 목적지의 전화번호만 찍으면 어디든 쉽게 찾아갈 수 있다. 더욱이 일본, 하와이, LA 등 주요도시에서는 우리말 내비가 제공되고 있으니, 정말 편리한 세상이다. 이 내비의 성능은 하루가 다르게 계속 진화하고 있다.

자동차에 붙어 있던 내비는 스마트폰으로 옮겨와서 한층 똑똑해지고 있다. 운전자들의 주행데이터가 쌓이면서 이동 구간별 예상 소요시간을 아주 정확하게 알려준다. 이제 길 안내에 그치지 않고 주변 맛집과 주유소, 관광지, 숙박업소까지 찾게 해준다. 출발시간과 목적지를 입력하면 T맵이 수집한 과거의 교통정보 데이터를 바탕으로 예상 소요 시간을 알려주는 '언제 갈까' 기능도 매우 유용하다.

20년 전만 해도 사람들은 자신이 지구상 어디 있는지 확인하기 위해 종이지도와 표지판, 나침반에 의존했다. 1920년대 영국에서는 위치를 확인하기 위해 지도 다발을 손목시계처럼 만들어서 갖고 다녔다. 자동차 내비게이션은 1981년 일본 혼다자동차에서 개발한 '일렉트로 자이로케이터'가 시초다. 지도 필름이 장착된 기계에 운전자가 현재 위치를 찍으면 나침반을 이용해 목적지의 방향을 불빛으로 비추는 형태였다고 하는데 오차범위가 크고 비용이 많이 들어 대중화에 실패했다. 동아일보, 2017. 1. 14

1985년 미국 자동차 용품제조사 이택Etak이 세계 최초로 오늘날과 같은 전자식 내비게이션 '이택 내비게이터'를 개발하였다. 이것은 전자나침반과 바퀴 달린 센서로 작동하였다. 그 뒤 군사용 GPS위성위치확인시스템, Global positioning system의 이용을 민간에 허용하면서 내비의 상용화가 본격화되었다. 2000년부터 전면 개방된 GPS란 1970년대 초 미국이 군사 목적으로 24개의 위성을 쏘아 올려 전 세계를 거미줄처럼 실시간 체크할 수 있도록 만든 것이었다.

　　우리나라에서는 1997년 현대오토넷이 자동차 매립형Built-in 제품을 처음 출시하였다. 대개 모든 전자제품이 그러하듯 시간이 지나면 기술은 진보하고 값은 저렴해진다. 소프트웨어인 전자지도와 하드웨어인 단말기로 구성된 내비는 오늘날에 와서 차량용 항법장치, 등산, 골프와 같은 레저뿐 아니라 물류 추적 장치 등 다양한 분야에서 널리 쓰이고 있다.

　　이동통신사들도 휴대전화기의 위치확인 기능을 이용해 지도안내, 음식점 찾기, 숙박업소 검색, 친구 찾기 등 다양한 서비스 개발에 힘써 왔는데 손목시계 속에 넣을 수 있는 12밀리 크기의 GPS모듈의 개발이 국내 위치정보 시장의 폭발적인 성장 분기점이었다.

　　내비Navi는 물론 내비게이션Navigation의 약자다. 항해라는 뜻을 가진 Navigation은 배, 비행기, 자동차의 항법을 가리킨다. 그러므로 길 도우미라는 의미로 내비, 또는 내비게이션은 올바른 영어표현이 아니다. Navigation system, 혹은 Navigation device라고 하면 알아들을 수 있을까. 선박과 항공기의 운항사를 Navigator라고 하듯 차라리 GPS navigator라고 하면 이해가 빠를 것 같다.

모든 운전기사는 트럭에 내비를 달고 있다The drivers all have GPS in their trucks.

내 차에는 내비가 없다I don't have a GPS in my car.

이 두 문장에서 보듯 영어로 내비는 GPS라고 한다. 지피에스 내비게이터, 또는 지피에스 디바이스라고 하면 너무 긴 이름이니까 간단히 GPS라고 부르게 되었다. 길 안내 말고 인생의 행로를 안내할 GPS는 어디 없을까?

Omurice

곰탕이 Bear tang이라니!

한때 영어를 공용어로 하자는 주장이 제기된 적이 있었다. 우리나라 각급 학교에서는 영어를 제1외국어로 의무적으로 가르친다. 영어 사교육에 쓰는 비용도 만만치 않아 10조가 넘는 것으로 추산된다. 세계어로서 영어가 그만큼 중요하다는 것을 반증한다.

그러나 투자 대비 효과는 영 신통치 않은 것으로 나타났다. 스위스 교육기업 EF에듀케이션 퍼스트가 공개한 국가별 영어능력 지수를 보면 한국은 비영어권 국가 70개 중 27위에 그쳤다. "한국은 세계에서 1인당 영어 사교육비 지출이 가장 많은 나라지만 성인의 영어능력은 향상되지 않고 있다"는 지적을 받았다. 아시아경제. 2015. 11. 4

영어를 제일 잘하는 나라는 스웨덴이고 이어서 네덜란드, 덴마크, 노르웨이, 핀란드가 뒤를 잇고 있다. 유럽 국가들의 언어에는 공통점이 많은 데다 역사, 문화 배경이 유사하기 때문에 우리보다 쉽게 영어를 배울 수 있지만, 그보다는 이들 나라의 체계화된 영어 공교육이 효과를 발휘하고 있는 것으로 평가되었다.

1998년 작가 복거일은 『국제어 시대의 민족어』라는 책을 통해 한국어 대신 영어를 대한민국의 공용어로 채택할 것을 제창하였다. 당연히 반대 여론이 거세게 일어났다. 그렇지 않아도 '한국의 종교는 영어다'라는 비판을 받고 있는 마당에 이를 공용화한다니 얼이 빠졌다고 비판하였다.

그러나 평창 올림픽을 준비하고 있는 나라에서 영어 수준은 부끄럽다 못해 창피하기 짝이 없다. Tteokbokki, Sundae, Gimbap, Galbitang… 동계올림픽이 열릴 예정인 대관령 주변의 식당 메뉴판을 고발한 신문기사다. 떡볶이, 순대, 김밥, 갈비탕의 영어 표기가 이렇다_{조선, 2017. 4. 19.} 외국인이 대관령 횡계리 주변 식당에 와서 주문을 하려면 무슨 암호를 풀어야 할 지경이다.

하지만 이건 약과다. 곰탕을 Bear tang으로 표기해 놓은 식당도 있고 곤드레밥은 Rice with thistle_{씨슬은 스코틀랜드 국화, 엉겅퀴다.}, 산나물은 Mountain herb, 우거지는 Ugeoji, 삼겹살은 Pork belly라고 하니 이건 아예 수수께끼 푸는 것보다 더 어렵다.

음식 이름을 우리말 발음대로 써야 할 필요가 있는 경우에는 그 밑에 짧은 설명을 붙이는 것이 좋겠다. 예컨대 비빔밥이나 불고기는 외국인들에게 널리 알려진 음식이다. 그러므로 비빔밥은 Bibimbab으로 쓰되 'Rice mixed with a variety of vegetables'을 병기해 주는 것이 바람직하다.

Bibimbab, rice mixed with a variety of vegetables, has an implied meaning of harmony and collaboration^{각종 야채와 비벼먹는 밥인 비빔밥은 화합과 협력의 의미가 담겨 있다}.

비빔밥은 우리 고유 음식의 이름이고 그것을 발음 나는 대로 적을 수 있다. 하지만 오무라이스와 돈가스는 우리가 일상적으로 쓰는 말이지만 영어로 말할 때는 한국식 짬뽕 영어를 그대로 쓰지 않는 게 좋다. 돈가스^{Tonkatsu}는 알려진 대로 돈^{豚, 돼지}과 Cutlet를 합해 만든 조어다.

Tonkatsu is a panko breaded, deep-fried pork cutlet^{돈가스는 빵가루를 묻혀서 튀긴 돼지고기 토막이다} — The Korea Herald. 2017. 7. 1/2.

경우에 따라서 fried pork loin chops라고 해도 되겠다. 이와 유사한 음식 이름으로 카레라이스와 오므라이스가 있다. 혹자는 주장할지 모른다. 우리의 돈가스, 오므라이스, 카레라이스가 일본이나 미국, 인도의 것과는 다르기 때문에 영어표기 역시 달라야 한다고. 그렇다고 외국인이 알 수도 없게 표기해서야 되겠는가.

오므라이스는 계란 오믈렛에 싼 볶은 밥이다Omurice is fried rice wrapped in egg omelette — The Korea Herald. 2016. 8. 13/15.

일본을 통해서 들어왔든 우리가 만들었든. 영어를 기반으로 만든 콩글리시를 그냥 쓰는 것은 어색하다. 오므라이스Omurice는 Omelette과 Rice를 합성한 짝퉁이기 때문이다. Fried rice with egg omelette이라고 풀어 쓰면 누구나 이해하지 않겠는가. 어린 이들이 즐겨 먹는 카레라이스Curried rice의 경우도 일본식 발음이 그대로 우리나라에 유입되어 굳어진 말이다.

우리나라에서는 야채와 쇠고기 등에 커리를 넣어 수프를 만들어 밥에 얹어서 먹는 게 일반적이다. 그러나 인도와 동남아 많은 나라에서는 Curried chicken, beef, eggs 등으로 요리해 먹기를 좋아한다. 이렇게 만든 음식을 Curry라고도 하니까 카레라이스를 그냥 Curry and rice라고 해도 좋을 것이다. 싱가포르의 유명한 커리 전문 식당 무투스Muthu's curry에서는 커다란 생선 머리토막을 넣어 끓인 피시 헤드 커리Fish head curry가 값도 싸고 맛도 있다.

국립국어원은 잠자고 있는가. 한식韓食의 영어표기 표준말 하나가 없다니!

뉴스와 콩글리시

Petiquette

개 엄마 개 아빠의 예절

영동대교를 지나서 코엑스 방향으로 차를 몰다가 생소한 간판 하나를 보았다.

'OO 동물 치과병원'

강아지 치과 전문병원이라고? 정말 듣도 보도 못한 간판이었다. 그뿐 아니다. 2018년 1월 17일 한국경제신문 보도에 따르면 'XX 동물 안과'도 있다고 한다. 가게 간판이나 인터넷 홈페이지, 명함 등에 '전문수의사'라는 단어가 등장하였고 전문 병원이 생겨나고 있다.

개와 고양이 키우는 사람이 크게 늘어나고 동물병원이 많아지면서 전문화하는 것은 당연지사라 하겠다. 다만 수의사법에는 사람을 대상으로 하는 의료법과 달리 동물의 전문의 제도가 없다. 수의

사 면허를 취득한 뒤에 박사학위를 딴 사람들이 동물병원을 세우면서 일반 동물병원과 차별화하기 위해서 전문병원, 전문수의사를 표방하고 있을 뿐이다.

혼자 사는 시대가 된 지 오래다. 예식장은 줄어들고 동물병원은 늘어나고 있다. 1인 가구 시대를 맞아 강아지, 고양이 등 애완동물을 키우는 이들이 많아지면서 관련업체도 크게 늘고 있다. 애완동물 용품 업체도 급속히 커지고 있다. 대기업들도 사료시장이나 강아지 용품 시장에 뛰어들고 있으며, 강아지 적금, 보험 등 반려동물 전용 금융상품이 봇물이라고 한다. 예를 들면, KB금융은 적금, 카드, 보험, 신탁 등 원 스톱 펫 금융을 묶어서 '펫코노미 패키지'라는 상품을 내놨으며 현대해상은 1회당 100만 원, 1년에 500만 원까지 보상하는 '하이펫 애견보험'을 시판 중이다.

2017년 2조 원에 달했던 반려동물 관련 시장의 규모는 2020년 5조 8천억 원에 이를 것으로 내다보고 있다. 선남선녀들이 결혼은 안 하고 혼자 살면서 외로우니까 강아지를 키운다. 전국 가정에서 키우는 개와 고양이 등 애완동물의 수는 1천만이 넘을 것으로 추산된다.

"왜 개를 키웁니까?"

여러 가지 이유가 있을 터이지만 많은 사람들은 답한다. "개는 사람을 배신하지 않는다"고. 그래서 충견忠犬이란 말이 생겨났나

보다. 인구절벽이라는데 집집마다 아기 울음 소리는 사라진 지 오래고 개 짖는 소리만 요란하다. 여자는 개 엄마, 남자는 개 아빠로 둔갑한 세상이 됐다.

한 애견인이 키우는 강아지를 한 달에 60만 원이나 하는 강아지 유치원에 보냈다. '학부모'로서 걱정되는 마음에 유치원 원장에게 잘 보살펴 달라는 의미로 촌지를 보냈다. 그랬더니 집에 돌아온 강아지 목줄에 '반장'이라고 적힌 목걸이가 걸려 있었다고 한다. 이런 것은 김영란법에 저촉되지 않는지 고민하는 애견인의 글이 인터넷에 올라와 있다고. 서울신문, 2017. 10. 18

강남의 강아지 유치원은 아이들의 유치원과 별반 다를 게 없다고 한다. 아침에 스쿨버스가 집으로 와서 강아지를 데려가고, 돌아올 때는 '잘 놀았다' 등이 적힌 알림장이 든 가방도 강아지 목에 걸어 보낸다. 시간표는 등교 후 아침식사, 동요를 들으며 친구들과 공놀이, 낮잠시간, 간식시간, 놀이시간, 수업시간으로 짜여 있다. 수업시간에는 배변, 복종, 예절 훈련 등을 한다. 상류층 강아지 유치원은 병원, 미용실, 호텔, 카페 등이 함께 있어 개를 위한 복합문화센타 역할을 하고 있다.

Lady first, America first라더니 이제 'Pet first' 시대가 도래했다. 가족보다 강아지 서열이 더 높은 시대가 된 모양이다. 반려동물이 먼저냐, 사람이 우선이냐. 반려동물 키우는 인구 1천만 시대에 애완Pet동물은 반려Companion동물로 격상되었고 개 때문에 사람이 다치거나 죽는 일이 빈번히 일어나고 있다. 강아지 과보호와 지나친 집착은 가족 갈등을 빚고 있는데 심지어 강아지 세 마리 키우는 어떤 가정에서는 개 짖는 것을 본 남편이 강아지를 죽여 버리겠다고 소리를 지르고 화를 내자, 아내가 부엌의 흉기로 남편의 목을 한 차례 찔러 살해한 사건도 있었다. 중앙, 2017. 10. 11

반려동물 1,000만 시대, 펫팸족이 증가하고 있다. 특히 2018년은 '황금개띠 해'라고 하니 강아지 키우는 가정이 폭발적으로 증가할지 모르겠다. 펫팸Petfam이란 Pet애완동물과 family가족을 조합한 콩글리시다. 하지만 매년 버림받는 개도 10만이 넘는다고 한다. 개가 병에 걸리든가 다치든가 또는 여행을 갈 때 번거롭게 느끼면 몰래 유기하는 사람들이 늘고 있다. 생명의 소중함을 외면하는 비인간적인 인간들이 생각보다 훨씬 많은가 보다.

I'm not a dog person. I'm not even an animal person. I am, however, surrounded by dogowners – my family, my husband's family, my neighbors저는 개를 좋아하지 않아요. 동물도 좋아하지 않아요. 그런데 주변에는 – 저희 가족, 시댁, 그리고 이웃집들 개키우는 사람들 천지예요.

이건 한 주부가 남편이 개 한 마리 키우자고 하도 졸라대니 '어찌 하오리까' 하고 Dear Abby 칼럼에 상담차 올린 글이다. 이 여

성은 중학교 때 개에 한 번 물린 적이 있어 두 번째는 무서워서
Once bitten, twice shy 개 기피증이 생긴 경우다.

강아지를 기른다는 것은 쉬운 일이 아니다. 애완동물을 키우
는 데 따른 책임과 예절, 규범을 지켜야Have to shoulder all pet-related
responsibilities 하기 때문이다 이를 Pet etiquette이라고 하는데 우리
는 흔히 줄여서 페티켓Petiquette이라고 말한다. 아마도 이 말은 우
리가 만든 게 아니고 밖에서 유입된 콩글리시가 아닌가 짐작된다.
영어 문헌에는 축약해서 쓴 예를 찾아볼 수 없다. 어떤 책 이름으
로 나와 있기는 해도. 페티켓 7계명은 이렇게 정리해 볼 수 있다.

1) 불필요하게 짖지 않도록 어릴 때부터 훈련시킨다.
2) 지자체에 등록하고 인식표를 부착한다.
3) 외출 시 반드시 목줄을 하고 맹견의 경우 입마개를 한다.
4) 배변 봉투를 넉넉하게 준비한다.
5) 공동 현관에서, 그리고 엘리베이터를 탈 때 안고 탄다.
6) 대중교통 이용 시 케이지에 넣는다.
7) 좁은 공간에서 너무 많이 키우지 않는다.

2018년 황금개의 해, 무술년이다. 사람의 띠를 상징하는 12 동
물 가운데 사람과 교감하는 것은 오로지 개뿐이다. 개를 키우는
사람들은 자신을 개 엄마, 개 아빠라고 부르고 실제 강아지를 제
자식처럼 여긴다. 진정한 펫팸족이라면 끝까지 사랑을 베풀고 책
임을 질 줄 알아야 하겠다.

Rear car

대선, 솔로몬의 선택

대통령 선거에는 돈이 많이 든다. 메이저 정당들은 100억 안팎의 정부지원을 받지만 군소 후보들은 선거비용 마련에 목이 탄다.

"바른정당 유승민 후보 측은 당내 예산이 넉넉지 않다는 점에서 고효율 저비용 선거유세를 구상하고 있다. 이와 관련, 유세차와 인력 동원 등에 필요한 비용을 당협위원장들의 특별 당비로 충당할 예정인데, 이준석 위원장 등 젊은 피를 중심으로 '리어카 유세'를 벌이자는 의견도 나오고 있다."경기일보, 2017. 4. 17

선거철에 호황을 누리는 업종이 여럿 있다. 인쇄, 차량, 알바, 현수막 제작, 여론조사기관, 의류회사, 광고업 등이다. 유세차량도 대목을 맞이하고 있다. 이번 대통령 선거에는 무려 15명의 후보가 출마하고 있어서 유세차량을 1천 대 정도로 추산하고 있다. 소셜미디어 유세가 늘어나면서 인쇄업은 옛날 같지 않지만, 유세차량은 발주가 늘어났다고 한다. 지난 19일 기준으로 민주당 305대, 국민의당 285대, 자유한국당 274대, 바른정당 33대, 정의당 19대 등 916대에 이르고 군소후보의 유세차를 합하면 1천 대를 상회할 것으로 보인다.

1톤 트럭을 유세용 차량으로 개조하여 선거기간에 대여하는 데 드는 비용은 약 800만 원 정도이고, LED스크린 장착이나 음향시설, 문자 전광판 따위를 설치하면 대여비용은 1천만 원을 넘는다고 한다. 규모가 큰 2.5톤 트럭을 쓸 경우 대여료가 3천만 원에 이른다. 모든 후보의 차량 비용은 80억 원쯤 될 것으로 추산하고 있다_{서울신문, 2017. 4. 19.} 분초를 아껴 써야 하는 후보들은 유세차량 속에서 쪽잠을 자고, 삼각김밥으로 요기를 하고, 셀프 화장을 하고 있다.

24시간도 모자라는 하루를 보내면서 시간 맞춰 현장에 도착해야 하고, 유권자 요청에 따라 사진 찍기 서비스를 해야 하는 등 후보들 차량은 쉴 틈이 없다. 이런 와중에 교통사고의 위험이 따른다. 2012년 12월 대선 당시 박근혜 후보의 유세차량이 사고를 당해 보좌관이 사망하였다. 이번에도 문 후보의 유세차량이 사고를 내서 오토바이 운전자가 목숨을 잃었다. 전남 순천에서는 국민의당 안철수 후보의 유세차량이 지하차도를 지나던 중 트럭에 설치된 홍보간판이 고가高架의 상판에 부딪혀 광고판 일부가 고가에 걸리는 사고가 발생하였다.

리어카 유세 등 유권자의 주목을 끌기 위한 기발한 아이디어는 선거 때마다 등장한다. 지난 4.13총선에서 인천의 송영길 후보는 자신의 별명을 활용하여 '황소차'를 타고 유세를 다녔다. 차량에 황소의 눈, 귀, 뿔, 꼬리를 달고 울음소리까지 나오게 해 가는 곳마다 시선을 끌었다.

또한 서울 성북갑에 출마했던 정태근 후보는 골목을 누비며 유권자와 접촉하기 위해 전동카트를 타고 다녔고 전남 순천·곡성의 이정현 후보는 자전거 유세로 유명세를 탔다. 특히 대구에서 출마했던 조석원 후보는 '500만 원 선거'라는 약속을 지키기 위해 천막 사무소에다가 리어카를 유세차로 사용한 바 있다.

리어카는 누구나 쓰고 있는 콩글리시다. 리어카는 주로 환경미화원이나 폐지 줍는 노인을 연상시킨다. 리어카는 길거리에서 과일 파는 영세상인들의 중요한 생활 수단이다. 사람이나 짐을 싣기 위해 옆에 수레를 달고 다니는 오토바이를 사이드카Sidecar라고 한다. 여기서 힌트를 얻어 뒤Rear에서 밀든가 자전거 뒤에 달아서 쓰는 두 바퀴 수레를 리어카Rear car라고 작명하였다.

이와 비슷한 영어로는 푸시카트Pushcart와 핸드카트Handcart가 있다. 전자는 핫도그 등을 파는 바퀴 달린 박스형 수레고, 후자는 택배 기사가 차에서 짐을 내려서 건물로 옮길 때 사용하는 두 바퀴 달린 작은 운반도구다. 우리가 일상적으로 쓰는 수레에는 쇼핑카트와 유모차가 있다. 나라마다 조금씩 차이는 있지만, 쇼핑카트의 다른 이름은 Trolley^{영국, 호주}, Carriage^{미국 동부}, Buggy^{미국, 캐나다 일부 지역} 등이다. 유모차는 미국에선 Troller, 영국에서는 Baby carriage, Buggy 등으로 불린다.

이번 대선은 유권자들을 참으로 곤혹스럽게 만들고 있다. 주적主敵도 모르는 후보를 뽑아야 할지, 상왕上王을 모신 후보를 선택해야 할지, 국정농단弄斷을 주도했던 당의 후보를 찍어야 할지 솔로몬의 지혜가 필요하다.

Remocon

리모컨이 세상을 바꾼다

세상을 바꾸는 것은 기술이다. 새롭고 놀라운 기술이 발명돼서 사회 변동이 일어난다. 수렵과 유목 시대 고대인들은 나무열매와 사냥감을 찾아서 계절에 따라 이동해 가면서 살았다. 아프리카 초원의 동물들이 물과 풀을 찾아서 대이동을 하는 것은 생존을 위해서 불가피한 일이다. 이러한 인간을 한곳에 정주定住하게 만든 것은 관개灌漑기술의 발명이었다. 비올 때 물을 가두어 놓았다가 쓴다든가 강이나 호수에서 물을 직접 끌어다 쓴다는 것은 지금 생각하면 아무것도 아닐 수 있다. 그러나 이 관개기술이 농업의 발전을 가져오고 사람들을 한곳에 붙박이로 머물러 살게 만들었다.

텔레비전 수상기가 처음에 나왔을 때 채널을 바꾸는 장치는 로터리Rotary방식의 장치였다. 1에서 13까지 숫자가 적혀 있는 둥근

판을 기억할 것이다. 이때까지만 해도 텔레비전 채널은 13번이 최고로 높은 번호였다. 다른 TV를 보기 위해 채널을 변경하는 일을 '채널을 돌린다'고 말하는 것은 로터리 방식에서 유래한 표현이다. 지금 같은 UHF, 즉 초고주파는 방송에 배정되지 않았고 케이블TV도 도입되기 전이었다. 이후 기술이 발달하면서 로터리식 장치는 버튼Button방식으로 바뀐다. 채널을 선택할 때 일일이 손으로 돌리는 수고를 덜기 위해 채널번호를 손쉽게 누를 수 있도록 하였다.

버튼식 역시 화면을 다른 채널로 돌리기 위해서는 수상기에 직접 다가가서 손으로 원하는 숫자를 눌러야 했다. 하지만 로터리 방식에 비하면 한결 수월한 것이었다. 이후 마침내 리모컨이 발명돼서 앉은 자리에서 채널을 조작할 수 있게 되었다.

리모컨Remocon은 리모트 컨트롤Remote control의 줄임말로 텔레비전이나 가전제품을 원격으로 조정하는 장치다. 리모컨은 쓰기 편리하게 두 단어를 합해서 짧게 만든 콩글리시다. 리모트Remote는 멀리 떨어져 있다는 뜻이고 컨트롤Control은 조정장치를 뜻한다. 리모컨의 앞부분에는 적외선을 내보내는 LED가 있어 우리 눈에는 보이지 않지만 채널과 음량에 따라 발사되는 적외선을 각기 달리하여 기기의 신호에 맞추면 작동하도록 되어 있다.

국내에서 리모컨을 처음 생산하기 시작한 것은 1985년 삼성전자였다. 모든 가전제품이 리모컨으로 조작되고 있는 탓에 집마다 거실에는 리모컨이 여러 개 놓여 있다. 에어컨 리모컨, TV 리모컨,

케이블 리모컨, 오디오 리모컨 등 4, 5개는 보통이다. 안방 테이블 위에 리모컨이 여러 개 있으므로 사용이 번거롭고 복잡하다.

그래서 몇 년 전부터 TV리모컨도 진화하여 하나로 통합되는 경향이 생겼다. IPTV, 인터넷, 게임, 오디오 등을 한꺼번에 제어할 수 있는 '만능열쇠' 리모컨이 등장하였다. 곧 숫자 키패드를 없애고 버튼이 뜨는 구조에, 여성도 한 손에 쥘 수 있게끔 슬림화하였고, TV 속의 메뉴 찾기가 용이하도록 하였으며 전체 버튼 수를 대폭 줄이는 등의 변화가 생겼다.

이런 리모컨을 미국인들은 리모트 컨트롤이라고 하지만, 말이 길다는 생각은 우리와 똑같다. 그래서 간단히 리모트Remote라고 쓰고 또는 클리커Clicker라고도 말한다. "리모컨 어디 있어요?"는 "Where's your clicker?"가 되겠다.

이와 비슷한 표현으로 재퍼Zapper가 있다. 잽Zap은 '리모컨을 이용해서 채널을 빨리 돌리다'는 뜻도 갖고 있다. 이런 현상을 재핑Zapping이라고 말한다. 프로그램이 보기 싫어 채널을 빨리 돌리면 재핑이고, 광고가 보기 싫어 고속으로 돌리는 현상은 지핑Zipping이라고 한다.

우리는 집zip에 관해서 두 가지를 잘 알고 있다. 하나는 관광지에 있는 경관을 보면서 줄에 매달려 한곳에서 다른 곳으로 빠른 속도로 이동하는 집라인Zipline이라고 하는 놀이시설이 있다. 두 번째는 우편 번호를 집 코드Zip code라고 한다.

재퍼도 리모컨을 의미하지만, 때론 무엇을 신속히 공격하거나 파괴하는 장치나 무기를 가리키는 예도 있다. 실제 미국 댈러스 경찰은 무장한 채 도심 주차장에 숨어 경찰과 대치 중이던 마이카 존슨을 진압하기 위해 폭탄 로봇Bomb robot을 존슨이 있는 곳으로 이동시킨 뒤 리모컨으로 폭탄을 터뜨렸다중앙일보, 2016. 7. 11. 참조

이 사건은 사람을 죽이는 데 로봇과 리모컨이 이용됐다는 점에서 많은 논란을 일으켰다. 한편으로 LG유플러스는 리모컨을 눌러 엄마와 영상으로 통화할 수 있는 '유튜브 키즈' 앱을 개발했다고 발표하였다동아, 2017. 8. 31. 참조

리모컨이 세상을 바꾼다.

Set menu
국제화 시대의 테이블 매너

 1인 가구가 늘어나고 바깥 활동이 많아지면서 외식Eating out이 늘어나고 있다. 종류와 가격이 서로 다른 식당들이 곳곳에 생겨나면서 손님은 마음대로 골라 먹을 수 있게 되었다. 대체로 홍콩, 싱가포르 등 도시국가들의 경우 외식 비율이 높은데 우리나라도 혼밥, 혼족들이 늘어난 데다가 생활수준이 향상되면서 외식이 일상화되었다. 보통 선진국은 수입의 4분의 1이 외식을 포함한 식비로 지출된다. 근래 통계에 의하면 우리나라에는 인구 78명당 식당이 하나 꼴이다.

 우리 대중식당의 메뉴는 대체로 간단한 편이다. 갈비구이에 냉면, 아니면 설렁탕, 칼국수, 매운탕이 주종을 이룬다. 주문에 크게 신경 쓸 일이 없다. 외국을 여행할 때 한 번쯤 현지식을 먹게 된다. 한식은 언제 먹어도 좋지만, 음식도 문화이므로 여행 중에는 그 나라 식당을 찾아보는 것이 바람직하다.

필자가 방문했던 외국의 식당 가운데 아직도 잊지 못하는 곳이 하나 있다. 샌프란시스코 Berkeley에 있는 '쉐 빠니스Chez Panisse'다. 서울을 떠나기 20여 일 전에 예약했지만 원하는 날짜, 원하는 시간을 잡기 어려웠다. 쉐 빠니스는 저녁 6시 30분, 8시 30분 두 차례 손님을 받고 있다. 이 식당은 버클리 지역에서 유일한 최상$$$$$의 등급을 가진 곳이다. 익숙하지 않은 식당에 가면 무얼 주문해야 할지 고민이 생긴다. 특히 식당일수록 메뉴판은 복잡하고 어렵다.

『음식의 언어The Language of Food』를 쓴 스탠포드 대학의 댄 주랩스키 교수에 의하면 고급식당일수록 값싼 레스토랑에 비해 요리 가짓수는 반밖에 안 되고 손님의 선택권은 3분의 1로 줄어든다. 대신 주방장 추천 요리는 일곱 배나 많은 것으로 나타났다. 그가 발견한 또 하나의 흥미로운 사실은 요리를 설명하는 데 긴 단어를 쓰면 쓸수록 음식값이 더 올라간다는 점이다. 어떤 음식을 묘사하는 데 평균 길이보다 글자 하나가 더 늘어나면 음식값은 18센트가 비싸지고 있었다. 예컨대 치킨이나 파스타를 설명하는 데 세 글자를 더 썼다면 손님은 54센트를 더 내야 한다. 한 가지 예를 보자.

BLT Salad: A flavorful, colorful and delicious salad mixture of crispy bacon bits, lettuce, tomatoes, red and green onions and garlic croutons tossed with bleu cheese dressing. BLT샐러드: 바싹바싹한 베이컨, 상추, 토마토, 붉은 양파, 푸른 양파, 마늘 크루통에 블루치즈 드레싱을 뿌린 짭짤하고 다채롭고 맛있는 혼합 샐러드.

무슨 샐러드 한 가지 설명하는데 25단어를 쓰고 있는데, 읽다가 숨이 넘어갈 지경이다. 또 고급식당은 음식 재료의 출처를 밝히는 횟수가 싼 식당보다 15배나 더 많다.

나그네의 이런 고민을 해결해 주는 것이 바로 세트 메뉴Set menu다. 몇 가지 요리를 구성해서 균일 가격에 파는 식단을 우리나라에선 세트 메뉴라고 부른다.

"Go at least once in your life to experience food touched by the talented hands of Alice Waters and her apprentices. Prix fixe menu changes daily. Reservations highly recommended. 일생에 한번은 이 식당에 가서 앨리스 워터스와 그녀의 도제들의 빼어난 손맛의 음식을 경험해 보십시오. 프리 픽스 메뉴는 매일 바뀌고 예약은 필수임."

이 내용은 『Guide to the Good Life in Berkeley』라는 버클리 생활안내 책자 속에 나와 있는 쉐 빠니스의 소개다. 여기서 보듯 영어로 세트 메뉴는 Prix fixe 또는 Prix fixe menu다세트 메뉴는 우리끼리 쓰는 영어다.

그렇다고 해서 캐주얼 식당에서 세트 메뉴를 '프리 픽스 메뉴'라고 부르지는 않는다. 이때는 Combo가 제격이다. 맥도널드나 버거킹에 캄보 메뉴가 많이 있다. 2~3가지 음식을 묶어서 Mongolian beef combo, 혹은 Combo meal처럼 부른다. 흔히 눈에 띄는 메뉴로는 Today's special과 Chef's special, Lunch special이 있다. '오늘의 특선', '주방장 추천 요리', '점심 특선'이라는 의미다.

식당에 따라 세트 메뉴는 조금씩 다르다. 미슐랭 별 두 개를 받은 홍콩의 Lei Garden利園은 Chef course와 Michelin course를 제공한다. 정식은 따블 도뜨Table d'hote, Fixed menu라고 하고, 오르되브르Hors-d'oeuvres는 식전의 간단한 음식을 가리킨다. Finger food는 손으로 집어 먹는 간단한 음식을 뜻한다. 물론 알 라 카트A la carte는 골라 먹는 단품요리다.

글로벌시대에 테이블 매너도 중요해지고 있다.

SNS
자유와 책임

    국회 청문회에서 자신에 대한 각종 의혹과 관련해 여러 차례 "송구스럽다"며 몸을 낮추던 후보자는 장관 취임 첫날부터 구설에 휘말렸다_{동아. 2016. 9. 6.} SNS인 네이버 밴드의 경북대 동문방에 올린 글에서 "청문회 과정에서 온갖 모함, 음해, 정치적 공격이 있었다. 부임하면 그간 사실 확인도 하지 않고 본인의 명예를 실추시킨 언론과 방송, 종편 출연자를 대상으로 법적인 조치를 추진할 것"이라고 덧붙였다. 김재수 장관은 비슷한 취지의 글을 다른 네이버 밴드에도 올렸다. 후보자에서 장관으로 신분이 바뀐 뒤 태도가 돌변하자 야3당은 24일 새벽 해임건의안을 통과시켰다.

    우리는 카톡의 알림방을 통해서 동창회 소식이나 동호회의 소식을 주고받는다. 카페^{영어로는 커뮤니티임}, 밴드, 카톡방 등이 등장하면서 캠퍼스의 대자보도 사라졌다. 다만 일부 단체 카톡방은 언어폭력자들 때문에 사회적 문제가 되고 있다. 집단 따돌림, 성희롱, 음담패설, 포르노 유통 등이 일상화된 경우도 있다. 심지어 카톡방에서 집단적인 따돌림을 받아 자살한 사례도 없지 않다.

"사이버 불링Cyber bullying이 곳곳에서 벌어지고 있다. 모바일 등 온라인상에서 특정인을 집단으로 괴롭히는 것을 가리키는 용어다."시사저널, 2016. 6. 21/28

단체 카톡방이나 채팅방이 정보 공유나 소통의 중요 수단이 되면서 끼리끼리 카톡방을 만들어 밤낮없이 소통하고 유대를 강화한다. 다양한 사람들이 새로운 관계를 맺을 수 있고, 시간 장소 불문하고 빠르게 정보를 나눌 수 있게 됐다. 스마트기기 보급이 일반화되면서 SNS 사용자가 급증하고 있으며, 누구나 콘텐츠 생산자가 되었다. 홍수, 지진, 해일, 화재 등 위급 시 재난속보에도 유용한 도구가 되었다.

그러나 SNS 정보는 신뢰도가 낮고 거짓정보와 근거 없는 소문까지 유포돼 사회혼란을 야기한다. 또 개인 정보가 범죄에 악용될 소지가 있고 프라이버시 침해가 심각한 문제다. 심지어 익명성을 빌미로 남을 비방하거나 악의적인 내용을 퍼트리기도 한다.

To tell the truth, there is a lot of false information on SNS사실 SNS에는 엉터리 정보가 많다.

여기서 SNS는 올바른 영어 표현일까? 국내 문헌에는 SNS가 Social Network Service의 약어라고 버젓이 나와 있다. 누가 만들어 냈는지 알 수 없지만 영어미디어에서는 이런 말을 쓰지 않는다.

NYX is known for its effective use of social media to connect with consumers, including Facebook, YouTube and Instagram.

엔와이엑스 화장품은 소비자들과 연결을 위해 페이스북, 유튜브 그리고 인스타그램 등 소셜 미디어를 효과적으로 이용하는 것으로 알려져 있다. — The Korea Herald, 2016. 7. 15.

즉 위와 같이 SNS 대신 Social media로 쓰고 있다. 소셜 미디어란 페이스북, 유튜브, 인스타그램 외에도 트위터, 텀블러, 카톡, 밴드, 마이페이스닷컴 등 '관심이나 활동을 공유하는 사람들 사이의 상호 관계망이나 결속 관계를 구축해 주고 보여주는 도메인 서비스, 또는 플랫폼'을 총칭하는 용어다.

April Fool's Day is not consistent with our cultural tradition, or socialist core values, state news agency Xinhua announced on social media Friday.만우절은 우리 문화 전통, 혹은 사회주의 핵심 가치에

맞지 않는다고 국영통신 신화사는 금요일 소셜 미디어에 밝혔다. - NYT, 날짜 미상

소셜 미디어도 진화하고 있다. 근래 셀프 카메라 사진과 동영상을 재미있게 꾸며 친구들과 공유하는 셀카 애플리케이션의 인기가 뜨겁다고 한다. 카카오 측에 의하면 8월 17일 출시한 셀카 앱 '카카오톡 치즈'가 출시 3주 만에 누적 다운로드 300만 건을 돌파하였다.

소셜 미디어가 폭발적으로 발전할 수 있었던 배경에는 1990년대의 월드와이드웹 서비스가 있다. 90년대에는 이용자 신상 정보를 제공하는 기능이 중심이었지만 90년대 말에 들어 친구 찾기 등과 같은 새로운 기술이 속속 등장하였고 2000년대 와서 소셜 미디어 시대가 활짝 열렸다. 소셜 미디어는 이제 인터넷 서비스의 주류가 되었고 전 세계의 보편적 현상이 되었다. 소셜 미디어는 동호인이나 동창 등 특정 커뮤니티에서 시작되었지만 상호작용하면서 보편적 커뮤니티로 확대돼 가고 있다. 1인 미디어 시대가 실감난다.

Social media 사용에 있어서도 자유와 책임은 수레의 두 바퀴임을 잊지 말자.

Wreck car

세월호, 추모와 교훈의 장으로

고속도로를 달리다 보면 사고 현장을 종종 목격하게 된다. 어쩌다 추돌사고라도 나면 어떻게 알았는지 견인 차량이 서너 대씩 몰려온다. 사고를 당해서 또는 고장으로 움직일 수 없는 차량을 수리 공장으로 끌고 가는 자동차를 '렉카', '렉카차'^{중앙, 2014. 1. 8}라고 부른다.

그런데 많은 사람들은 이를 Wreck car로 오해하고 있다. 부서진^{Wrecked} 자동차를 견인해 가는 차^{Car}가 렉카니까 이 설명은 매우 그럴듯해 보인다.

그러나 Wreck car라는 영어표현은 없다. 사고 난 차를 끌고 가든가 불법 주차한 자동차를 견인해가는 차는 '렉커^{Wrecker}'다. 파손된 차^{Wrecked car}나 주차금지 구역^{No-parking zone}에서 차를 들어 올리든가 끌고 갈 수 있는 장치를 갖춘 트럭이 렉커다. 끌고 가는 트럭 Towaway truck과 동의어인데 영국에서는 로리Lorry, 또는 모터 트럭 Motor truck이라고 말한다. 토우Tow는 '자동차나 배 따위를 밧줄이나 쇠사슬 등으로 묶어서 끌고 간다.'는 뜻이다. 그러므로 외국에 가서 자동차 여행을 할 때 Towaway zone견인지역 표지가 있으면 주차하지 않는 것이 현명하다.

그리스는 섬의 나라다. 대략 6천여 개의 섬이 있다. 이 중 227개 섬에만 사람이 살고 있다. 이렇게 많은 섬 가운데 한국인들이 즐겨 찾는 섬이 하나 있으니 바로 이오니아 제도諸島의 자킨토스 Zakynthos 섬이다. 파트라에서 항구도시 킬리니Killni로 1시간 30분을 달려가서 다시 그곳에서 케팔로니아Kefalonia 페리를 타고 1시간을 가야 도착할 수 있는 곳이다. 섬에 도착하면 또다시 버스를 타고 섬을 가로질러 4~50분 가면 조그만 포구아기오스 니콜라스에 이른다. 여기서 또 고속 요트를 타고 30분쯤 가면 나바지오 해변Paralia Navagio이 나타난다. 왜 많은 이들이 이런 고행길을 마다하지 않고 이 먼 곳까지 가고 있을까? 필자는 작년 10월 이곳을 다녀왔다.

2016년 2월부터 인기리에 방송됐던 KBS의 판타지 로맨스 드라마 〈태양의 후예〉 때문이다. 이곳의 아름다운 풍광을 배경으로 찍은 송중기와 송혜교의 이른바 '송송 커플'의 러브신이 시청자들의 뇌리에 각인되어 있어서 많은 사람들이 현장을 가보고 싶어 한다. 송중기가 송혜교에게 사랑을 고백할 때 배경 화면으로 등장한 것이 자킨토스 섬의 그림 같은 풍경이었다.

정작 해변에 도착해 보면 나바지오는 높은 바위산을 깎아지른 듯한 사이에 디근 모양으로 있는 작은 모래사장이다. 폭 120미터 정도에 지나지 않는다. 여기서 우리는 한 편의 드라마가 남의 나라, 이름 모를 섬을 유명 관광지로 만든 사실을 확인할 수 있다. 노래나 영화나 드라마 한 편이 특정 도시, 특정 나라에 대한 이미지를 형성해 준다. 아리조나 카우보이, 콜로라도 달밤, 홍콩 아가씨는 오래전부터 한국인 머릿속에 각인돼 있고 독일의 대학도시 하이델베르크는 영화 〈황태자의 첫사랑〉으로 잘 알려져 있다. 문화의 힘은 경제를 주도한다.

나바지오 해변을 세계적인 명소로 만든 것은 무엇일까? 깎아지른 바위 산 위에서 젊은이들은 번지점프와 같은 모험을 즐길 수 있다. 요트를 타고 갈 때의 뱃길이 수려한 미관을 자랑한다. 그러나 많은 관광객들은 나바지오 모래사장에 덩그렇게 놓여 있는 한 폐선廢船을 보기 위해서 이곳에 오고 있는 것은 아닌지 모르겠다. 난파선은 녹슨 철골을 드러낸 채 아무 말이 없다. BBC는 이곳을 '죽기 전에 꼭 가봐야 할 명소'로 선정한 바 있다. 이 폐선은 1980년 밀수품을 싣고 항해하던 중 그리스 해군에 쫓겨 이곳에 난파된 것으로 알려져 있다. 또 어떤 이는 담배를 싣고 가던 배였는데 악천후로 암초에 좌초되어 침몰했다고 말한다. 이 때문에 나바지오

해변은 '난파선 만'이라 불리고 '밀수꾼 해변'이란 별칭을 갖고 있다.

 세월호 인양을 계기로 이 땅에 만연한 적폐를 청산하고 국가 재난시스템을 확고히 해 나가야 하겠다. 사태의 수습이 일단락되고 나면 'Shipwreck' 세월호는 추모의 장場이자 국민교육의 현장으로 영구 보존되는 것이 마땅할 것이다.

일상적으로 사용되는 '콩글리시'에 대한 이해를 통해
올바른 영어와 글로벌 문화에 대한 관심이
팡팡팡 샘솟아 오르길 기원합니다!

권선복
도서출판 행복에너지 대표이사
한국정책학회 운영이사

　대한민국의 공용어는 한국어이지만 남녀노소 할 것 없이 한국어
이상으로 영어에 노출되어 살아가고 있는 게 우리의 현실입니다.
당장 주변을 둘러봐도 영어가 쓰이지 않는 곳을 더 찾기 어려울
정도로 우리는 영어에 노출되어 생활하고 있는 셈입니다.

　그런데 이렇게 우리가 일상적으로 사용하고 있는 영어 단어 중
에서 올바른 의미로 사용하고 있는 것은 몇 개나 될까요? 미국에
서 '애프터서비스 기간이 얼마나 되나요?'라고 묻는다면 상대는

알아들을 수 있을까요? 미국인에게 '나는 다이어트를 위해 헬스클럽에 다니려고 해.'라고 말한다면 어떤 대답을 듣게 될까요?

이 책 『뉴스와 콩글리시』는 이렇게 우리가 일상적으로 사용하지만 의식하지 못하는 '콩글리시'를 방송과 신문, 잡지 등 언론에서부터 찾아 보여주고 있습니다. 또한 우리들이 사용하던 단어가 '콩글리시'라는 사실을 단순히 알려주는 데에서 멈추지 않고 콩글리시 단어의 어원, 실제 미국에서 사용하는 단어, 단어에 얽힌 우리 사회의 시사적, 문화적 단면들을 환기하면서 이 책을 읽는 사람들의 지적 호기심을 자극하고 인문학적 교양을 제공합니다.

저자 김우룡 교수는 고려대학교 영어영문학과와 서울대 신문대학원과 미국 Columbia대학 언론대학원을 거쳐 한양대 언론정보대학원 석좌교수, MBC방송문화진흥회 이사장 등을 역임하였으며, 현재는 한국외대 명예교수로 활동하고 있습니다. 이 책을 통해 저자가 들려주는 '콩글리시'에 얽힌 다양한 이야기들은 그렇기에 더더욱 인문학적 교양으로서 빛을 발하는 지식이 될 것입니다.

4차 산업혁명과 네트워크의 발달로 세계화가 그 어느 때보다 더욱 가속되고 있는 지금, 우리가 일상적으로 사용하는 '콩글리시'를 환기한 이 책을 통해 올바른 영어와 글로벌 문화에 대한 관심이 팡팡팡 샘솟아 오르시길 기원합니다!

이 찬란한 기쁨을 만천하에

정해숙 지음 | 값 20,000원

책 『이 찬란한 기쁨을 만천하에』는 가난했던 어린 시절의 힘겨웠던 나날, 인생을 살아오며 무수하게 겪은 좌절과 시련 속에서도 종교를 통해 한 줄기 희망을 찾은 저자의 삶이 고스란히 녹아 있다. 특히 힘겨운 시절에 희망이 되어 준 종교 '창가학회'에 대한 믿음은 저자의 삶에 대한 행복한 갈망이 얼마나 절실했는지 알 수 있게 해 준다.

시가 있는 아침 3집

정기용, 이미자 외 34인 지음 | 값 15,000원

책 『시가 있는 아침』은 지난 2016년 11월 1집, 2017년 4월 2집을 거쳐 탄생한 3집으로, 새로운 사람들과 새로운 시편으로 꾸려진 시집이다. 시를 쓸 때는 '나'를 위로하고, 시를 읽으면서는 또 '남'을 위로하면서 따뜻함으로 서로를 보듬어 간다. 1집부터 꾸준히 참여하고 있는 이들이 구축해 온, 각자만의 개성 있는 시 세계를 엿보는 것 또한 이번 3집에서 중점적으로 감상해 봐도 좋을 만한 포인트다.

행복한 삶을 만드는 사랑과 긍정에너지

허남국 · 함성숙 지음 | 값 15,000원

이 책은 거대한 고통과 역경 속에서도 삶의 의미와 행복을 찾아낸 한 사람의 아내에 대한 사랑과 그리움이 담긴 이야기임과 동시에 한 가족이 어려움을 극복하고 슬픔을 이겨내며 새로운 미래를 꿈꾸게 되는 이야기이기도 하다. 13여 년 동안 중병의 아내를 간병인 한 명 없이 돌보며 희생과 봉사의 삶을 사는 저자의 모습은 작은 역경에도 쉽게 많은 것을 포기하려고 하는 사람들에게 여러 가지를 생각할 수 있게 하는 기회를 제공할 것이다.

프롤로그

이은철 지음 | 값 15,000원

이 책『프롤로그』는 우리가 인생의 행복과 성공을 동시에 잡기 위해서는 올바른 삶의 '프롤로그'가 필요하다는 점을 강조하며 성공적인 삶의 프롤로그를 작성하기 위해 중요한 것들과 필요한 것들을 우리에게 이야기해준다. 자기 자신을 사랑하는 삶, 타인과 서로 도우며 공존하는 삶의 중요성을 우리에게 보여주는 다양한 비유를 통해 우리 내면에 숨겨져 있는 '참 나', 즉 진정한 나 자신에 대한 사랑을 이끌어내게 될 것이다.

남식(Der maennliche Baum)

Nam-Sig Gross 지음 | 값 15,000원

이 책『남식』에서 가장 흥미로운 부분은 한국과 독일, 두 문화의 사이에서 자아를 키워온 저자의 모국 한국에 대한 깊은 문화적, 역사적 사유들이다. 책 곳곳에서 드러나는 대한민국에 대한 애정 속에서도 특히 두드러지는 것은 불행한 전쟁을 통해 두 개로 분단된 조국에 대한 안타까움이며 또한 전통적 한국 여성들의 삶, 한국의 교육에 대한 비평, 한국 전통문화에 대한 강한 관심 등은 '한국인이자 독일인'이기에 보여줄 수 있는 신선함과 흥미로움을 독자에게 선사한다.

4차 산업혁명시대 생존전략

박규리, 이영옥, 신근식, 조용호 지음 | 값 15,000원

이 책은 책『4차 산업혁명 시대의 생존전략』은 이미 도래하였음에도 우리에게 낯설게 다가오는 '4차 산업혁명 시대'에서 어떻게 살아남을 것인지를 알려준다. 4명의 '뇌교육 전문가'가 한 연령대, 특정 계층에만 국한시켜 알려주는 생존 전략이 아닌, 아이부터 장년까지 모든 세대를 아우르며 '어떻게 살아야 하는가'를 설명해 주고 있다.